U0512858

费城抉择

美国制宪会议始末

Decision in Philadelphia

The Constitutional Convention of 1787

[美] 克里斯托弗·科利尔 詹姆斯·林肯·科利尔 著

高玉明 译 邱宁 校

上海人民出版社

“条理清晰，生动活泼，是关于一个重要历史事件的有吸引力的畅销书。”

——《克利夫兰诚报》

“读者会像看一本精彩的小说那样不停地翻页……相当不错，它提醒我们，在我们国家由来的故事中，虽不能说有英雄的因素，至少有人的因素。”

——弗吉尼亚纽波特纽斯《每日新闻》

“很棒的作品。”

——弗吉尼亚里士满《新闻媒体》

“该书用全新的视角审视宪法制定过程……从头至尾抓住了读者的心，读起来像一本小说，深入事件的本质，毫不拖沓。”

——《南本德论坛报》

“写得好！”

——《查塔努加时报》

“宪法诞生的故事引人入胜，可读性强……对制宪先贤及其作为见解深刻。”

——《里士满时讯报》

对《费城抉择》的评论

“科利尔兄弟对这部‘最美妙的杰作’作了富有成效的介绍，可读性强。”

——《华盛顿邮报》副刊《图书世界》

“强力推荐……本书是关于美国制宪会议迄今为止最好的历史畅销书。……现代读者会发现作者对美国宪法的评述非常有意思，为美国许多开国元勋塑造了全新的形象。”

——《图书馆杂志》

“叙述大胆明快……会吸引一大批读者。”

——《纽约时报书评》

“对那段历史的叙述很翔实，很像戏剧《1776》，把旧油画中的人物形象描述得绘声绘色。”

——《费城问询报》

“本书对那群才华横溢、聪颖过人的年轻人作了引人入胜的研究，虽然他们各有缺点和偏见，而且性情各异，但在 1787 年费城那个漫长炎热的夏季，起草了美国宪法，成功地创造了历史。”

——《巴尔的摩日报》

“一本具有良好精神、清晰明了、充满活力的书。”

——《圣路易斯邮报》

献给黛安(Diane)和迪克·马戈利斯(Dick Margolis)

及李·劳伦兹(Lee Lorenz)

据我所知，

美国宪法是特定历史时期

人类智慧和意志所创造出的最美妙的杰作。

威廉·尤尔特·格莱斯顿(William Ewart Gladstone)

致美国宪法一百周年庆典管委会的一封信(1887 年 7 月 20 日)

前言

人类生活中最珍贵的财富是自由。我们拥有的自由越多，就越能获得满足感。从这个意义上讲，自由是第一需求，人类漫长的历史证明，人对自由的追求是无与伦比的，为了自由，人们甘愿付出一切，甚至生命。

但人类漫长的历史也证明，自由转瞬即逝。当今世界，据悉在西方民主国家，只有少数人，还不是人数众多的少数人，才有真正的自由。所以，美国的自由相对稀有，其他国家的人民渴求却不敢奢望自由。美国的自由来之不易，弥足珍贵，如果人们认为这是理所当然的事情，不去了解其来龙去脉的话，实在令人震惊和失望。大多数美国人只有一些模糊的概念，觉得自己有一些"权利"——想说什么就说什么的权利，获得公正审判的权利，参与政府事务的权利，选择加入任何教会或不加入任何教会的权利。但很少有美国人知道，他们的政府是怎么被精心设计出来捍卫他们的自由的。特别要指出的是，他们不了解宪法——美国的自由赖以存在的基石——是如何发挥作用的，意味着什么，为何是这个样子。的确，即使近代的很多美国总统，对自己宣誓要捍卫的这部伟大文件也只是一知半解。

我们写本书的目的就在于此：阐述美国宪法的制定过程，以及在费城那个漫长而又褥热的夏季，制宪先贤们的想法和感受。

本书只是提供一个视角。我们粗略查了一下，在过去100年里，对制宪会议的看法基本上有两种。一些历史学家认为，制宪会议是相互冲突的经济和局部利益交锋的场所：农业和商业，出口邦和几乎没有出口贸易的邦，北方和南方，等等。坚持这种解释的历史学家认为，会议产生的这部宪法是一系列妥协、妥协中妥协的结果，是妥协才使宪法最终得以成文。

还有一些历史学家则认为，制宪会议主要是当时一群有思想的美国人，表达其秉持的理想和原则并达成一致意见的场所。也就是说，来费城开会的代表，或多或少持有共同的世界观，他们用这种世界观写出了这部宪法。他们的意见并非完全一致，有时不得不使自己的理想和信念作出让步。这种观点认为，在人性以及社会政府关系等根本问题上，达成一致的时候要比分歧的时候多。

我们相信，这两种观点都有部分道理。可以确定的是，不同利益集团之间的妥协是必不可少的，在制定宪法过程中起了很大作用。还可以确定的是，代表们在许多哲学基本问题上意见通常一致。但我们认为，这两种观点都没能完全解释宪法的形成过程。就像今天的一些历史学家开始说的那样，仅凭一种动机不足以解释代表们在制宪会议上的行为举止——或者，甚至不足以解释任何地方的人们的行为举止。我们的观点是，制宪先贤们不仅受经济因素、地域观念、政府理论和生活理念的驱使，而且受深藏在他们个性中的原动力和意图的驱使。精神紧张、堂吉诃德式的埃尔布里奇·格里，生性腼腆但智力超群的詹姆斯·麦迪逊，精明谨慎的罗杰·谢尔曼，固执己见的路德·马丁，才华横溢但骄傲自大的古弗尼尔·莫里斯，庄重高贵的乔治·华盛顿，清高的乔治·梅森，慷慨大方的约翰·兰登，他们都是人，有自己的世界观和处世方式。我们认为，单单知道他们的钱来自哪里，或他们代表这个国家的哪个部分，我们还是无法理解他们为何在费城这样投票。我们认为，要了解美国宪法是如何形成的，就必须知道这些人对诸如权力、自由、自然、真理、上帝及生活本身等事物的看法。我们无意去写被称为心理历史学的东西，我们认为这是一个持极端怀疑论的学科。不过，我们确实打算对制宪会议代表们言行举止的记录进行研究，以便对他们的态度和信念进行系统评价，这些证据将有助于解释，在制宪会议上，面对一些重大问题，他们为何采取这种或那种立场。因此，我们写作本书的用意，在于阐明这些开国元勋的个性特点以及他们所处的政治环境对其行为的影响。

本书列出的参考文献表明，很多历史学家对本书贡献良多，我们在此表示感谢。特别要感谢乔治·比利亚斯(George Billias)、理查德·科恩(Richard Kohn)、肯特·纽迈耶(Kent Newmyer)、约翰·奥康纳(John O'Connor)和保罗·克莱门斯(Paul Clemens)，他们对本书提出了特别中肯的意见。戈登·伍德(Gordon Wood)通读了手稿全文，后来又读了其中一些章节。非常感谢他提出的有事实根据且总是有用的批评，对他的帮助深表感谢。不用说，解释本来就是我们的责任。

我们还想对三位编辑表示感谢：爱德华·T.汤普森（Edward T. Thompson），他从一开始就提供支持，鼓励我们继续写下去；《读者文摘》的斯蒂文·弗里默（Steven Frimmer），他提出了许多建设性的意见；兰登书屋的德里克·约翰斯（Derek Johns），他欣然接受书稿，加快了书稿的付印出版。

目录 CONTENTS

第三部分　北方和南方

第四部分　权力问题

第一部分

“我们处于危急关头”

第一章　危殆之国

形势的发展完全乱了套。乔治·华盛顿(George Washington)感觉到了,他在 3
写给一位朋友的信中称,必须做点什么“以避免成为人类编年史上遭人唾弃的人
物”。弗吉尼亚议员威廉·格雷森(William Grayson)则写信给詹姆斯·麦迪逊
(James Madison),表示形势如无改变,“我们将成为地球上最让人看不起的国家之
一”。马萨诸塞行政长官约翰·汉考克(John Hancock)也曾在马萨诸塞议会上发
言:“当务之急,是如何加强和完善邦联职能以使其能够胜任邦联事务。各邦对此
需高度关注,这关系到国家的生死存亡。”詹姆斯·麦迪逊在写给詹姆斯·门罗
(James Monroe)的信中声称,“如果对当前的这些突发性事件视而不见,我们将会
陷入令人绝望的境地”。

在开始的时候,一切仿佛都充满希望。当时美利坚人民认为自己建立的国家
延续不了多少年。但是最后,他们奇迹般地打败了强敌英国,然后在一个阳光明媚
的早晨发现美利坚已成为一个独立的国家,他们深信这是全能的上帝的恩宠。至
战争结束的时候,美利坚人民已然确信他们在人类历史上必将占有一席之地。塞 4
缪尔·亚当斯(Samuel Adams)曾如此描述:“当下之世,暴政横行,各国之间利益
倾轧,关系微妙,而美利坚人民则是其中的异数,他们将向全世界展示节俭克己、忠
诚仁义等种种美德。一言以蔽之,他们将成为‘笃信基督的斯巴达人’——世人的
榜样。”

美利坚的国土是一块块殖民地拼凑而成的。各殖民地建立时间有先后,居民的生活理念也各不相同,新英格兰地区的加尔文教徒坚忍不拔,南方腹地的居民则

耽于享乐。在1776年之前，统一的美利坚政府并不存在，各殖民地拥有独立的议会、理事会，地方执政官则通常由英王直接任命。各殖民地政府均代表“美利坚”坐镇伦敦。英国国会和英王均有权，也确实针对美利坚各殖民地制定了许多有关货运和商贸的普通法。不过，各殖民地则想方设法逃避繁重的赋税，所以均各行其是。

1776年，《独立宣言》签署之后，各殖民地政府存在的法律依据逐渐消失，各地开始竞相制定宪法，成立新的地方政府。当时的美利坚各邦，实质上已经是各自独立的国家。然而，这些刚刚获得自由的殖民地清楚地意识到，没有一个统一的政府，如果与英国交战的话，他们可能连一场常规战都打不赢。1776年6月，各邦代表在费城大陆会议投票决定起草宪法，成立“一个牢固的友谊同盟”。会议最终形成的文件就是《邦联条例》，而依据该条例创建的政权组织几乎等同于国家同盟。根据《邦联条例》，议会为一院制，各邦无论人口多少，均享有一票表决权，人口众多
5 的大邦对此规定极为不满。政府没有实际的行政首脑，议会主席除了主持会议，没有任何权力。外交部、作战部、财政部陆续成立后，纵然部长们声名卓著，但手中的实权却少得可怜。条例授权成立了海事法庭及专门处理土地纠纷的法庭，但是各法庭成立后只处理过一桩邦际纠纷，法律事务实际上仍然处于各邦的地区法庭掌控之下。《邦联条例》的修订需获得13个邦的一致同意，这是根本不可能的事，所以事实上该条例从未被修订过。

各邦保留“主权”是《邦联条例》的基本原则。尽管没人清楚这一原则到底是什么意思，但它的确意味着各邦可以无视邦联议会通过的法律，且无后顾之忧。邦联议会可以要求各邦依人口比例纳税，但却没办法强迫各邦缴税。部分邦总是找各种借口推诿缴税，一个两个都这样做之后，其他邦也开始观望，表示要等别的邦上交后再说。议会向各邦征兵，征集子弹、马车、毛毯等战时物资时，同样的情形持续上演。各邦总是视自己的情况来运送物资，经常是仗打到家门口了才会运送。

当和平降临的时候，各种问题也接踵而至，其中最让人头疼的就是累积下来的对外事务。根据1783年签订的停战协定《巴黎条约》，英军须从五大湖地区撤出，但是英国人拒不执行。英国人对五大湖地区的实际控制，使得邦联政府无法争取自己的领土利益。

而西班牙人占领的土地，范围自密西西比河以西，直到密西西比河出海口城市
新奥尔良，同时还声称属美利坚的大片领土应为其所有。密西西比河是当时西部的 6
主要河流，不仅灌溉了良田万顷，而且是出入西部的唯一交通要道，对西部的发展至关重要。但是在1784年，西班牙人却关闭了其控制区域内南至纳齐兹市(Natchez)的水上航道。

面对英国和西班牙的挑衅，邦联政府束手无策。独立战争已经结束，军队人员都已遣散，没人愿意纳税建立常备军。当时的情形是，武装力量减少到700人，且装备不良。1787年，作战部部长亨利·诺克斯(Henry Knox)因无力承担费用，不得不将其参谋人员数量裁至3人。

除此之外，还有印第安人的问题。英国和西班牙都给印第安人提供武器，怂恿他们袭击边远地区的居民定居地，使得当地居民惶惶不可终日。莫霍克族首领约瑟夫·勃兰特(Joseph Brant)是一名印白混血儿，曾是英军中的一名上尉。1787年，他组织了一支上千人的印第安军队，下定决心要把美利坚人赶出西北。南方的亚历山大·麦克吉尔瑞(Alexander McGillivray)也是一名混血儿，当时年仅24岁，才华出众。他召集了上万名印第安人，以游击战术频频骚扰当地的美利坚拓荒者。

许多美利坚人都明白，引起这些边境斗争的主要责任不在印第安人。印第安人虽素有屠杀妇孺的恶名，但在今天的历史学家眼中，此类争端往往是由当时的边境拓荒者引发的。拓荒者们无视与印第安人的约定，擅自在属于印第安人的森林和土地中伐树开荒。争斗双方都曾犯下野蛮的屠杀罪行。在宾夕法尼亚的华盛顿
县曾发生过这样一件事，一支约300人的美利坚军队在行军途中经过一个特拉华 7
族印第安人聚居的小村庄。“这些美利坚人受到了印第安人热情友好的接待，好吃好喝地在村子里住了3天。但是到了星期天，他们将全村男女聚集在教堂里，趁着村民唱赞美诗的时候开枪屠杀，全村90余人仅有1人逃出生天。”

在很多人看来，孰对孰错无关紧要，关键是邦联政府无力改善局势。一些西部居民被印第安人吓破了胆，决定寻求西班牙的庇护。一名年轻的美利坚军官，来自肯塔基的詹姆斯·威金森(James Wilkingson)，就宣誓效忠西班牙国王，以此换取贸易特许权。此后，威金森开始鼓动肯塔基独立，以便和西班牙单独签订贸易协定牟取厚利。在1787年制宪会议召开前的数月，如华盛顿所述，西部居民“如同站在

滚轴之上，轻如羽翼的一触就足以使其四散而去”。

地中海上的麻烦事也不少，北非巴巴里（Barbary）的海盗盯上了美利坚的货船。对大多数殖民地来说，与地中海地区的商贸都是举足轻重的。据托马斯·杰斐逊估计，销往地中海地区的小麦和面粉占各殖民地生产总量的六分之一，腊鱼和咸鱼则高达四分之一。北非海盗在阿尔及尔、突尼斯、的黎波里以及摩洛哥地区四处劫人越货，掳得的美利坚公民则当作奴隶发卖，或向其家属勒索赎金。

1785 年，阿尔及利亚人截获了两艘美利坚船只，绑架船员和乘客勒索赎金，捉襟见肘的邦联政府却只付得起每人 200 美元的赎金。阿尔及尔总督对此不屑一顾，这些人质因此在狱中饱受折磨，相当一部分人得瘟疫而死。与此同时，的黎波
8 里省长向邦联政府提议，邦联政府支付 12 500 几尼（金币）以保美属船只一年内不受海盗侵扰。对此，邦联政府也一样无力承担。

由于当时的美利坚已经不再隶属于大英帝国，因此美利坚的商人被英属西印度群岛拒之门外，而之前他们在此可是赚得盆满钵满。运货商迫切希望能够重启与西印度群岛的贸易往来，或者与其他欧洲国家签订商贸协议以弥补损失。

此类外交政策问题的解决办法显而易见，一个稳固的政府就足以胜任。但不幸的是，全体 13 个邦不可能就任何一个问题达成一致。举例来说，1785 年，为了重启与西印度群岛的贸易往来，航运业发达的马萨诸塞、罗得岛和新罕布什尔立法限制对英贸易，期望以此迫使英方在西印度群岛问题上作出让步。但是康涅狄格却觉得这是个将英方贸易吸引过来的机会，因此拒绝加入上述 3 个邦的阵营，导致该计划搁浅。在各邦与西班牙的关系问题上，类似的冲突也同样存在。乔治亚等邦西部的土地一直延伸至密西西比河东岸，未来这片土地可能会吸引大批新移民进入。因此，乔治亚等邦希冀恢复密西西比河水上航运，同时获得西班牙控制下的土地。而东部沿海各邦因为西部没有土地，则希望避免与西班牙开战，免得被西班牙人的坚船利舰摧毁家园。此情此景之下，必须做点事情以应对危局，但做什么呢？马萨诸塞议员鲁弗斯·金（Rufus King），也是之后参加制宪会议的代表之一，在动身前往费城之前数月曾简洁地概括：

如果我们与西班牙之间的争端无法解决，我们要么完全放弃西部居

民，要么加入他们与西班牙的战斗。后者根本不用考虑，前者从很多方面来看都很失策，而且现在就承认这一点也不明智。

即使与英国和西班牙签订条约，邦联政府也被人质疑是否有能力强制执行。 9
根据《巴黎条约》，保皇党人在战争中损失的财产须由接管或自革命政府手中购买的美利坚人予以偿还。各邦议会经常在处理此类债务纠纷以及战前欠债纠纷时拖后腿，而邦联政府也无力执行《巴黎条约》的规定。英方遂以此为借口，拒绝撤出五大湖要塞。乔治亚与南卡罗来纳不仅拒不执行邦联议会与印第安人签订的条约，而且以己方私自签订的条约取而代之。事实上，正如英国人所说，“签订对美利坚各邦均具有约束力的条约是不可能实现的……如果签订条约势在必行，那么只能和各邦分别签订”。这一论断在当时来说无疑是正确的。有例为证，1777 年，弗吉尼亚通过了没收保皇党人土地的法案。当时有这样一个典型案例，一名叫丹尼·马丁(Denny Martin)的英国人，在弗吉尼亚法院起诉要求返还被没收的土地，这些土地是从他的叔叔大领主费尔法克斯(Fairfax)处继承的遗产。但是弗吉尼亚法院无视《巴黎条约》的规定，驳回了马丁的起诉。直到 1816 年，新政府最高法院接手这一案件后，马丁才打赢了这场官司。

各邦之间的纷争，也使得邦联议会难以制定出具有聚合力的国内政策。比如，大西洋沿岸各邦据地利之便，向毗邻各邦经纽约、费城、波士顿和查尔斯顿等港口城市进口的货物征税。其中以纽约邦为甚，运往康涅狄格和新泽西的货物都必须向纽约邦政府纳税。新泽西因此要求邦联政府出面解决这一争端，但是邦联政府
不愿或者不能处理。新泽西对此感到不满，遂投票决定拒绝缴纳邦联政府向其征 10
收的税款。此举在邦联议会引发极大震动，后为制宪会议代表之一的马萨诸塞议员纳撒尼尔·戈勒姆(Nathaniel Gorham)称，新泽西即将会同康涅狄格一起进军纽约，“流血事件只在顷刻”。而邦联议会力量实在太过薄弱，无法为冲突双方解决争端。

各邦关于边远地区广袤土地的纷争，同样令邦联议会束手无策。康涅狄格称宾夕法尼亚威尔克斯-巴里(Wilkes-Barre)地区的怀俄明河谷(Wyoming Valley)为其所有，并为之与宾夕法尼亚部队发生流血冲突；印第安人则威胁要收回卖给乔治

亚的土地；佛蒙特脱离纽约邦自立，但却不被邦联政府承认；众多投机客也宣称这些土地归其所有，这些投机客周旋于印第安人以及各邦之间，与各方甚至各自之间都私下签有协议。这些错综复杂的领土纷争必须予以解决，否则美利坚人将无法获得边远土地潜在的巨大利益。几年以来，由于邦联议会无法达成统一意见，导致针对这个问题提出的数个解决方案均未获得通过。

邦联政府亟待解决的问题，还有战争期间及战后积累的庞大债务。各邦及大陆会议通过发行纸币和债券（借据）来解决战争期间的财政问题。此类债券或为外国人购买，或发给参战士兵以充薪饷，或用来与美利坚商人交换猪肉、黄油、鞋子以及枪支等战时物资。如果新政府希望继续开展贸易，那么偿还债务势在必行。优
11 良的信贷链是国际贸易的基础，如果邦联政府的信用不佳，那么势必对其对外贸易造成毁灭性打击，导致数以千计的美国商人生计无着。

对此，各邦再次陷入纷争。各邦发行纸币的总额不同，结算方法各异。此外，部分邦还承担了部分国家债务，债务的形式也复杂多变。时势混乱繁复，却无人能够提出令人满意的解决之道。

其实对内对外的这些纷争，并非没有解决办法。一个强势的政府，足以将英国人赶出五大湖地区，保护南部边境不受西班牙骚扰。一个强势的政府，可以和英国谈判重开西印度群岛市场，即使不成，也可以在其他地方开拓新市场。战争的债务问题也可以解决，只要解决西部土地的争端，并将土地出售给拓荒者，所得收入足以还债。

然而不幸的是，邦联议会对此一筹莫展。问题的根本在于，各邦不愿意放弃“宝贵的主权”。历史学家彼得·欧努夫（Peter Onuf）指出，“13 个各自为政的政治团体是《邦联条例》的前提条件，条例有效地阻止了各邦对国家政治事务达成一致意见”。事实上，各邦间的利益分歧，以及对建立统一政府所持的态度，使得很多美利坚人对此不抱希望。1787 年，制宪会议的代表之一、南卡罗来纳议员皮尔斯·巴特勒（Pierce Butler）曾写道，南北方间的利益分歧“就如俄罗斯和土耳其一样”。就连乔治·华盛顿也曾说各邦居民“举止有别，背景各异，喜好不一”。

很多清醒的美利坚人早已意识到邦联议会无力解决其面临的诸多难题。在一次历史研讨会发言中，E.詹姆斯·弗格森（E.James Ferguson）认为政府改革运动始

于 1780 年，当时还处于独立战争期间。弗格森称，1780 年是“战争期间最令人沮丧的一年”，战争失利，货币贬值，士气日渐低迷。自此之后，今日历史学家所称的“国家主义”运动开始蓬勃发展，此项运动旨在加强中央集权。1781 年《邦联条例》批准实施后，邦联议会成立了数个委员会，对《邦联条例》未及之处进行完善。症结所在显而易见，改革迫在眉睫。《邦联条例》的修订需各邦一致同意，这直接导致条例的修订工作毫无进展，任何一项修改提议都会被某些邦否决。 12

然而一波未平，一波又起。独立战争结束后，困顿了 8 年的美利坚人开始兴起一股“奢侈品”抢购潮。他们开始疯狂购买来自欧洲的钟表、地毯、玻璃器皿和餐具柜，其中尤以英国货最受青睐。人们不管有钱没钱都忙着订货，有钱的付钱，没钱的赊账。

这一情势不能任其发展，当然事实上也未能持续。英国商人很快就开始要求结账，大约在 1784 年左右，大量的货币开始流出美利坚。很难想象，我们现在熟视无睹的纸币在 200 多年前是个新鲜事物，很多人都不敢用。当时，普通美利坚人在交易中都使用硬通货，大部分都是国外货币。账目的结算一般是用英镑和先令（一名工匠一天能挣 3 个先令就算收入很高了），当时在美利坚流通的还有荷兰盾、法国法郎和西班牙银元。西班牙银元是当时用途最广泛的硬币之一，一块银元价值 8 13
雷亚尔（巴西货币），是当时著名的“8 元硬币”。有时为了方便，一块银元被一分为四，每份价值 2 雷亚尔，或“25 美分”，这一币值一直沿用至今。当时部分邦也曾自行铸币，康涅狄格就发行过铜币。各州发行的硬币面值不一，报纸上经常会刊登各州货币的兑换价格（在 1792 年，百分制美元成为美利坚货币的基础）。

当时的大部分交易都通过记账方式完成，完全不需要兑换货币，双方只须在以后的交易中平账即可。在市面上流通的往往是“账单兑换”，基本上都是借据。也就是说，农夫史密斯付给商人约翰逊的，可能是布朗写给怀特的借据。

在任何情况下，硬通货都是限量发行的，而独立战争后美国的抢购潮导致硬通货开始从美利坚大量流出。1784 年 7 月的一项统计结果显示，整个马萨诸塞流通的现金只有 15 万英镑，人均约 10 先令。这意味着很多人手里都没有现金，也没办法弄到现金。如此的恶性循环，最终导致了美国历史上的一次危急事件——谢斯(Shays)起义。

自由的农民及其家庭在美利坚人口中占很大比例，是美利坚的中坚力量。但对他们而言，没有现金并不影响他们的生活，他们手里从来都没几个子，对此早已习以为常。以一户农民为例，卖掉盈余的玉米、苹果酒、威士忌和纺纱，再买些钉子、盐，或者锡盘之类的奢侈品，每年经手的现金最多不超过 10 英镑。以物易物是他们的主要交易方式，农夫们向小镇商贩赊账购物，然后用木材或者苹果酒抵账，而商贩们则再将这些东西卖往别处。

虽然易货贸易是当时主要的交易方式，但是有时人们也会需要一些现金。在
14 运送农产品途中或者农产品种植期间，有时会需要纳税。而小店铺在进些特别的货物时也需要支付现金，这就迫使店主不得不让卖家也支付部分现金。

显而易见，硬通货流出美利坚势必引发一连串问题。英国商人向美利坚商人要钱，美利坚商人向小店店主要钱，小店店主向农民们要钱，而农民们手头经常没钱。于是，店主们闹到法院，让法院执行官收缴农民的耕犁、马匹甚至农场抵债。如果这些还不够，法院甚至会将农民们抓进监狱。1784—1786 年间，在马萨诸塞罕布什尔县，16 岁以上成年男子中就有近三分之一的人陷入债务纠纷，这一情况在各邦都普遍存在。司法拍卖更是屡见不鲜，在拍卖会上，你可能会看到邻居家的牛，表哥家的犁，或者兄弟家的苹果酒桶。农民们被剥夺了抵押品的赎回权，数以百计的人因债入狱。1784 年 7 月至 1786 年 12 月，仅罕布什尔县入狱人数就达 73 人。

陷入困境的农民如困兽般疯狂地寻找脱身之道。他们开始向邦议会寻求救助，请求议会通过留置法，这样可以将债务清偿期推后(一般是一年)。农民们希望议会能够发行更多的纸币，但是纸币一印出来就开始持续贬值。农民们还通过清偿法来保护自己，因为清偿法要求债权人接受农民以贬值的纸币来偿还货款。

债权人则奋起反抗这些法律，因为这对他们而言无异于明目张胆的合法抢劫。在一些地方议会中，由于债权人占据了大多数席位，留置法和清偿法未获得批准。
15 农民们寻求不到法律的保护，转而开始使用非法手段。从 1784 年开始，在新泽西、南卡罗来纳、宾夕法尼亚、弗吉尼亚以及马里兰，大量发起叛乱的农民涌至法院和拍卖会，致使当地法院和拍卖会不得不关闭。有些地方的农民甚至放火焚烧法院房屋，销毁债务案件的法庭记录。

各邦借助军队的支持平息了农民的动乱，但是马萨诸塞的情况却与众不同。马萨诸塞政府由商人和上流阶层一手把持，而西部城镇与政府关系疏远，西部各镇甚至都懒得派代表加入波士顿的邦议会。反正议会是“有钱人”说了算，又何必劳神费钱？

令情况雪上加霜的是，邦政府因在战争期间负债累累，决定加征重税用以还债。如此一来，令马萨诸塞的农民们饱受折磨的，除了现金的短缺，还有新增的赋税，而他们根本无力缴纳后者。

谢斯起义包含了一些特别的元素，后世历史学家称之为“阶级冲突”。美利坚人向来“惯于听从”，一小部分富人和权贵组成的精英渴望执掌大权，事实上美利坚人也希望他们能执掌大权，对此我们将在后文中详细描述。在相当大的程度上，农民们的债主，恰恰就是给他们定罪的法官，就是指挥军队执行判决的军官。

并不是所有的历史学家都同意如此解读谢斯起义，但是不管怎样，马萨诸塞地方长官不顾现金短缺执意加征重税，表现出对属地民众及其利益的漠不关心。许
多人一下子陷入突如其来的困境，而邦议会对此不置一词，于是马萨诸塞农民开始 16
争取自主权。

同别的地方一样，他们也开始迫使法院和拍卖会关闭。星星之火很快转变为燎原之势，零散的农民队伍组成一支小型的起义部队。而丹尼尔·谢斯(Daniel Shays)，邦克山(Bunker Hill)战役和斯托尼波恩特(Stony Point)战役中的英雄，在机缘巧合之下成为这支部队的指挥官。

马萨诸塞政府仓促应战，本杰明·林肯(Benjamin Lincoln)将军于1787年1月率军到西部平叛。谢斯率军进攻斯普林菲尔德(Springfield)的一处军械库，希望缴获一些武器，尤其是加农炮，以同林肯将军对抗。军械库的900名守军，和谢斯的士兵一样都是农民，其中很多人有朋友认识谢斯。他们会对谢斯的部队开火吗？答案是肯定的，谢斯的部队在死亡3人重伤1人后从军械库前撤离。此后还发生过数次冲突，然而斯普林菲尔德一战使得谢斯部队元气大伤，谢斯最后遁走纽约，其他叛乱分子也被捕入狱，但是最后都获得了赦免。

谢斯起义对于美利坚的公共舆论产生了深远的影响。今天，我们倾向于同情这些叛乱分子，他们为大军所困，最终被俘。但是在1787年，在当时的民众，甚至

是和他们一样的普通农民眼中，他们就是一群烧杀掳掠的暴民。叛乱的起因可能是正义的，但是诉诸武力就不对了。事实上，当时叛乱分子马上吸取了教训，开始派遣代表至波士顿谈判，很快就通过立法获取了之前通过暴力无法取得的大量权利。

普通民众对谢斯起义只是感到不安而已，但对掌握领导权的富人阶层来说，谢
17 斯起义带给他们的则是深深的恐惧。尤其让他们觉得不可思议的是邦联政府对此袖手旁观，无力平乱。

在麦迪逊和华盛顿这些人看来，谢斯起义是不可避免的。它就像笼罩在邦联议会头顶上的乌云，使得制宪会议的召开迫在眉睫。一段时间以来，华盛顿等人已经意识到，必须弥补美利坚政府存在的缺陷。而谢斯起义以无可辩驳的铁证告诉他们，力挽狂澜的时刻到了！

第二章　1787年的美利坚 18

当时美利坚的情况如果真的难以挽回，那为什么不早点召开制宪会议？为什么不在1783年《巴黎条约》签订后就马上开会？在华盛顿将军七拼八凑的队伍当中，成千上万的士兵经常要忍饥挨饿，赤足行军。士兵们肯定意识到，如果政府连在冬天为他们提供一双鞋子保暖都做不到，这样的政府必定在某些方面出了问题。

要了解改革进展缓慢的原因，我们势必要看看1787年美利坚的局势和美利坚人的生活状况。首先要提到的，是美利坚在诸多方面的与众不同。美利坚国土广袤，人口稠密地区沿大西洋西岸由北至南纵深1 200英里，由东向西深入内陆200英里。而横亘于沿海狭长地带和密西西比河之间的土地，虽然面积是已开发地区的两倍，但却人迹罕至，大部分地区连地图上都没有标注。如果两相比较，那么英格兰的国土面积与纽约邦相近，而强大的荷兰，其国土面积在美利坚只能屈居 19
第七。

无论是美利坚人，还是其他各国人士，都认为美利坚幅员太过辽阔，政府难以统一管理。交通和通信方面存在的问题委实令人震惊，在1787年，即使是沿海城市的周边农村都已初具雏形，但西部的广大地区仍是原始森林。各邦之间仅有几条坑坑洼洼的泥土路连接，经常被溪流或者小河阻断，河上连桥都没有，要过去只能涉水或者摆渡。路上的马车经常因路面高低不平而翻车，或者陷在泥泞中无法动弹。春汛来临时，路上马车被冲走、旅行者溺亡的事件更是屡见不鲜。如果路况良好，旅行者一般一天可以走50英里，但大多数时候只能走20英里。从波士顿到查尔斯顿，走陆路的话一般要花费数周时间（走水路大概需要10天，不过这取决于潮汐和天气)。

由驿使传递的信件则会快些,天气好的话,一封信由波士顿寄至费城只需要4天。但是费城发生的事件,匹兹堡边远城镇的居民可能一个月后才在报纸上看到,大多数美利坚人只能在数周后才知晓之前发生的重大事件。

因路途不便,很少有美利坚人会时常出行,即使出行,也不会走得太远。他们通常的做法是干脆收拾一下迁往别处,从新英格兰搬到西部,从农村迁入城市。当时只有富贵闲人或者商人,才负担得起至纽约或波士顿这种大城市的旅行费用。对普通民众来说,超过50英里的行程都很少见。

国土的广袤和通信状况的滞后,也造成了各邦间经济水平参差不齐,宗教习俗
20 迥异,种族混杂,甚至语言不通。现在的学者通常将当时的美利坚分成6个主要地域:新英格兰北部地区,土地贫瘠,居民因为无可用土地转而以贸易和捕鱼业(或移民)为生;纽约和新英格兰南部地区,土地状况较好,居民通过哈德逊河(Hudson River)以及流入长岛湾(Long Island Sound)的其他河流开展贸易,不断累积财富;特拉华河流域(Delaware River),以富饶的大都市费城为中心;切萨皮克湾地区(Chesapeake Bay),土地肥沃,人烟稠密,水上交通便利,商业性农业发达;弗吉尼亚南部和北卡罗来纳地区,烟草行业为其经济命脉;南卡罗来纳和乔治亚地区,人烟稀少,由奴隶耕种的稻谷和靛蓝种植园日渐兴盛。

上述6个地区相互之间差异巨大,从一个地区到另一个地区,感觉就像到了外国一样。当时的许多旅行者在日记中都记载了在康涅狄格或费城遇到的各种奇风异俗。他们会以惊奇的笔触写道,这里的房子是用石头而不是木料建造的,那里的农民犁田用马而不是用牛。由于奉行教条主义的加尔文教,直到1787年新英格兰的某些地区仍然禁止居民周日出行。圣公教则教义相对宽松,因此在其占主导地位的南部,情况就完全不同。南塔基特(Nantucket)的渔民自然过着与乔治亚山区农民完全不一样的生活,前者劈波斩浪,以捕鲸为生;后者则蓄养五六个奴隶,在边远的种植园内搭建小屋,种植靛蓝。我们必须意识到,即使当初参加制宪会议的各邦代表都阅历丰富且老于世故,他们自己也觉得相互之间志趣迥异,各有千秋。

与此同时,阿勒格尼山脉(Alleghenies)以西的拓荒运动正开展得如火如荼,拓
21 荒者们一边开垦土地,一边过着如原始人一样的狩猎采集生活。翻越阿勒格尼山

脉往东的回程极其困难艰辛,因此西部拓荒者们将目光投向了西面,他们可以经由流经当地的俄亥俄河和其他河流通往密西西比河。拓荒者们居住的地域距原属邦首府路途遥远,回程需穿越人迹罕至的原始森林,时不时还会遇到充满敌意的印第安人。因此,拓荒者们对邦政府的忠诚已所剩无几,他们不愿意也没办法遵守所属邦政府颁布的各项法令。

在1787年的美利坚,居民种族还远没有如今天般多种多样。超过75%的白人居民都有英国和爱尔兰血统,而85%的白人居民第一语言为英语。有些居民信仰天主教,少数居民信仰犹太教,但是绝大多数居民都是新教教徒。此外,虽然当时的西进运动正蓬勃兴起,但是东部沿海地区仍然是主要聚居地。直至1790年,人口聚居中心仍然在巴尔的摩(Baltimore)以东25英里。

尽管如此,同当时的欧洲国家相比,美利坚人口的多样性还是令人惊异的。在美利坚占统治地位的新教分裂成了许多教派,白人居民除了英国人之外,还有德国人、斯堪的纳维亚人、西班牙人和法国人。除此之外,美利坚还有20%的人口是黑人。

此外,1787年的美利坚社会远比今日等级森严。用今天历史学家的专业术语来说,那是一个"言听计从"的社会,当时的平民百姓觉得以出身定富贵是理所当然的事。无论是在乡村还是在城镇,总有一小群人或多或少地自发履行议会或法官的职责,制定民生大计。这些人多数为像华盛顿和杰斐逊一样的大地主,富有的商 22
人、货运商,以及律师,在北方通常还包括牧师和神学者。才华出众的年轻人还是有上升空间的,有很多出身不高的年轻人也在政府部门担任公职。但是各邦的领导人物往往还是贵族,贵族子弟进入大学学习,为未来担任的工作做准备。

此种局势在当时并不如同今日般为人抵触,上流阶层认为自己天生就是领导者,而平头百姓对此也无甚异议。虽然没有明确表示,但很多人仍然认为"下等人"在某种程度上是有别于"贵族"的人种。当时普通民众对"上层人士"的态度,就像今天的美国人看待一位著名作家或电视新闻主持人一样,认为他们聪明过人,掌握专业知识,具备血脉相承的洞悉能力,是不同凡响的人物。

即使是詹姆斯·麦迪逊和查尔斯·平克尼(Charles Pinckney)这样的绅士,尽管他们推崇"人民"的各种美德,但是仍然认为赐予他们领导权力的是教育、财富以及与生俱来的品质和精神。绅士们可能会发现农夫琼斯身上的高尚品质，但他们却不会选举他为参议员。而对农夫琼斯来说，麦迪逊和平克尼们就应该是掌权人。再说，农夫琼斯手头的事还多着呢，他的家，他的田地，还有他的林地都够他忙的。因此，他很乐意让麦迪逊和平克尼们去操心大事，除非这些绅士们做得太过分，如马萨诸塞那样加重赋税让他一贫如洗。

1787 年美利坚人的生活到底是什么样子呢？首先，当时的美利坚几乎全是农村。城市规模很小，只有纽约和费城的居民超过 25 000 人。举国上下只有 10%的人口，居住在勉强可以称之为城市或城镇的地方。在制宪会议召开之时，全国只有 5.4%的人口其居住地总人数超过 2 500 人。

23 当时 90%的美国白人都是农民。根据杰克逊·特纳·梅因(Jackson Turner Main)的统计结果，1776 年的美国人几乎都有一个农场或在农场工作。梅因为此分类如下：40%的人经营自己的农场；30%的人在别人的农场做劳工；20%的人拥有大型经济农场或种植园；最后 10%的人是一些专业人士，如律师、进口商和印刷工，他们的农场面积不大，种些自家吃的蔬菜，养头牛，喂些鸡。即使是没有农场的城镇居民，通常也会在自家的菜园里种菜养牛。

这在当时不足为奇。在 1787 年，世界各地的主要人口都是农民，中国农民在种水稻，英格兰农民则在约克郡的山谷里放羊。

但是美利坚农民的劳作方式却与众不同。纵观人类历史，可以发现人们总是喜欢聚众而居，邻里之间相互往来。远古以狩猎采集为生的氏族部落情况就是如此，在某些农业社会的村落中，亿万人口至今依然沿袭这一生活方式。

美利坚的情况却并非如此。对于人类来说，土地永远都是财富和权力的主要来源。如果说当时的美利坚拥有什么，那肯定就是土地。欧洲人在 16 世纪如潮水般涌入西半球，将广袤的美洲大陆视为一座金矿，只要你有能力有勇气就可以尽情开发。

早期的拓荒者们住在村庄里，村庄外面可能就用篱笆松松地围了一圈。但是
24 篱笆外面的世界太让人心动了，很快美利坚人就开始四散至农村，在他们买下或宣称为其所有的大片土地上定居下来。

在 1787 年，一个独立的农民家庭，其农场面积普遍达到 90—160 英亩，一块地

一边的长度就差不多有三分之一至二分之一英里。这些独立的农场间隔甚远，因此美利坚农民邻里之间的交往并不密切。同其他国家的农民相比，美利坚农民的生活堪称与世隔绝。当然，那时也有一些小村庄，如著名的英格兰小镇。在这样的小镇上，一般会有一座教堂，一间杂货铺和一个小旅馆。当然还会有五六所房屋，住在里面的人是牧师、律师，以及杂货铺店主。大多数人只是偶尔来趟镇上，去教堂做礼拜，参加一个政治会议，或者处理一些必要的小事。

当然，这并不是说人们除了自己的家庭成员外很难看到别人，田里的农活可不是一家人能忙得过来的。邻近的两户农家经常一起相互协作，你帮我收玉米，我帮你种小麦。一家建谷仓，附近的人家都会来帮忙，这几乎成为农家之间的固定聚会。邻里之间也经常以物易物，用一小桶苹果酒换一头猪，或者用一桶苹果酒结算一天的工资。

尽管如此，早期的美利坚人却比任何时候的人们，甚至是今天的人们，都更依赖自己的双手。他们可能有时候会花一天的时间帮邻居剥玉米，但是大多数时候家庭成员都各忙各的。父亲在田里收割干草，母亲在厨房里做奶酪，12 岁的女儿在菜园里给南瓜苗松土，10 岁的儿子在湿地里采摘草莓，而侄子汤姆则在修理玉米田的篱笆。

以今天的标准来说，当时的家庭可真是一大家子。据一位学者的统计，当时的生育率“几近人类的生理极限”。这一大家子人中，通常会有一位守寡的姨妈，一个 25
或两个已成孤儿的侄子侄女。有的人家还会有一名帮佣或雇工，在南方当然还有奴隶。当时 35%的美利坚家庭有 7 名以上家庭成员，三分之二的家庭有 5 名以上成员，这些家庭成员都非常年轻。在 1774 年的康涅狄格，32%的白人人口都是 10 岁以下的幼童，超过 50%的人口年龄在 20 岁以下。

不管怎样，早期的美利坚人更看重家庭成员，而不是与他人的人际交往。虽然有时候这样可能使结果更加糟糕，要跟一个暴虐的丈夫或生病的妻子离婚几乎毫无可能，一个单亲家庭没办法养活一大家子人，也没法经营农场。因此，那时候的许多夫妻都相携到老。

考虑到农场的面积实在太大，因此只有小部分土地获得开垦也就不足为奇。农夫们通常只开垦 3—4 英亩地种粮食，通常是种玉米，玉米可以磨成粉，玉米秆和叶子可用做饲料；再开垦 1—2 英亩地种果树，十几英亩地当牧场，饲养 1—2 头奶牛，再养一匹马或一头牛用来耕地，猪自然也必不可少，有的人家会再养几只羊，以及其他一些可以拿到市场上卖的家畜。在气候温和的南方，人们都将家畜放在林子里散养，让它们自己寻找食物。而在寒冷的北方，人们则在屋后搭个棚子蓄养鸡鸭。因此，大多数北方家庭喂养的家畜不多，除了自己家吃的，其余的养到秋天就拿到市场上变卖。

农场剩余的土地全部都是林地。但是当时的人们，尤其是新英格兰人，并没有意识到获取木材有一天会变得和获取食物一样困难。一户康涅狄格农家一年要用
26 20—40 根木头，这些木头都是人工砍伐的，而且经常是用雪橇从很远的地方运过来。新英格兰人口的增长，加剧了人们砍伐树木的速度。到 1787 年，新英格兰南部的树木被砍伐殆尽，大片大片的田地中，只能偶尔看到一两棵树。木材的匮乏，也是迫使新英格兰人西进的原因之一。

农户们大都居住在一些木制结构的小屋里，屋顶上盖的是板瓦或者隔板。正对着大门的是一个用石头或砖块砌成的大壁炉，壁炉旁边是父母休憩之处。房子上面一般有个小阁楼，用梯子可以爬上去。阁楼上挂有绳床或铺着稻草垫子，是家中较小的孩子睡觉的地方。居住一段时间后，手头富裕的农民会在屋子前后增建房舍，这使得门窗的位置经常变化。因此，当我们今天看到这些幸存的房子时，经常搞不清房屋原来的布局如何，也不清楚房子结构是如何发生变化的。

食物的烹饪一般都在壁炉旁边进行。罐子里的热汤咕嘟咕嘟冒着泡，一家人用手将汤罐从房间的一头传至另一头；烟囱旁边的蜂巢炉里，烤面包香气四溢；壁炉前的烤叉上，大块大块的肉被烤得嗞嗞作响；而壁炉里煨着的苹果、土豆和玉米，也散发着阵阵香味。

房间里家具很少。每家都会有张大的隔板桌，几条长凳，一家人围着桌子一起吃饭、工作、阅读以及祈祷。房间里还会有两三把椅子，一个放餐具的柜子或橱柜，墙壁上的钉子是用来挂衣服的。在富裕点的家庭，房间里可能还有一只钟表，一面镜子，或者一个小书架。餐具都是木制的，但是到了 1787 年，很多农民家里都有了锡制盘子和叉子，以及少量的玻璃器皿。

27 随着农业的兴旺发展，美利坚土地上别说饥荒，连饿肚子的事都很少见。爱德

温·J.珀金斯(Edwin J.Perkins)认为,1787 年的美利坚人吃得相当不错,甚至比现在大多数人都好。他们消费的肉食数量实在惊人,1784 年马萨诸塞沃特利(Whatley)普通的一家 4 口人,每年要吃掉 500 磅的猪肉和 200 磅的牛肉,相当于每人每天吃半磅肉。这只是平均数,还不是特例,富裕人家消耗的肉食还远不止于此。华盛顿总统的管家塞缪尔·弗朗西斯(Samuel Fraunces)每次为总统及其客人准备的晚餐中,鱼、鸡还有烤肉通常都是必备的菜式。而在一家上点档次的酒馆里,一顿饭至少有两道烤肉或两种家禽肉。

1806 年,一位英国旅行者写道:"在肯塔基一个简陋的小屋内,晚餐是一大块腌火腿,一盘玉米粥和一碗松鼠肉汤。最后一道菜让我大饱口福,汤里的肉味道鲜美,吃起来像嫩鸡肉一样,让人欲罢不能。"亨利·亚当斯(Henry Adams)在其经典著作《1800 年美利坚人的生活》中,如此描述道:"在美利坚人的餐桌上,一天三顿腌肉是司空见惯的事。"猪易于饲养,屠宰简单,也便于制作腌肉,而腌肉则可以加入任何应季水果和蔬菜一起烹饪。当时,无论人们是住在森林里,还是住在河畔海边,都擅长制作腌制食品。在新英格兰,人们用盐腌制鳕鱼、龙虾和蛤蚌;在南部,人们腌制松鸡;在边远的拓荒定居点,人们则腌制鹿肉、松鼠肉,甚至还有熊肉。由于食物中富含蛋白质,根据 1787 年的军队征兵记录,当时的美利坚新兵平均身高为 5 英尺 8 英寸,几乎和现在一样,比当时英国新兵的平均身高要高出 2 英寸。

美利坚人爱吃肉食,同时也嗜酒如命。18 世纪欧洲人酗酒成性,而美利坚人与之相比也毫不逊色。马克·林德(Mark Lender)和詹姆斯·马丁(James Martin)的一项研究表明:

> 我们可以大胆假设……在饮酒方面节俭有度的殖民地真是少之又 28
> 少。吃饭时喝啤酒或苹果酒,在酒馆里或是亲戚邻居的葬礼上喝生啤酒,如果把这些都算上……虽然饮酒量的具体数字无法统计,但根据可靠估计,在 1790 年间,15 岁以上的美利坚人平均每年饮用约 6 加仑无水酒精,而现在人均每年的饮用量连 2.9 加仑都不到……

我们知道,禁酒运动是从 19 世纪开始的,随着 1919 年《美国宪法第十八修正案》的问世而达到顶峰。但是在18世纪,人们普遍认为每天喝酒可以让人精力旺盛。华盛顿将军在准备一次长途行军时,就理所当然地预订了许多朗姆酒。然而令人感到惊讶的是,当时并没有太多人酗酒(林德和马丁的这一看法值得商榷),因为当时明目张胆的醉酒是为人所不齿的行为。

在当时的人们看来,饮酒是一种祝福,而非诅咒。而当时有关性方面的问题,也与现在普遍认同的看法大相径庭。这些早期的美利坚人为人实际,私生活也毫无浪漫可言。在一个50人或100人的农庄里,选择伴侣的范围无疑非常有限。如果再婚,合适的人选可能就只有1个。此外,人们对性的开放态度是我们无法想象的。有关性方面的历史书目前仍在编撰中,很多人认为当时的人们都过着"清心寡欲"的生活,这一看法无疑大错特错。在1787年,在某些地方,婚前性行为是很常见的事情。在革命战争期间,新英格兰的一个县里就有半数以上的新娘是奉子成婚。而华盛顿将军,我们将在后面看到,擅长写些黄色笑话;腼腆的詹姆斯·麦迪
29 逊,上大学的时候就曾写过艳诗;本杰明·富兰克林则写过一篇著名的讽刺文章——《给年轻人的忠告:如何选择一名好情妇》。

在城市里,"卖淫是一个老生常谈,但是却历久弥新的问题。一位波士顿市民宣称卖淫人数的剧增委实让人'难以置信',如不将其扼杀在'萌芽'状态,造成的恶果将无法估量"。虽然没有准确的数据,但有证据表明1787年异性性行为数量与20世纪中期相比所差无几。

对于美利坚农民而言,生活枯燥乏味,需要依靠自娱自乐来调节。他们可能在家里唱唱歌跳跳舞消遣一下,或者一家人坐在一起大声朗读《圣经》或者《天路历程》,在当时几乎没有别的书。但大多数时候,农民们劳作一天,到晚上根本无心玩乐,而且,蜡烛在当时可是贵重物品。因此,到了晚上,农民们吃点东西,喝点酒,可能再做会儿祷告,然后就上床睡觉了。只有到了星期天,人们到小镇教堂去做礼拜,一成不变的生活才有了点色彩。

即使劳作辛苦,生活不便,当时的美利坚人仍然是一群幸运儿。珀金斯就曾坦言:"在18世纪70年代的美利坚大陆上,一个普通白人家庭的物质生活水准绝对是当时世界上最高的。"在城市之外的农村,由于人口分布零散,因此美利坚人从未像欧洲居民一样,饱受疫病或普通传染病的困扰。在美利坚大陆,空气纯净,水质

优良，溪流和湖泊中的淡水都可以直接饮用。当时人们的出生预期寿命约为35岁，但一个人如果活到了60岁，那么他可能也会活到75岁。事实上，1787年一名60岁男人的预期寿命可比1970年的人长多了。美国第一至第六位总统的平均寿命为80岁，华盛顿和麦迪逊的母亲都成为90多岁的高寿老人。

这是当时大多数人的生活方式，而其他一些人则以另外的方式生活，后者显然
远不如前者那么美好。举个例子，当时有很多人依附于商业性农场和种植园，如农 30
场的工头、契约佣工、雇工和工匠，一个大型农场甚至拥有自己的木匠、铁匠和女裁缝等手艺人。城镇中的商人、工匠和小工厂主虽然人数不多，但是政治地位重要。此外，城市中的流动人口成分庞杂，他们当中既有暴徒、水手或者罪犯，也有妓女和散工，这些人整日在城市中游荡，无疑给城市增加了安全隐患。

此外，还有超过60万人的美利坚人口为黑人，约占美利坚总人口的五分之一，其中大多数都是奴隶，而90%的黑人都住在南方大大小小的种植园里。黑人奴隶一般都以家庭为单位居住，而越往南走，由于居住地的分散，黑人家庭基本上被拆得七零八落。黑人的境遇悲惨，但总体来说，他们至少还不至于食不果腹。乔治·华盛顿农场的奴隶，人均每天食用2 800卡路里的食物，并不比当时大陆军士兵的伙食水平差多少。还有相当一部分自由黑人散居在北部各邦，但他们的存在并不会对白人劳工的工资产生影响。

不知当年的美利坚人有何所思有何所想？他们早就有种身为美利坚人特有的自豪感，毕竟他们击溃了当时世界上最强大的军队。美利坚人认为自己道德高尚，生活俭朴，与颓废腐败的欧洲社会截然不同。在他们眼里，欧洲人轻浮放荡，纵情酒色，让人不齿。

罗素·布兰·奈(Russel Blane Nye)在一篇研究早期美利坚人思想的文章中称，“他们一致坚信美利坚正处于上升曲线，而这一上升通道是永恒的，所有人类之前的历史不过是为了美利坚社会的出现做准备。正如托马斯·潘恩(Thomas
Paine)在《常识》一书中说的一样，‘一个新的世界即将诞生’”。 31

“直率”是美国理想的核心所在，这一说法是由本杰明·富兰克林概括提炼而来。富兰克林在欧洲生活了25年的时间，因其朴实无华的性格，彬彬有礼的举止，合适妥帖的服饰，在伦敦、巴黎奢华无度的上流社会广受推崇。1787年的美利坚

人认为他们是世界上最棒的民族，身体力行地实现他们理想中的生活，辛勤工作，敬畏上帝，说话直率。

然而总有些例外，打破了美利坚人一贯示人的健康勤恳形象。如谢斯起义就向人们表明，有些美利坚人深陷财务危机，有些美利坚人是恶棍和疯子。美利坚人认真工作是因为生活所迫，他们敬畏上帝是从小养成的习惯，他们富有是因为他们身处的大陆资源富饶，从未被开发。

美利坚人在农场里过着自给自足的生活。即使是一个现代的工人，也会如同一个中世纪的农夫一样，对当时美利坚农民的独立程度感到惊奇。不管是村里的长者、头领、工头，还是城镇长官、店主、行政官员，美利坚的农民们都没机会经常看到，他们能够求助的除了自己就是上帝。他们没办法经常向权威、哲人或专业人士寻求所遇困难的解决办法，很多事情他们都必须自己拿主意。哪块地种玉米最好？为什么上帝会接受一个受宠爱的孩子？有时候，他们在遭遇灾难的时候都没办法向邻居求助，邻居很少而且相互之间住得太远。

美利坚人的生活方式对其心理产生的影响虽然难以估计，但却势必让美利坚
人对自我价值和人身自由有一种强烈的追求。我们不会忘记，为了将英国人从美
32 利坚大陆驱逐出去，万千美利坚人在独立战争中浴血奋战，不惜牺牲宝贵的生命。
自由对他们来说至关重要，他们质疑权威，反对强权。如此一来，这样的美利坚人
会同意重新建立一个强大的全国政府，让政府来管理他们生活的方方面面吗？

第三章　詹姆斯·麦迪逊的想法 33

当时一部分美利坚人已经意识到，如果全国政府的权力得不到加强，那么国内暗潮汹涌的党派之争，地方各邦间的矛盾，经济方面的问题，以及阶级之间的仇恨，随时都可能使美利坚邦联分崩离析，灰飞烟灭。届时流血事件将无可避免，美利坚国土将任人鱼肉。国家主义者意识到了这一危机并试图挽救美利坚，而其中提出济世良方的人是詹姆斯·麦迪逊。

麦迪逊被称为“美国宪法之父”，这一说法为大多数历史学者所认同。然而这一说法却需要修正，因为制宪会议最终并没有遵循麦迪逊提出的基本意图。正如麦迪逊著作的编辑所言，麦迪逊实际上“对制宪会议的结果极其失望”。制宪会议结束后，他在给杰斐逊的信中写道：“该文件既无法有效地解决国家层面的问题，也
无法抑制各地对中央政府的厌恶之情。”尽管如此，在制宪会议召开伊始就为大会 34
定下基调的，非麦迪逊莫属。因此，我们有必要来研究一下麦迪逊其人其事，以及其心路历程。

1751 年 3 月 16 日，麦迪逊出生在弗吉尼亚的奥兰治县(Orange County)一个南方地主家庭。在麦迪逊出生的 100 年前，其祖先来到美洲大陆，而后在弗吉尼亚获取了约 600 英亩的土地。经过几代人的艰苦劳作辛勤经营，麦迪逊家族逐渐将当年的田庄拓展为占地上千英亩的大种植园，蓄养奴隶无数。詹姆斯·麦迪逊一生从未为生计所苦，他的父亲经营有方，因此麦迪逊得以心无旁骛地投入建国大业之中。

麦迪逊身高约 5 英尺 6 英寸，身材矮小体形单薄，有人说他“还没有半块肥皂

大”。在查尔斯·威尔森·皮尔(Charles Willson Peale)为其所画的一幅微型人像上,我们可以看到麦迪逊的样貌:略显苍白的蓝眼睛,深棕色的头发,小巧柔和的嘴唇,让人感觉这是一个敏感细致的人。麦迪逊从小就非常好学,在同龄的孩子们沉迷于骑马打猎、喝酒玩乐之际,他却端坐于父亲小小的藏书室里认真阅读。

麦迪逊后来赴普林斯顿就读,当时还被称为新泽西学院。在学校开设的哲学课程上,麦迪逊接触到了英国思想家约翰·洛克(John Locke)和大卫·休谟(David Hume)有关“自然权利”的理论。除此之外,还有近代苏格兰“常识”学派的理论,该学派着意强调人类“天生的”或易为人感知的直觉。约翰·洛克和大卫·休谟的学派都将个人的权利视为重中之重,反对君主专权和寡头政治。在麦迪逊就读期间,当时的新泽西学院可以被称为革命思想的发源地。当时的校长是约翰·威瑟斯朋(John Witherspoon),后来也是《独立宣言》的签署人之一。麦迪逊的大学生涯势必在他心中铸下了两个牢固的信念:人的问题都可以运用理性来解决;政府必须是被统治者的工具。

35 麦迪逊废寝忘食勤奋学习,3 年的课程只用 2 年就学完了。但他仍然留在学校,花费了一年的时间来学习神学。虽然腼腆害羞,但麦迪逊在同学中人缘不错。

麦迪逊受邀在毕业典礼上发言,但就在典礼举行前夕,麦迪逊却因为“过度学习”突然病倒。在身体恢复之后,麦迪逊被父亲叫回家,教导弟弟妹妹的学习。一段时间后,麦迪逊再次病倒,这一次病情反复发作了好几次。麦迪逊的病因从未被确诊过,后来他自己曾说:“症状类似癫痫,发作时神志不清。”自此之后,麦迪逊一直感觉自己身体很糟糕,因此在独立战争中未曾参战,只是在军队里担任过一阵子军需官。

其实,从当时的情况来看,麦迪逊的身体还是很健康的。当时很少有疾病可以被治愈,人们生了病只能自生自灭,但麦迪逊却很少生病。在他漫长的一生中,他担任过的各个职位无一不是责任艰巨——从弗吉尼亚政府官员到国会议员、国务卿,乃至美国总统。直到 85 岁走到生命尽头,无论在位与否,麦迪逊都是这个国家最重要的政治家之一。欧文·布兰特(Irving Brant)在其所撰写的传记中详细描述了麦迪逊的生平,他认为麦迪逊奇怪的病症是“类似癫痫一样的歇斯底里”,也就是说,是症状类似癫痫,因情绪激动而引发的疾病。

不管麦迪逊为何种病痛所苦，这一切都没有影响他投身于18世纪70年代席卷美利坚的革命洪流当中。英国人试图向13个殖民地征以重税，而美利坚则对英国货物实施禁运作为回敬；波士顿惨案中，英国士兵开枪射杀美利坚民众，致使美利坚各地对此采取的行动此起彼伏。麦迪逊的性格和教养，促使他义无反顾地加 36
入了爱国者的阵营。在各地依据《独立宣言》建立邦政府之时，麦迪逊被选入弗吉尼亚邦政府任职。从他决定投身政治的一刻起，麦迪逊就一直坚定前行，从未回头。

麦迪逊性格当中有诸多自相矛盾之处，实在让人吃惊。他是一个害羞的人，这一点毋庸置疑。在刚开始从政的时候，麦迪逊发言时说话声音极小，别人都听不清楚他在说什么。有一次，麦迪逊住在威廉斯堡(Williamsburg)一家小旅馆里，一个小偷翻窗入室偷走了他的帽子。当时麦迪逊都已经30多岁了，却仍然觉得不戴帽子出门实在太过尴尬，因此在小旅馆里整整待了两天没出门，直到从一个路过的鼻烟商人那里买到一顶新帽子。麦迪逊社交圈里的一位女士，在仔细观察后认为他是“一个气质阴郁、呆板僵硬的家伙，别人说他在国会中是个机灵人。但出了国会，他的举止完全谈不上迷人，甚至让人感觉无法忍受——简直是我认识的最不合群的人”。威廉·皮尔斯(William Pierce)是1787年制宪会议的代表之一，他对当时与会代表的性格特点都有过简要描述。对于麦迪逊，他是这样说的：“一位性情温和、极其谦逊的绅士，与熟人说话时随和而坦白。”

麦迪逊害羞内向，不知道如何同女人打交道，这真是让人毫不奇怪的事，而且肯定从他小时候起就是如此。麦迪逊在30多岁时，爱上一位邦联议会议员的女儿，15岁的凯蒂·弗洛伊德(Kitty Folyd)。而在此之前，麦迪逊的感情生活几乎是一片空白。显然，作为议员的父亲意识到麦迪逊会是一个让他引以为豪的女婿，因此鼓励女儿接受他。很快，麦迪逊就兴高采烈地向朋友们宣布他即将订婚。当时麦迪逊坚定的政治同盟及终身挚友托马斯·杰斐逊写信给他：“闻吾友将与K小姐缔结鸳盟，不胜欢喜。”然而，他们之间却并不情投意合，几个星期后，凯蒂单方面宣布解除婚约，徒留麦迪逊黯然神伤倍感羞辱。50多年后，麦迪逊去世前整理其所著文字时，将信件中所有提到凯蒂之处都用墨水涂抹，让人无法辨认。这之后的十 37
余年间，麦迪逊的生活中再无女人身影。直到1794年，他与多莉·派恩·托德

(Dolley Payne Todd)携手迈入婚姻殿堂。

麦迪逊生性羞涩，害怕被拒绝，这一点他的许多朋友都看出来了。一位对麦迪逊知之甚详的女性朋友伊丽莎白·特里斯特(Elizabeth Trist)曾说麦迪逊太敏感了，无法胜任弗吉尼亚邦长一职(这一职位麦迪逊后来并未接受)。伊丽莎白还称，如果有人在新闻媒体上攻击麦迪逊，那么“此举不仅会伤害他的感情，而且会危及他的健康，我敢担保”！麦迪逊同时代的人曾用“谦逊”一词来形容他的为人，谦逊到不愿担任邦长，谦逊到不会当众发表有说服力的演讲，谦逊到不戴帽子就不愿出门。

然而，在美国前总统当中，麦迪逊的恋爱故事一直引人注目，这也是他性格当中自相矛盾的一个方面。他的妻子多莉·麦迪逊比他小 17 岁，出生于一个家世良好的贵格会教徒家庭，和帕特里克·亨利(Patrick Henry)、玛莎·华盛顿(Martha Washington)都是亲戚。多莉活泼可爱，性情单纯，惹人喜爱。1793 年，多莉的第一任丈夫在费城死于黄热病。不久之后，麦迪逊对她一见倾心，两人很快结婚。虽然刚开始的时候，多莉对这段婚姻还存有疑问，但是很快她就深深地爱上麦迪逊，两人携手浪漫度过余生。麦迪逊与多莉相携相伴很少分离，因此相互之间很少写信。有一段时间，多莉每天都会给麦迪逊写信，而麦迪逊也几乎每天都会回信。当时，麦迪逊担任杰斐逊的国务卿，而多莉则因病留在了费城。多莉在信中写道：“你离开我才几个小时，我的爱人，我发现除了给你写信之外，做什么都无法排遣心中的
38 苦闷……再见我的爱人，我们心意相通。”麦迪逊的回信则正式得多，“知道你将回到我身边，委实焦虑期盼”。这听起来真像是一对 20 多岁恋人间的对话，然而当时多莉已经 36 岁，而麦迪逊则已年过半百，且正担任国务卿要职。

麦迪逊在人际交往中腼腆害羞，而与此形成鲜明对比的是其惊人的大胆思想。在安静的书房里，用无声的笔在纸上写出所思所想，那时的麦迪逊是勇敢而无畏的。而促使麦迪逊性格如此转化的钥匙，是其内心深处根深蒂固的对权力的恐惧。在当众发言时，他对支配别人感觉不适，因此别人几乎听不到他在说什么。他也同样害怕被人支配，每当感觉到权力加诸自身的威胁时，麦迪逊总是奋起反击。在弗吉尼亚议会中，他反对宗教暴政；农民债务人为获得价格限定法、发行纸币立法并在议会中取得主导地位时，他同样站出来反对。

我们在后面可以看到，在整个制宪会议期间，麦迪逊将注意力主要放在权力的制衡方面——各邦、政府各部门、各地宗教派别之间的相互制约，而不是像之前一样，不遗余力地宣传中央政府的观点。

麦迪逊将权力制衡应用于制定宪法，当时他已经下定决心要制定一部宪法。如同其他众多美利坚人一样，麦迪逊已经是一个成熟的爱国者。如同历史学家兰斯·班宁(Lance Banning)所述，麦迪逊1783年加入弗吉尼亚议会以来，耳濡目染之下，他开始日益反感各类法案的朝令夕改，如农民债务人为推行纸币而通过的法案，因设想不够周详，通过后不久即被废止。大约在1784年或1785年，麦迪逊加入国家主义阵营，致力于加强中央政府集权。

在谢斯起义事件发生的时候，麦迪逊在专心致志地研究政治学。他对历史上
的各国政府，尤其是共和国政府进行了系统的研究，想搞清楚政府各部门如何运
转，或者更重要的，搞清楚政府是如何失效的。然后，为理清思绪，麦迪逊动笔写了 39
一篇文章，将他认为造成当时美利坚政府困境的原因在文中一一陈述，这篇文章就
是著名的《合众国政治制度之弊端》。后世历史学家将其称为“麦迪逊的弊端”，对
于洁身自好的麦迪逊来说，这一称法不甚合适。麦迪逊在文章中的分析犀利敏锐，
其所陈之种种弊端后来也成为制定美国宪法的重要参考资料。文章的内容，我们
将在后文予以详述。

麦迪逊不仅是一名学者，还是一位勤奋的政治家。能将问题分析透彻是件好事，但是更重要的是将分析落到实处。正因如此，麦迪逊把握机会，一步步控制事态发展的节奏，直到制宪会议的召开。

40 第四章　不一样的乔治·华盛顿

以詹姆斯·麦迪逊、亚历山大·汉密尔顿和乔治·华盛顿为首的国家主义者运筹帷幄，将召开制宪会议的前期准备工作分成两个阶段进行。第一阶段的工作是加速货物的流通，促进各邦间商贸往来。在18世纪80年代的美利坚，陆路通行条件差，货物的运输完全依赖于水路交通。一个人骑马，或者三四个人共乘一辆马车，还可以走走陆路，但是上千桶的烟草、大米、威士忌就只能通过水路运输了，这三样可是美利坚各邦贸易的大宗货物。密西西比河支流众多，如蛛网般密布西部大陆，如果能开凿运河连接各个支流的水路交通，那么交通的便利必定会吸引民众至河流沿岸定居，从而促进当地的贸易繁荣。

乔治·华盛顿对开凿运河一事尤其热心。独立战争之后，华盛顿没有担任任何官方职务，从公众视线中退隐。然而天性使然，华盛顿胸中所谋必是大事。当时
41 华盛顿最感兴趣，或者说沉迷其中的，是如何开凿运河打通阿勒格尼山脉，连接俄亥俄河和波托马克河，寻找出海口。华盛顿坚信美利坚的繁荣昌盛将是势之所趋，他在俄亥俄河谷拥有大片土地，而他的弗农山庄，则位于波托马克河畔。在俄亥俄河和波托马克河之间开凿运河，将为华盛顿带来巨大的财富。弗农山庄的访客们总是没完没了地讨论有关运河的问题，华盛顿对此感到非常厌烦。他曾经一个人划着独木舟穿越湍流，实地勘察俄亥俄河和波托马克河之间的河流情况，寻找可以为其所用的河道。

马里兰和弗吉尼亚情况相似，都位于波托马克河畔，开凿运河的大事必须将其考虑在内。1785年3月，两邦的专员们在亚历山大市（Alexandria）会面，讨论波托

马克河的相关事宜。华盛顿并不是弗吉尼亚派出的专员，但他对开凿运河的事甚是热忱，再加上亚历山大离弗农山庄并不太远，于是华盛顿最后决定邀请专员们到弗农山庄来开会。弗农山庄可比亚历山大简陋的小旅馆舒适自在得多，与会专员们都愉快地接受了这一邀请。由此，该次会议被称为“弗农山庄会议”。与会专员们在会上讨论了运河通行费与捕鱼权的问题，然后将讨论结果报告给各自的议会。

事有凑巧，当时弗吉尼亚议会下属运河事务专门委员会的主席正是詹姆斯·麦迪逊。在讨论运河事务的过程中，有人建议每年定期召开会议统一处理商贸事务。思维超前的麦迪逊从这一提议中得到启发，看到了对国家主义者的大业极为有利的机会。在与华盛顿进行商讨后，麦迪逊返回弗吉尼亚议会提出议案，迫切要求邦联议会行使权力，规范美利坚各地的商业行为。各邦议会，对于邦联议会的权力都心存嫉妒。邦联议会最终形成的决定是召集各邦开会，就商务问题提出建议。
“这一举措”，欧文·布兰特在书中写道：“是促成宪法起草的关键步骤。” 42

制宪会议前期准备工作的第二个阶段，是 1786 年 9 月在马里兰首府安纳波利斯(Annapolis)召开的会议。会议的主题是美利坚的商贸问题，各邦都收到了出席会议的邀请函。但是各邦是否会派代表出席，出席的代表会形成什么样的意见，还都是未知数。为此，麦迪逊写道：“虽然召开这样一次会议是我的心愿，但是我却对会议的结果不抱希望，最多不过是商贸方面的革新。”

麦迪逊参加了会议，而华盛顿则没来，显然感觉此次会议将一事无成，不愿自己名声受损。9 月 4 日，麦迪逊抵达安纳波利斯，在他之前有两位代表已经抵达，亚历山大·汉密尔顿等人随后抵会。到最后，只有弗吉尼亚、特拉华和新泽西 3 个邦与会代表达到法定人数，有 7 个邦根本没派代表参加。

为何各邦都不愿派代表参加会议？各邦所陈理由不一，但背后的原因却显而易见——不愿失去对各邦事务的掌控权。谁知道安纳波利斯会议会形成什么决定？还是不参加比较放心。

因此，安纳波利斯会议的与会代表全部都是国家主义者。在会议召开的 3 天内，他们除了讨论之外无事可做。由于与会代表都对会议过程守口如瓶，因此我们对此次会议的具体细节知之不详。但是有一点很明确，那就是国家主义者决心利
用此次会议来推进建国大业，会议为此专门成立了一个委员会。当时，新泽西授予 43

与会代表不仅可以处理商业事务，而且可以处理“其他重要事务”的权力。亚历山大·汉密尔顿的传记作者之一布罗德斯·米切尔（Broadus Mitchell）在书中写道：“来自新泽西纽瓦克市的代表亚伯拉罕·克拉克（Abraham Clark）因此倍受关注，与会代表决定利用此次机会，向各邦及邦联议会提请召开大会修订《邦联条例》。”这个想法由来已久，早在1781年《邦联条例》批准生效之际，国家主义者就已经开始讨论这一事项。有些历史学家甚至揣测国家主义者其实期待着安纳波利斯会议的失败，以便召集一个规模更大的会议。尽管如此，国家主义者中的骨干分子还是向各邦议会提交会议报告，敦促各邦选派代表“于明年5月的第二个星期一齐聚费城，探讨邦联面临的形势，完善其认为需要改进的条款，赋予邦联政府应对联盟紧急事件的宪法权力”。

显然，各邦对于召开费城会议无动于衷，如同安纳波利斯会议一样。但是安纳波利斯会议就像一次预演，将国家主义者团结在一起，激励他们寻找机会制定对策。这群年轻人朝气蓬勃，声名卓著，精通政治。在1786年冬至1787年春，国家主义者们形成了一个极富影响力的小团体，他们相互频繁通信，在各自所属的公共团体中发表演讲，并且不遗余力地游说身边的要员接受国家主义。

形势对他们极其有利，各邦的经济虽然表面上看着还不错，但是不足之处也很
44 明显，因债入狱的农民们就是最好的证明。越来越多的人意识到了邦联议会的无所作为。而压垮骆驼的最后一根稻草，就是谢斯起义。

即便如此，根据1786年冬天的形势，各邦是否派遣代表来参加费城会议仍是个未知数。相当一部分邦议会迟迟未举行投票表决，但弗吉尼亚议会反应迅速，早在10月就第一个同意选派代表至费城参加会议。12月4日，弗吉尼亚邦政府正式任命了4名参会代表，第一个就是乔治·华盛顿。

在美国历史上，乔治·华盛顿是有名的谜一样的人物。认识他的人都对他推崇备至，越是了解他的人，就越是热爱他。然而在后世人的眼中，他只是大理石雕刻的英雄，如同矗立在国会大厦圆形大厅中那座闻名遐迩的雕像一般，令人费解，而且难以亲近。早在1850年，拉尔夫·瓦尔多·爱默生（Ralph Waldo Emerson）在提及乔治·华盛顿时，就曾说：“英雄都免不了成为令人厌烦的人物。”乔治·华盛顿是多么令人厌烦啊，在无数所校园里，他的画像毫无表情地在墙上俯视着莘莘

学子,苍白的脸上薄唇紧抿,笔直如尺。我们觉得,他只是一个不善言辞的小男孩,只会不停地说:“我不会说谎,爸!你知道我不会说谎,我的确用我的小斧子砍了樱桃树。”我们觉得,他只是那个表情严厉的战士,站在小船的船头横渡特拉华河;一个爱标榜自我的人,仿佛只需要使用自己的意志力就可以驾驭小船在冰川中行进。这样的一个人,谁会喜欢呢?

但是,观其一生,嫉妒华盛顿的人不多,憎恨他的人更少,喜爱他的人绝对是大多数。孩提时光,他就是母亲最宠爱的孩子。少年时候,他进入了一个殷实的名门之家。20 岁刚出头,华盛顿就担任了弗吉尼亚政府中举足轻重的职务。成年之后,华盛顿的威望更是与日俱增,总是有人来找他参与各种事务,提供个人建议,更有甚者,还让他担任自己的遗嘱执行人。华盛顿甚至还替众多身故的友人管理田
庄,为此他自己都说过“被剥夺了一切娱乐时间”。华盛顿处事成熟,交游广阔,当 45
时的许多要人都与其私交甚笃。这些朋友们都无一例外地恳请他关注未来美利坚的命运。

人们对乔治·华盛顿的尊崇并不是因为他的高贵品质,认识他的人都由衷地喜爱他。传记作家詹姆斯·托马斯·弗莱克斯纳(James Thomas Flexner)曾经将华盛顿描绘成一副乡绅模样:

> 华盛顿事务繁多,弗吉尼亚各地经常能看到他的身影,每到一处他都会获得人们的盛情款待。如果是去乡下,朋友们会邀请他住在自己家中;如果是在城镇,朋友们会和他聚在小酒馆中愉快地畅饮一晚,然后各自付账。华盛顿人缘极好,走到哪里都很受人欢迎。

在独立战争快结束的时候,发生过一起新堡阴谋,这一事件充分证明了华盛顿为人们所真心喜爱,而不仅仅是出于尊敬和钦佩。当时战争已经接近尾声,邦联议会急于遣散士兵归乡。但是,议会拖欠了巨额军饷,部分士兵甚至一年多都没领到过薪酬。有消息称,士兵们决定到议会示威,用武力声讨薪酬。部分士兵甚至希望能说服华盛顿参与这一行动。

华盛顿对此坚决反对。他清醒地意识到,无论出于何种正义的目的,军队一旦

将意志强加于地方政府，那么民主将演变为暴政，他们通过战争取得的一切都将付诸流水。尽管如此，士兵们的讨薪运动却仍在持续发展。某天，华盛顿麾下的一些军官聚众召开会议，准备组织军队至议会示威讨薪。

46 军官们原以为华盛顿不会参加会议，但是会议一开始，他就从一扇后门中进来了。看到他进来，军官们都不是很高兴，拖拖拉拉地进入了会场。华盛顿走上讲台开始说话，告诫军官们如何不能、不准继续这一行动。当他结束发言之后，站在下面的军官静立无言，对他的请求无动于衷。“这些熟悉的面孔抬头看着他，有的心神不定，有的茫然无措，有的阴沉愠怒。”看到这样的情形，华盛顿说他将宣读一位邦联议会议员的来信，信中描述了议会努力解决军队薪酬问题的一些办法。他从口袋里拿出一封信，詹姆斯·弗莱克斯纳这样写道：

> 突然，每个人的心跳都好像慢了一拍。华盛顿阁下的眼睛似乎出了点状况，好像没办法看清信上的字。他茫然地停了下来，手指笨拙地在马甲口袋里摸索，掏出一个只有最亲近的人才看他戴过的东西。然后，他用无限惆怅的悦耳音调说道：“先生们，请允许我戴上眼镜，在为国服役的这些年里，我不仅头发灰白，而且眼睛也快瞎了。”

华盛顿说完这句话后，许多军官都流下了眼泪。当时在场的一位军官事后回忆道，“他的请求自然真挚，直击心扉，胜过世上一切雄辩，在场的每个人都因感动而眼睛湿润”。举手投足之间，华盛顿就平息了一场叛乱，所凭的不过是这些坚忍不拔、身经百战的老兵们对他的敬爱之情。

华盛顿身边的人，都觉得他精力充沛，热爱生活，充满正能量。华盛顿是当时最好的骑手之一，在田野中极速赛马，跨越篱笆，都让他感到精神振奋。他兴趣广泛，喜欢赌博打牌，赌马斗鸡，还热衷跳舞。在他 30 多岁的时候，有一年他曾经猎
47 狐 49 次，去教堂 15 次。华盛顿可以一口气跳上 3 个小时的舞，但他最钟爱的，莫过于和新朋旧友围坐在晚餐桌前，喝点马得拉白葡萄酒，砸些核桃吃吃，说说各自的见闻，讲讲笑话。华盛顿衣着考究，经常会派人至伦敦购买当季的时尚新款。中年的华盛顿仍然精力过人，让人惊叹。1783 年，当时战争已经结束，华盛顿也已年

过半百。在经过 8 年艰苦卓绝的战争之后，华盛顿决定改变一下生活方式。而他的选择就是，骑马 750 英里，穿越纽约附近的无人地带，搜寻可以投资的土地。

说起来也许令人难以置信，华盛顿居然很有浪漫情怀。十几岁的青春期少年，就爱上了邻居兼好友的妻子——莎莉·费尔法克斯(Sally Fairfax)。终其一生，华盛顿都对莎莉保持着柏拉图式的爱情。

华盛顿喜欢说带颜色的笑话。50 多岁的时候，他曾经玩笑式地描述跟随了他很久的副官——约瑟夫·沃德(Jeseph Ward)，当时沃德正值新婚，新娘年龄要比沃德小很多。华盛顿写道，根据作战经验，沃德应当“学会如何区别错误的警报和认真的行动”，而且“要像一个谨慎的将军一样，在作战行动之前检查自己的力量、武器和弹药”。此外，“我建议他以充沛的精力，向他美丽的达西妮亚①发起第一次进攻。即使不能持久，至少要留下深刻印象”。

华盛顿习惯于保持缄默，甚至有些冷淡，这显得他的举止有些拘谨。但是他非常热爱社交生活，喜欢和朋友们相处。如果只有他一个人吃晚饭，他就会戴上帽子出门找朋友共进晚餐。他的日记里记的基本都是今天和谁喝茶，明天和谁吃饭，哪天又和哪些人一起骑马。华盛顿的弗农山庄常年对外开放，既招待那些尊贵的客人，也欢迎那些在吃饭时间出现的流浪汉。华盛顿曾经提到，他和妻子居然有 20 年没有单独一起吃过晚饭。当面临困境或需要作出决策的时候，詹姆斯·麦迪逊 48
的办法是独自在房间看书，从书中寻找答案。华盛顿却正好相反，他会召集一大群助手、顾问和专家一起讨论，直到发现解决方法为止。华盛顿生性沉默，但究其一生都在频繁地与人打交道。

华盛顿的生活细节都为人所熟知，他生于 1732 年，其家族在弗吉尼亚繁衍三代，后来终于获得贵族爵位。华盛顿的家人生活舒适，在庄园蓄养着大批奴隶从事耕种，孩子们长大后通常会以律师为业，或者经商。华盛顿母亲的家族也很富有，只是定居在弗吉尼亚的时间没那么长。他的父亲是再婚，其与第一任妻子所育的子女年龄都长于华盛顿许多。华盛顿的母亲在他之后又生了好几个子女，所以华盛顿如夹心三明治一样，在兄弟姐妹中慢慢长大。

---

① 堂吉诃德的梦中情人。——译者注

他的母亲玛丽·华盛顿是一个性格古怪的女人。她意志坚定，盛气凌人，为达目的不择手段。她是个长寿之人，直到华盛顿当选第二任美国总统之后才去世，当时华盛顿都已垂垂老矣。终其一生，她都在不停地对儿子唠叨。母子之间不变的话题，总是母亲尖厉的哭喊，抱怨儿子的不闻不问。不管是在儿子率众作战争取国家独立的时候，还是主持近代史上举足轻重的秘密会议之际，又或者力挽狂澜以免年轻的合众国分崩离析之时，这位母亲没做别的事，只是不停追问儿子为什么对她漠不关心。

我们对华盛顿的父亲知之甚少，他似乎很会做生意，除此之外再无其他。有意思的是，在华盛顿留下的大量文字中，也鲜少提及自己的父亲。这样的空白，向我们展现出一种既无憎也无爱的情绪。

华盛顿 11 岁的时候，父亲去世，将大部分遗产留给了前妻所生的两个儿子，只
49 给了华盛顿一个小种植园和 10 个奴隶。父亲的这一举动让华盛顿处境尴尬，他变成了戏中的喜剧角色——寄人篱下的穷亲戚。他的母亲则让他当家管事，像个“上尉”一样照看弟弟妹妹们。

父亲没留下多少遗产给华盛顿，因此他无法像异母兄长一样到英国求学。不过，他还是尽己所能进行学习，断断续续地学会了阅读、写作，还有算术，甚至还学了平面几何。

长大之后，华盛顿身高超过 6 英尺，修长挺拔，手和脚都大于常人。华盛顿面目俊秀，纵马驰骋时尤其风度迷人，而骑马也是他最喜欢做的事情。华盛顿选择土地测量员为业，在当时以土地为财富基础的情况下，这无疑是一条成功的捷径。和其他人相比，测量员更清楚哪块地比较值钱，哪块地更有升值空间。16 岁的时候，华盛顿得到了一份工作，测量紧邻蓝岭山脉（Blue Ridge Mountains）的谢南多厄河谷（Shenandoah Valley）的土地。之后，华盛顿又接二连三地获得这样的工作。3 年之后，华盛顿就积累了不少财富，并得以将手中所持土地的股份合并。

到了 1753 年，法国开始在密西西比河与俄亥俄河之间的三角地带营建堡垒。这一行为触怒了英国政府，因为之前英国一直将这块土地视为囊中之物。英国政府决定派人勘察，华盛顿由于熟悉情况而被选中负责这一任务。局势迅速恶化，法国人和印第安人之间开始兵戎相见。机缘巧合之下，华盛顿成了一名英军指挥官。

任职期间,除了冲动性急之外,他没留下什么好名声,最后还被法国人赶了回来。但是他在作战中表现得极其英勇无畏,于是战后他成了人们眼中的英雄。他的事迹在弗吉尼亚、在美利坚其他殖民地中广为传颂,他的名声甚至传到了伦敦。

解甲归田之后,华盛顿与富孀玛莎·卡斯蒂斯(Martha Custis)结为连理,因此获得了大片土地。之后,又继承了已故兄弟劳伦斯的故宅——弗农山庄。在接下
来的 17 年时光中,华盛顿过着一种道地的乡绅生活。他反复试验农作物的耕种和 50
家禽的饲养方法,逐步积累财产,改良土地性能,拓宽住宅面积。他沉迷于乡村生活,对农场的各种事务都报以万分热情。他经常在拂晓时分出发,骑马在种植园中巡视,指挥奴隶种果树,或者建造鹿园。华盛顿主动参与了一些宏大的计划,如开凿运河连通俄亥俄河和波托马克河。华盛顿当选为弗吉尼亚议员,与当时美利坚各殖民地和英国的许多朋友频繁通信。在 40 岁的时候,华盛顿就已经成为弗吉尼亚地方政府的领导人之一。1774 年,美利坚各殖民地代表齐聚一堂召开第一届大陆会议,商讨办法对抗英国暴政,华盛顿毫无意外地成为弗吉尼亚派出的代表之一。

第一届大陆会议召开后不到一年,美利坚各殖民地开始公开对抗英国,而英国则派兵占领了马萨诸塞的波士顿。显然,马萨诸塞仅凭一己之力是无力对抗英国的。因此,各殖民地迅速于 1775 年 5 月召开了第二届大陆会议。乔治·华盛顿仍然是弗吉尼亚的与会代表,这一次他身着旧军服出现在会场。大会决定与英国开战,但是选派谁来领兵作战呢?马萨诸塞代表意识到,只有推选出一位来自他邦的将军担任军队指挥官,才能让各殖民地迅速参与作战行动。华盛顿参加过法国与印第安人的战争,而且正值壮年。与会的代表都觉得他举止威严,虽然有一些奇怪的羞涩,但是待人诚恳,做事认真。尤其让人印象深刻的是他当时还身着军服,于是大会最终决定任命华盛顿为总司令率兵出战。

没人会想到,独立战争居然打了那么长时间。开战伊始,华盛顿总是寻求机会
出战,结果却屡战屡败。他很快吸取了教训,开始保存实力打防御战,只在胜算极 51
大时才主动出击。但是英国人从未意识到这一点,1781 年康沃利斯(Cornwallis)在约克镇战败之后,战争宣告结束。

美利坚人知道,华盛顿创造了一个奇迹。面对艰难险阻,华盛顿成功地领导一

支装备落后、缺乏训练的军队赢得了战争的胜利。只要华盛顿愿意，美利坚人愿意拥立他为总统或者国王。战争期间，华盛顿从未领取任何薪酬。战后，他解甲归田，宣布退出公众视线。正是这一举动，让少数对他心存疑虑的人终于相信他是一个圣人。当然，华盛顿并不是一个圣人。那么，华盛顿到底是个什么样的人呢？

华盛顿一出生，仿佛就受到上帝的荣宠。他不仅身材高大，而且意志坚定，力大无穷。法印战争期间，他曾受命深入不毛之地，探查法国人行踪，历经常人难以想象的艰险，差一点丧命。有一次，他被法国人从救生筏上扔到结冰的河里，他奋力游到河中心的小岛，生了一堆火烤干衣服，然后就在冰天雪地中倒在地上睡着了。

华盛顿作战时极其英勇无畏，似乎觉得自己对子弹有一种神奇的免疫力。某日夜间，他所在的小分队在密林中遭遇了一支英军队伍，双方展开激战。华盛顿英勇地冲在第一线，用手中的剑击打英国人的毛瑟枪，大声命令他们停止抵抗。事后华盛顿清点人员时，发现 14 人牺牲，26 人受伤，但他本人却毫发无损。

掩藏在华盛顿勇敢的外表之下，是一颗柔软的心，他对人所抱的同情都深沉且发自内心。战争期间，为严明军纪，华盛顿很多时候都必须逼迫自己下令处罚士兵。有一次，他把两个逃跑多次的士兵吊在 40 英尺高的绞刑架上，以示惩戒。不过和其他军官相比，他很少对士兵处以极刑。

52 尽管极富同情心，但是华盛顿还是会有发怒的时候。他年少时曾寄人篱下，这样的生活经历使得他胸怀壮志，但是也让他在自认遭受怠慢时怒不可遏。在华盛顿的时代，不管是美利坚人还是欧洲人，都将地位的区分视为理所当然，而且事关个人荣誉，人们经常为言语上的侮辱而决斗。在这方面，华盛顿表现得尤为明显。在法国和印第安人的战争中，华盛顿必须听命于英军军官。他对此十分愤怒，曾经骑马从前线赶到波士顿，对此进行抗议。华盛顿脾气急躁，一旦感觉受到不公平待遇或者遭到背叛，他会认为自己的荣誉受到了威胁。因此，他时常会暴跳如雷，像头公牛般咆哮。

传记作家道格拉斯·索撒尔·弗里曼（Douglas Southall Freeman）在书中写道，华盛顿“没有在上级面前摆正自己的位置”，而且多次“违反军规，擅自行动”。

但华盛顿却是一位天生的领导者。年轻的时候，他打仗时总会犯些战术上的错误，导致己方兵力损失。即使如此，他仍然获得了属下的爱戴和尊敬，哪怕大多数的部下都比他年长。法国和印第安人的战争之后，由于感觉未受重用，华盛顿最终辞去了军中职务。他的部下为此联名写信恳求他留下，让他们能继续由“我们了解并热爱的人来领导”。

在独立战争期间，华盛顿与部下的关系也很有启发性。他并没有选拔一些经验丰富的老兵来担任随从副官，比如以色列·普特南(Israel Putnam)和菲力·斯凯特(Philip Schuyler)，这两人曾多次参战。还有霍雷肖·盖茨(Horatio Gates)，霍雷肖曾是英军常规部队中的一名少校。华盛顿选择的都是些才华横溢但却没有指挥经验的青年人，像亚历山大·汉密尔顿，拉法夷特侯爵(Marquis de Lafayette)， 53
还有约翰·劳伦斯(John Laurens)。当时他们都只有20多岁，都没有正式指挥过一场战役。华盛顿没有亲生儿子，他视这些年轻人如同己出。他就像一位慈爱而严厉的父亲，掌管了所有事务。弗莱克斯纳在华盛顿的传记中这样写道，“只有总司令不在的时候，副官们才需要完全依靠自己做事。在华盛顿出现的地方，形势完全由他主导”。

华盛顿的另一个性格特点是，他极为注重实用性，这是他获得成功并声名渐隆的关键。从解甲归田到重披战袍，17年的田园生活教会了华盛顿：人和山一样，不是仅凭主观意愿就能消失的，而是必须依照他们的本性区别对待。同大多数人不同，华盛顿从不对任何事物抱有幻想，他的世界观也不被任何意识形态或盲目信仰所左右。他在处理问题时总是能够一下子抓住事情的关键，这种能力实在让人望尘莫及。

真实的华盛顿就是这个样子：身材魁梧，精力过人，坚定自信，聪明机智，对他人的批评很敏感，遭受轻视时反应强烈；喜欢处于主导地位，很少服从指挥，然而还是以优雅和宽容的态度把握住了他毕生为之追求的权力。

然而华盛顿还有另一副形象，这个形象是他自己创造出来的。要理解他的这一行为，我们必须先简单了解一下18世纪的一个流行词汇——名声。在我们今天看来，如果一个人的名字总是在报纸上出现，我们可以说这个人很有名声。但是在华盛顿的年代，“名声”这个词的涵义完全不同，它的意思近似于“荣誉”。18世纪末的美利坚人，深深地迷恋着古典社会，迷恋古典社会的政治家、将军还有历史学

家。当时的美利坚大学生并不阅读英国的文学作品，他们常看的是恺撒的《高卢战
54 记》、西塞罗的《演说集》和亚里士多德的《政治学》，在谈及某一特定事物时，他们经常引用的是古希腊历史学家波利比奥斯(Polybius)或者哲学家柏拉图的话语。

当然，在当时的美利坚社会中，并不是所有人都对古典社会如此推崇。教会的忠实信徒，尤其是新英格兰的新教徒将《圣经》而不是西塞罗的著作奉为圭臬。但是教会中善于思考的人，对古典哲学的思想也很重视。正如富兰克林所言，你必须既懂耶稣也懂苏格拉底。

在创建之初，罗马城的居民期望将对国家的责任置于个人利益之上。对祖国的热爱是最崇高的品德之一：爱国主义并不是无赖们最后的庇护所，而是正直的人们所追求的高尚理想。

古典文明中，也详尽解释了追名逐利是大多数人的天性。历史学家道格拉斯·埃德尔(Douglass Adair)指出，不管是罗马人还是当时参加制宪会议的代表，都是以美德赢得名声的，也就是说他们以道德为准绳生活。追求名声并不是粗俗地获取个人名气，在华盛顿和他的同时代人眼里，追求名声是一件实实在在的好事，它促使人们变得善良正直。它就像一根"马刺"(这个比喻真是用得太多了)一样，刺激人们向善。埃德尔对"名声"的定义是"自我主义向公众服务的光荣变身"。我们不能忘记一点，在华盛顿生活的时代，只有四分之一的人能够存活到26岁。死亡总是如影随形，不朽的名声则是经常被谈到的话题，当时的人绝不会错过赢取身后名声的机会。

比起爱国主义，还有一种美德更为高尚。埃德尔称，在17世纪早期，伟大的英国哲学家弗朗西斯·培根就曾写道，个人所能获得的最高荣誉——最伟大的名声，莫过于"成为国家或者邦联的创建人"。培根的这一见解为众多受过良好教育的美
55 利坚人所熟知，乔治·华盛顿就是其中之一。他曾经这样说过，"同胞们的信任和热爱，就是每一位公民所能获得的最宝贵最值得高兴的奖赏"。

在华盛顿还是个小孩子的时候，他就期望着有一天能功成名就。为了实现这一目标，他必须成为一个品德高尚的人。因此，华盛顿很早就开始有意识地收敛自己的脾气，尽可能地让自己举止庄重，待人宽宏大量，忠实可靠。十几岁的时候，他就给自己制定了一套超过100条的《礼仪规范》。从这些规范中，我们可以看到华

盛顿教养良好，体贴他人感受，并且知道位卑者对高阶者应持有恰当的尊重。其中第32条是这样的，“要把家中最好的座位让给你的同辈，他应当谢绝一次，然后在第二次邀请时接受”；第36条，“工匠和其他低阶层的人，不要对雇主或地位高的人讲究太多客套，只要对他们保持高度尊敬就可以了。反之，地位高的人则必须待人亲切有礼，不能自大傲慢”。

华盛顿和他同时代的人，都不会认为追求名声是虚伪卑鄙的。相反，对今天我们事事都要“真实地表达情绪”的做法，他们才会认为极其荒谬。当时的人们并不认可“人之初，性本善”，他们认为人总有些不为人知的欲望才是理所当然的。华盛顿一生都在与自己作斗争，慢慢地他开始可以控制自己的情绪，只是偶尔才发怒。华盛顿用他非凡的意志，把自己打造成一个诚实、善良、富有同情心的人。艾比盖尔·亚当斯(Abigail Adams)说他“举止高贵，让人感觉难以亲近，但又温和淡定，令人尊敬和喜爱”。在别人说话时，华盛顿会仔细聆听；对别人提到的事，他会认真对待。最重要的是，他从不会为证明自己的权力而坚持己见。无怪乎人们会如此热 56
爱他，无怪乎我们今天对他的声望如此困惑：因为我们无法相信，一个人居然真的能如此出色！

可以说，华盛顿也是慢慢变成这样的。乔治·华盛顿的了不起，不仅因为他的“崇高”，更是因为他的“不崇高”。他和我们大家一样，都是普普通通的人。但是和大多数人不同的是，他能够无休止地和自我作斗争，慢慢地变得强大，这是我们所无法企及的。

天性缄默，极富美德，这是众人所熟知的华盛顿。然而在这些特点的掩盖之下，华盛顿的真实天性还是会时不时地显露出来。真实的华盛顿，会爱上朋友的妻子，作战勇敢，但是却不太听从上级的命令。1781年9月，华盛顿已经快50岁了。当时，他驻军于宾夕法尼亚的切斯特(Chester)，在恐惧和不安中等待法国海军上将德·格拉斯(de Grasse)率领舰队进驻切萨皮克湾(Chesapeake Bay)的消息。时间很紧迫，因为当时一支英军舰队也在途中，准备抢驻切萨皮克湾。如果法国舰队先到，那么他们就可以在约克镇围歼康沃利斯；如果来的是英国舰队，那么康沃利斯就有可能逃出包围圈。

就在华盛顿焦虑等待的时候，一群法国高级将领乘坐小船离开费城，经由特拉华至切斯特，加入华盛顿的队伍。据弗莱斯克纳所述，在他们快到的时候：

> 他们看到一副奇异的情景。一位个子高高，身着蓝黄相间军服的军
> 官正在手舞足蹈，挥舞着手里的帽子和一条白色的手帕。远远从船上看
> 过去，那个兴奋的身影好像是华盛顿将军阁下。当然，这是不可能的。法
> 国人都知道，华盛顿“天性冷静，言行庄重”。随着船离岸边越来越近，那
> 57 个人原来真的是华盛顿阁下。他不仅跳着，挥着手，还在大声叫喊。他们
> 听到他喊的是“德·格拉斯，德·格拉斯和舰队到切萨皮克湾了”。茨魏
> 布吕肯(Deux-Ponts)写道，“就像一个得偿所愿的孩子一样热烈地表达着
> 他的感动，他的表情、样子，还有举止，完全和平时不一样”。

我们无法想象艾森豪威尔将军、潘兴将军或者李将军，在码头上高兴得又跑又跳是什么样子。但是，华盛顿就这样做了。

第五章　麦迪逊设计政府蓝图 58

所有关注制宪会议的人都很清楚，如果乔治·华盛顿不参加，会议无论如何都不可能取得成功。这不是因为他对政治制度研究甚深，也不是由于他极有想法。而仅仅是因为他的存在就代表着会议的合法性，就可以让美利坚的民众相信这次会议不会带来什么不良的后果。

更重要的是，华盛顿不仅赢得了美利坚人的敬重，甚至在全世界都享有声名。当时，在世界各地的革命者心目中，华盛顿已经成为独立自主的象征（制宪会议召开两年后，法国革命者们冲开巴士底狱的大门，之后他们将巴士底狱的钥匙寄给了乔治·华盛顿）。但是华盛顿本人却没打算参加。事实上，华盛顿从未打算参与到此类事务中来。他喜欢的生活，是在自己的农场里纵马疾驰，是在荒野中跋山涉水寻找可以开凿运河的河流。而不是坐在闷热的房间里，听一群人为一个观点的分歧吵得面红耳赤。

华盛顿当时已经声名卓著，如果计划中的制宪会议流于争吵和对骂（这一情况
是极有可能发生的），那么参加此次会议无疑会有损他的名声。如果会议成功，那 59
么他也无可避免地要参与新政府事务，从此远离他所喜爱的田园生活。华盛顿已经55岁了，而且功成名就，他为什么不能选择过平静的生活？

然而，对于华盛顿来说，在长达8年的时间里，他仅凭一己之力艰难地将这个国家维系在一起。他和自己的祖国已是血肉相连，密不可分，荣辱与共。华盛顿一直以来的愿景，是构筑一个在明智公平的政府领导下幸福而富饶的美利坚，使人民安居乐业。为了实现这一目标，他愿意为之奉献终身。如果费城会议可以帮助他

实现这一目标,那么他会去的。

但是人们并不肯定他一定会参加会议。从 1786 年冬天到 1787 年的春天,甚至一直到制宪会议召开之前,不断有人给华盛顿提出各种建议,很多建议甚至相互矛盾。很多人并不看好这次会议,认为华盛顿最好不要参加,以避免损失威望。一旦美利坚发生危机,华盛顿还可以用自己的威望再次力挽狂澜。甚至到 1787 年 4 月 15 日,连麦迪逊都心存犹疑。当时他写道:“如果华盛顿推迟出席会议,等到会议形成一些决议之后再参加,会不会对他更好?”

在华盛顿举棋不定的时候,各邦开始选派各自的参会代表。谢斯起义让情况变得有所不同:6 个月前,只有少数几个邦派代表至安纳波利斯参会。这一次,除了好勇斗狠的罗得岛之外,其他各邦都选派了代表参加会议。

随着会议日期的临近,美利坚各地的兴奋之情开始与日俱增。首先,人们惊讶地发现与会代表个个才智出众,能力超群。杰斐逊,约翰·亚当斯,约翰·杰伊
60 (John Jay),帕特里克·亨利等名噪一时的人物虽然未能与会,但是都对与会代表的爱国精神、个人能力、社会地位和组织能力等一一进行点评。1787 年春天,美利坚各地的报纸都对即将召开的会议进行了报道。其中一份报纸称,“美利坚未来的政治格局,也许就看 5 月的费城会议了”。

邦联议会仍然在纽约召开会议,但费城实际上已经成为美利坚精神上的首都,到了 1791 年甚至成为实际意义上的首都。费城的地理位置处于美利坚的中心,是当时最大的城市,人文气息浓厚。18 世纪的费城就已经拥有藏书丰富的图书馆,当地发行的报纸就有 8 份,杂志也不少。云集于此的,还有众多的诗人、画家和戏剧家。由于贵格教徒的原因,费城被深深打上了贵格会的烙印,整个城市都散发着向善的力量:缓解一位船长的痛苦,预防溺亡,救济圣公会牧师的遗孀,诸如此类,不胜枚举。与会代表将在费城严肃而高尚的氛围中,召开制宪会议。

费城坐落于特拉华河畔,是天然的内陆良港,码头上熙熙攘攘,船只如云,美利坚一半以上的物产都由此吞吐。全城共有民宅 6 651 所,居民 45 000 人,主干道都是由砖头或石块铺就,这在当时的美利坚是极为少见的。街道两旁都有用砖瓦或毛石铺成的人行道,人行道上每隔几英尺就会有一个柱子,把人行道和街道分开,防止马车或马匹冲入人行道。

房屋都是用砖瓦或石头建造的，而不是乡下常用的木头。毕竟城市里房屋间距较近，易燃的木头不如石头安全。费城的房屋一般都只有两层，房间的窗户很小，房屋前面通常都建有门廊。夜幕降临之后，很多人家都坐在门廊里，唱唱歌，聊聊天。如果以欧洲的标准来衡量，那么这些房屋的陈设肯定都很普通。地板上没
铺地毯，而且是用沙子擦洗的；墙壁上也没有壁纸，仅仅只是刷白了一下，花园也乏 61
善可陈。厨房在房屋的后面，通常都是和主屋分开的。屋后一般会种几株果树，庭院里点缀着玫瑰、百合和郁金香，间或还有太阳花和蜀葵，以及当作树篱的丁香。

街道上的商铺不大，通常一个房间就是一个铺面，却分门别类货品齐全。费城还有自己的工业，有一些小工厂专门生产铅白、胶水，出产朗姆酒、鼻烟和灯芯绒。费城共有律师 34 名，牧师 16 位。

由于贵格教会的原因，费城人都不喜玩乐。费城也不像纽约那样，有那么多不入流的公众娱乐活动。在当时的费城，打台球是件时髦的事，各种赛马就在城市街道上举行，许多市民不堪其扰。纸牌游戏和赌博风行一时，层次较低的圈子则热衷于斗鸡。爱好文艺的人，可以参观画家查尔斯·威尔逊·皮尔（Charles Willson Peale）的画廊。里面不仅展出了查尔斯所绘的独立战争英雄的画像，还在露天环境中放置了鸟类和小型动物的标本，栩栩如生。穿过斯古吉尔河（Schuylkill），在费城的西面是一个独具匠心的公共花园，游人可以徜徉其中，在巨大的温室中漫步，穿过鲜花盛开的小巷，在度假屋里小坐，或者在藤蔓丛生开满花朵的藤架秋千上休憩片刻。

和其他地方一样，费城的旅馆也是人们喜欢聚集的地方，与其说是旅馆不如说更像是酒吧。这样的旅馆，费城共有 117 家。其中最引人注目的一家是“印度女王”，很多与会代表都慕名而来。一位名叫梅纳塞·卡特勒（Manasseh Cutler）的新英格兰人，在制宪会议召开期间正好在费城游玩，他是这样描绘“印度女王”旅馆的，“一大片房子，每幢房屋都有一个宽敞的客厅，还有数不清的客房”。入住之后，旅馆给卡特勒配了一名仆从。这名仆从头戴扑粉假发，内着褶边衬衫浅黄马甲，下
着同色马裤，外着蓝色外套，披一件红色披风。不仅能帮他拎行李，拿杂志，还会沏 62
茶，甚至帮他叫了一位理发师替他理发。

所有这一切，让费城看起来像个田园牧歌般的城市，但其实费城还有让人心惊

的另一面。犯罪猖獗(偷盗、谋杀以及行凶抢劫都很普遍),时疫蔓延(仅1793年就有4 000人死于黄热病),流浪汉和醉鬼遍布城市各个角落。在制宪会议的召开地——议会大厦后面,就是胡桃街监狱。监狱里的犯人把帽子挂在长杆上伸出窗外,向路人乞讨。如果没要到钱,那么“你就会听到各种污言秽语和可怕的诅咒”,卡特勒如是说。由于治安状况糟糕,费城的街道到晚上就会点燃油灯照明,还会有巡警四处巡逻。

总而言之,费城给梅纳塞·卡特勒的总体印象是“优雅的大城市,人口稠密”。无论从规模大小,还是城市的成熟程度,甚至是犯罪行为的多寡,费城都无法与伦敦或巴黎并肩。但是,也不能把费城视为边远地区的乡下小城镇,费城毕竟是当时英帝国辖下最大的城市之一。

制宪会议定于1787年5月14日(星期一)召开,不过没人觉得会议可以如期举行。出行中的各种不确定因素,尤其是天气情况,让人们根本无法估计从一个地方到另一个地方需要多长时间。对部分代表来说,到费城可能需要花费2个星期之久。除此之外,与会的代表事务众多,很多人都是所在邦议会或政府的成员,不可能任意支配自己的时间。而且,时间也很宽裕,制宪会议要一连开好几个星期,晚几天又有什么关系呢?

詹姆斯·麦迪逊提前11天到达费城,住在玛丽·豪斯(Mary House)夫人所开
63 的民宿旅馆里。旅馆提供膳食,麦迪逊简直把这当成了他的家。在接下来的10天时间里,麦迪逊大部分时间都在读书,一边思考一边做笔记。事实上,这几个月他都在为会议做准备,而且写了很多信给华盛顿和杰斐逊,向他们阐述自己的基本观点。在《合众国政治制度之弊端》(以下简称《弊端》)一文中,麦迪逊详述了面临的困难:各邦拒绝支付全国议会征收的钱款,时不时还会挑衅全国议会的权威,随意违反政府经谈判后制定的条约,侵犯他邦权益。

在《弊端》一文中,麦迪逊不仅提到了各邦对国家法规的藐视,而且重点关注了各邦内部对少数人的不公平做法。当今的人们是这样解读《弊端》一文的,“《弊端》一文的主旨并不是指出《邦联条例》存在的结构性缺陷,而是重点强调邦联政府存在的机能不全和玩忽职守”。

最让麦迪逊伤脑筋的,莫过于价格限定法律,还有民间呼声甚高的纸币流通问

题。上述法律，麦迪逊认为是对少数债权人的压迫。为了国家的稳定，邦联政府必须阻止上述法律的通过。

和其他18世纪的思想家一样，麦迪逊并不是一个纯粹的哲学家，用现在的话来说，并不仅仅只研究人性的问题。当时人们所持的普遍观点是，国家及其政府建立在社会契约之上，麦迪逊对此观点是赞同的。社会契约的基本理论认为，权力起源于人人生而具有的自然权利，人们可以按自己的喜好自由地处置他们的权力。他们相约结盟，这就是国家。然后，他们内部达成契约，把一部分权力转让给统治者，另外一部分权力保留给人民。

显然，社会契约论的这一观点只具有理论上的意义。国家的建立并不是这样的，国家只是历史无意之中形成的结果。 64

麦迪逊认为，制订契约这一方法还是有实际操作性的。在合适的条件下，一群人可以坐下来，设计一份用来约束自己的契约。此外，他还相信如果这个任务得以圆满完成，那么他们就可以建立一个远胜于当今各国的政府。

其次，麦迪逊接受现实，对人所持的观点是没有天生的好人，也没有完全的坏人，每个人都有优点，但是缺点更多。他这样写道，“人们总是为某些卑鄙自私的想法主宰，比如怀疑、嫉妒，自我膨胀，对与己无关的事情漠不关心，高高挂起”。在制宪会议之后，为了向人证明新宪法的优越之处，麦迪逊等人曾出版过著名的《联邦论》。在其中一篇文章中，麦迪逊称：“正如同一个人的堕落总是与处心积虑和不信任如影随形，人性中的其他品质也与尊敬和信任相伴相生。”

麦迪逊认为，促使人心向恶的最重要的因素是成立“党派”（我们也可以称之为利益集团）。麦迪逊可能自己总结出了这一观点，但他肯定也在大卫·休谟的著作当中读到过。大卫·休谟是一位伟大的苏格兰思想家，比麦迪逊早一个年代，在他撰写有关“党派”的著作时，麦迪逊才刚出生不久。在大卫·休谟看来，“人们在私下的举止，远比他们在公众场合的表现要诚实”。一个人在独自做事时，很可能不会去做让自己良心不安的事情。休谟认为，“荣誉对人来说，是一个极大的考验。但如果是一大群人集体行事，那么这一考验在很大程度上将不复存在”。换句话 65
说，对于有相同目标的某一群体而言，群体成员会互相鼓励，加强彼此对事业的正义感。在某种意义上，群体人员会默许其他成员去做自己想做的事，哪怕这件事对群体外的其他人是不公平的。

此外，麦迪逊还认为，“财产的分配不公”，是促使人们成立党派、陷入纷争的根本原因。他直截了当地写道：“设立政府就是为了保护各类财产。每个人的财产能够得到公平的保障，仅凭这一点，这个政府就是公正的，这就是政府的目标。”

在麦迪逊的眼中，“财产”一词的含义非常宽泛。对他来说，“财产”不仅意味着现金和房产，还包括拥有一门职业或手艺，遗赠房产和其他财产的权利，学习一门手艺以及为之迁居的权利。总而言之，一切有助于保护物质商品，增加经济安全的事务，麦迪逊都称之为“财产”。麦迪逊从未真正地意识到，这一想法将会产生怎样深远的影响。同样，麦迪逊也不清楚，他将保护既得财产与保护获得额外财产的权利区分开来，又会出现什么样的情况。实际上，虽然麦迪逊始终坚定地维护财产权，并且痛恨托底限高的“平衡精神”，但他仍然为财富分配的巨大悬殊而极为不安。政府不能强取豪夺人民的财产，但是在一个理想的国度里，人们可以制定措施来“减少贫富差距”。麦迪逊认为这是可以做到的，在他的设想当中，美利坚是一个农业大国，大部分居民都是农民。美利坚国土广袤，人们需要做的只是合理地分配土地。

综上所述，我们可以看出麦迪逊已经决心对权力实行控制。他总结道：

66 > 倘若人人都是天使，那么政府也就没有存在的必要了。……在架构一个由人管理并管理人的政府的过程中，最大的困难在于：首先，政府必须有能力掌控民众；其次，政府必须能够自控。对民众的依赖无疑是对政府的主要控制手段，但是经验告诉我们，辅助性的预防措施也必不可少。

这段话出自《联邦论》第51篇，这些想法发自肺腑，深深地打上了麦迪逊的性格烙印。麦迪逊坚定地认为，政府必须能够有效控制不守规矩的各个党派，但是不能强权干涉公民合法的自由。然而问题就在于：如何给予政府足够而又不过分的权力？这是费城会议与会代表面临的中心议题，也是制宪会议的实际意义所在。

那么，在麦迪逊眼中，政府的含义究竟是什么呢？显然，先决条件就是确保政府的公正，一党专政是不可行的。其次，不管是债权人还是债务人，工匠还是农夫，出口商还是地主，都不能掌控政府。这使得麦迪逊形成了一个在当时看来极为新颖的设想。

依据当时的普遍观点，真正的民主只能在小的政治单元中才能实现，如古希腊的城邦，居民只需在某处集中后就可以进行投票。但是统治一个大国，在某种程度上，就必须依靠国王或议会。对一个大国来说，不可能事事都咨询居民意见。

同样，当时的人们认为，只有在拥有统一道德标准和生活方式的单一国家，才有可能实行直接民主制，当时称之为共和制。一个共和国就是一个联邦，是一个为谋求共同福利而组建的国家。联邦政府建立的目的，是为了反映民众的意志。如 67
果国家规模小，那么就由民众直接投票；国家规模大，则由民众选举出的代表来投票。

大卫·休谟认为，国家大，居民多，也不是没有好处。在一个幅员辽阔的大国中，人员居住分散，相互之间距离遥远，也就无法形成统一的党派（想想当时落后的通信能力）。

麦迪逊是否接受了这一看法，我们不得而知。但他开始相信，共和政府不仅有可能在大国实现，而且很可能比小国的效果还要好。在当时的美利坚，从东到西要花费数周之久，寄出的信件对方可能永远都收不到，因此组织全国性的党派是不可能的事情。即使是对同一件事感到不满，马萨诸塞西部的农民可以在当地闹事，但是却无法联合卡罗来纳南部的农民共同举事，因为相互之间的距离实在太过遥远。一言以蔽之，代表地方多数人的利益群体，在全国性的议会当中其作用就会相互抵消。尽管与传统观点相悖，麦迪逊还是坚持认为一个好的政府在大国中——他称之为“大共和国”——完全可以有效运转。

在麦迪逊的观点中，大共和国的第二个优点是政府公职人员的间接选举，也就是说民众并不直接投票选举公职人员。如此一来，公职人员的选举就不必受限于民众一时的狂热。

从以上观点中，麦迪逊总结出了建立政府的三个基本原则，并将之带至费城会议上讨论。这三个基本原则是：国家原则。政府必须由人民选举产生并直接对人民负责，而不是通过各邦。三权分立原则。政府权力分立，避免任何个人或群体专 68
政。第三个原则比较笼统，他认为，掌权之人总是让人无法完全信任，他们的行为可能不会如人们所期望的那样大公无私。

后一个观点是麦迪逊最先考虑的问题。他认为所有人都是自私自利的。人们总是竭尽全力保有手中的权力,并且利用权力以被统治者的利益为代价换取好处。因此,在建立政府时,就必须实行举措防止个人独断专行,而“大共和国”就是实施的方法之一。

而另一个防止个人或利益群体专权的方法,则是三权分立。这一方法由来已久,学者自不用说,就是关心时事的普通美利坚民众,也对此知之甚详。正如孟德斯鸠所言,政府必须建立在各部门间的相互“制约”和“平衡”之上。“三权分立”是麦迪逊在费城会议讨论的第二个主要观点。

在麦迪逊提出的三项原则中,最重要的莫过于中央政府必须处于主导地位的理念。麦迪逊同其他国家主义者的观点一样,认为必须约束地方政府的权力。按照麦迪逊的想法,可能会将各地政府直接缩减为办事机构。但是他也意识到这在当时是不可行的:在 1787 年的美利坚,民众对各地政府的忠诚度很高。很多人与地方政府利益相关,比如在政府中担任公职,享有土地申领等特权,这一切都将随着地方政府的消失而消失。麦迪逊在写给华盛顿的信中,总结道:

> 69 将各邦合并成立统一的共和国,目前来说既不适当,也无法实现。我选择了一个中间方案,成立最高全国政府,地方政府作为下级机构可以随时加入。

这一方法甚少为他国所用。大多数国家的中央政府都从上至下管理着社会生活的方方面面。郡、省、市、镇,都只不过是行政区划而已。以英格兰为例,全国政府掌握着大部分的税收和开支,并为全国各城镇制定财政预算。学校预算和政策由政府制定,其他如汽车执照、建筑规范以及酒馆管理条例等琐碎小事也由政府统一管理。甚至美利坚各邦及地方事务,也处于伦敦的掌控之下。

从一开始,美利坚国家体制与其他大多数国家体制的区别,就在于各邦必须在全国政府中享有举足轻重的地位。持这一观点的人认定,在任何情况下,美利坚的多样性以及通信和交通的不便,在相当程度上使得地方政府的存在不可或缺。

在麦迪逊的设想中,他只想给予各邦“从属地位”,而给予中央政府尽可能多的权力。

麦迪逊提出这一观点的理论原则是权力由人民赋予,并由人民分配。而这一
理念又衍生出其他几个观点。一是既然政府的权力来自民众,那么政府就应该直
接服务于民众,而不是通过各邦政府。也就是说,中央政府不必向各邦政府征收钱
款,而是可以运用某种方法直接向民众征税。二是议会必须依照各邦人口按比例 70
选举。依照《邦联条例》,各邦在议会各有一票表决权。这意味着特拉华在议会中
拥有和弗吉尼亚同等的权力,但是后者的人口却是前者的十几倍。不言而喻,在麦
迪逊看来,这一规定是不公平的。因此,会议举行期间,在整个冗长而闷热的夏天,
麦迪逊一再提请与会代表注意这一点。麦迪逊强调,各邦“应该依据人口比例进行
投票,如同各邦民众集合在一起投票一样”。其他投票方法“因存在显而易见的不
公平而不可取”。

事实上,麦迪逊所称的“民众”,并不完全是我们今天所认为的范畴。黑人、妇女和契约佣工没有投票权,除此之外,身无长物的水手、流浪汉、临时工,还有城市中充斥的各类罪犯,也都没有投票权。这样一来,大约只有10%的人口享有选举权,其余90%的人口因为各种原因不具备选举资格(实际上,当时大多数的投票人都是一户人家的男主人,他代表的是整个家庭的意见。因此,在理论上来说,享有公民投票权的民众人数高于预计)。

麦迪逊将坚决维护自己主权的各邦,视为建立全国政府的主要阻碍。通过按人口比例选举议会代表,可以直接从民众中获得权力,此举无疑削弱了各邦的权力。因为议会代表只需对其选民负责,而不是对本邦政府负责。

麦迪逊如此推崇比例代表制度,既有政治原因,也有理论因素。由于历史原
因,美利坚北部形成了8个邦①,而南部的5个邦则面积相对较大。邦联议会中每
邦均有一票表决权,因此北部各邦在议会中占据绝对优势。我们接下来也可以看 71
到,北部各邦如何利用手中的权力压制南部各邦,以谋求自己的利益。

北部各邦人口稠密,当时的人们认为人口正由北往南迁移,很快南方的人口总

① 按照习惯说法,北部为8个邦,包括特拉华在内。其中7个都废除了奴隶制,当时特拉华也在准备中。

数就会超过北方。然而这一情况却从未出现过，南方的人口一直少于北方。到19世纪，南方的人口更是剧减。但是，这一错觉在当时大行其道。所有的与会代表，不管来自南方还是北方，普遍认为如果政府建立在比例代表制的基础上，那么随着南方人口的增加，议会终将为南方人所控制。麦迪逊并不是个狂热的南方主义者，但是其他的代表们是，弗吉尼亚的很多选民也是。依比例代表制建立政府的计划，无疑会赢得南方的支持。基于以上原因，麦迪逊将比例代表制作为建立新政府的必要条件，他的这一坚持几乎让制宪会议难以为继。

麦迪逊的这一思路，让他从逻辑上得出另一结论。如果人民可以单独授权给政府，那么费城会议关于建立新政府的计划也必须获得人民的批准，而不仅仅是获得各邦政府的批准。因此，麦迪逊认定，如果制宪会议必须制定一部新宪法，那么新宪法必须由各邦批准大会讨论通过，绕过邦联议会和各邦议会。这一想法看上去有些不合法，甚至具有革命性，似乎要不经允许推翻现有政府，并且还违反《邦联条例》的相关条款。在麦迪逊看来，与会众人所做的任何事情都不会违法或者具有
72 革命性，他们可以任意支配手中的权力。从一开始，制宪会议就是由各邦批准大会同意召集的，这也是麦迪逊计划的一部分。

麦迪逊由国家原则产生的另一观点，是全国政府必须有权否决各邦议会通过的法律。毫无疑问，各邦通过的法律不能与国家法律相冲突，不止于此，各邦不能批准通过一些明显不公平的法律，比如麦迪逊深恶痛绝的价格限定法和货币法。

显然，麦迪逊期望建立一个中央集权的全国政府。如果我们认真研究这一计划，我们会发现些有趣甚至可以说是奇怪的事情：麦迪逊计划的目的是建立政府，但最终结果却背道而驰。麦迪逊认为，一个大共和国可以削弱党派的权力，因为党派成员分散各地无力兴风作浪；他希望建立一个以比例代表制为基础的强势全国政府，以抑制各邦的权力；他希望通过三权分立制度的制约和平衡作用，能控制全国政府的权力。在麦迪逊的计划中，一切都是对权力的削减、剥夺和抑制。历史学家伯纳德·贝律恩(Bernard Bailyn)曾经说过，麦迪逊和他的政治同盟们将社会"分为对比鲜明、天然对立的两部分：一边是权力，另一边是自由或权利"。

事实上，终其一生，詹姆斯·麦迪逊都对权力抱着怀疑态度。这一观念，始终贯穿于麦迪逊的个人生活及政治生涯。麦迪逊腼腆内向，面对女人束手无策，由于

患病也没办法去打猎、闹事，或者寻花问柳。他始终忧心于权力的滥用，并为之四处战斗。在制宪会议召开之前，麦迪逊致力于反对英国的独裁，反对弗吉尼亚的圣公会，反对邦议会的不当立法。在制宪会议期间，他为了捍卫弗吉尼亚提出的方案，与小邦和北方各邦进行斗争。麦迪逊的目标，是建立一个权力处处受到制衡的 73
政府。麦迪逊清楚地意识到，制宪会议面临的最大问题就是权力与自由的裁定：政府必须拥有强权才能发号施令，然而政府的权力必须受到充分控制才能避免人民的自由遭受侵犯。制宪会议的其他代表，并不像麦迪逊般为权力问题所困扰。乔治·华盛顿和亚历山大·汉密尔顿，未来美国第一届政府的首脑，都希望建立强势的全国政府，希望可以在各种全国事务上积极作为。麦迪逊虽然也持有同样想法，但是在紧要关头，麦迪逊会选择抑制政府的权力，而不是限制公民的自由。

詹姆斯·麦迪逊不仅是一位了不起的政治学家，还是一名经验丰富的政治家。他知道在费城会议这样的场合，大会召开伊始提出的问题肯定会被最先讨论，甚至可能造成无人再提出其他问题来讨论。因此，麦迪逊决定第一个发言提出问题。

此外，麦迪逊觉得既然是弗吉尼亚人发起了这次会议，那么会议的开场白也应该由弗吉尼亚人来担纲。其他各邦早就期望弗吉尼亚担负起领导职责：弗吉尼亚人口总数居 13 邦之首，而且经常参与处理全国性事务。

因此，麦迪逊催促弗吉尼亚的参会代表尽快赶到费城。代表们了解麦迪逊所想，一一准时参会。1787 年 5 月 13 日（星期日），华盛顿从弗农山庄赶到费城。华盛顿的旅途简直就像一场出巡，所到之处人们夹道欢迎。很多人骑马护送他的马车，扬起的尘土都让华盛顿看不清车外的风景。

华盛顿原本打算同麦迪逊和其他弗吉尼亚代表住在一起，但是他一到费城就 74
被罗伯特·莫里斯（Robert Morris）接到家里去了。莫里斯是宾夕法尼亚的会议代表，也是当时最富有的人之一。在独立战争期间，莫里斯四处为美利坚军队筹措资金，居功甚伟。华盛顿对他十分感谢，因此觉得在费城期间必须和他住在一起。

弗吉尼亚的参会代表还有：乔治·梅森（George Mason），一位生活优裕的乡绅，以撰写《弗吉尼亚权利法案》而闻名于世；乔治·威思（George Wythe），弗吉尼亚最高法院法官，威廉和玛丽学院法学教授；约翰·布莱尔（John Blair），曾在伦敦的中殿律师学院学习法律；埃德蒙·伦道夫（Edmund Randolph），弗吉尼亚行政长官；詹姆斯·麦克勒格（James McClurg）博士，在最后一刻代替帕特里克·亨利参加会议的代表。帕特里克·亨利由于对会议持怀疑态度而拒绝参加，后来更是全盘反对会议提出的主张。

制宪会议直到1787年5月29日方正式开幕。在此之前，弗吉尼亚的代表们每天聚会2—3个小时，研究建立政府的方案并提请大会讨论。这些聚会都没有做会议记录，代表们事后也未走漏任何风声。显而易见的是，大部分观点都是麦迪逊提出的，然后再由其他代表们共同修改。他们所提出的政府方案，被后世的历史学家称为“弗吉尼亚方案”。依据该方案，议会分为两院，两院议员均按比例选举。下院议员由民众选举，上院议员则由下院议员选举。议会权力强大，而“行政机构”则如同影子般不显眼，主要职能就是执行议会制定的政策。比如，议会可以制定外交
75 政策，可以任命国家财政部部长等政府要员职位。政府设立司法部，以解决各邦之间的争端，而且全国政府还可以否决各邦议会提出的法案。

“弗吉尼亚方案”设立的政府，极大地削弱了各邦政府的权力。但是，依此建立的政府并不会如后来的美利坚政府一样强势。行政弱立法强的政府不可能取得权威地位，而这种权威则是华盛顿一直以来所期望的。

并不只有弗吉尼亚人向大会提出了建立政府的计划，还有两个人——亚历山大·汉密尔顿和查尔斯·平克尼（Charles Pinckney）——也向大会提出了各自的方案。这两个人值得我们花时间来研究一下，他们对会议形成的最终文件贡献良多，而且从他们的发言中我们可以了解到与会代表的所思所想。

第六章　亚历山大·汉密尔顿和英国模式 76

在某位与会代表的眼中,“弗吉尼亚方案”仍然不够强势,因此他自行拟定了一份方案。在他的方案中,政府的确足够强大,强大到与会代表根本不可能投票通过这份方案。这个人就是亚历山大·汉密尔顿——美国历史上最举足轻重的人物之一。汉密尔顿风度翩翩,眉目英挺:深蓝色的眼睛,红褐色的头发,皮肤白皙,脸庞红润。5 英尺 7 英寸的中等个子,身体单薄柔弱。和华盛顿一样,汉密尔顿也有一种蛮勇之力,随时准备与人决斗或者打上一架。由于这一癖好,汉密尔顿被人冠以“小战神”的绰号。如果说麦迪逊像一位精心雕琢理论的匠人,那才华横溢的汉密尔顿则完全不同。要是单单从智力水平来说,汉密尔顿显然是参加费城会议的聪明人中最聪明的一个。他仅用常人的一半时间完成了预科和大学的学业,花 3 个月的时间就通过了律师资格考试。同华盛顿不同,汉密尔顿热情洋溢,从未考虑过收敛自己的性情。他做事情的时候总是不够耐心,经常轻率地与人结下友谊,不问情由地动手打架,或者在冲动之下与女人定情。汉密尔顿有点刚愎自用,他在推行 77
自己的观点时总是不管不顾,不达目的誓不罢休。活力四射的汉密尔顿专心起来也是心无旁骛,直到掌握所有的细节为止。后来,汉密尔顿担任了华盛顿政府的财政部部长,一手创立了政府对商业的扶持政策。1787 年,他与纽约的斯凯勒(Schuyler)家族联姻。其后,汉密尔顿凭借自己的军功和在政治活动中取得的成就,成为美国最令人尊敬的政治家之一。

但在制宪会议召开的时候,汉密尔顿的影响力还微不足道。纽约邦的其他两位代表雅茨(Yates)和兰辛(Lansing)都是国家主义的反对派,他们以 2 票对 1 票否决了汉密尔顿的提案。于是，汉密尔顿在1787年6月29日离开费城。7月中旬，雅茨和兰辛退出会议后，汉密尔顿迅速返回费城继续参加会议，但是他一人无权代表纽约邦投票。传记作家布罗德斯·米歇尔(Broadus Mitchell)认为汉密尔顿的“极端观点……总归有害”，汉密尔顿对于美国宪法真正作出贡献是在制宪会议之前和之后。之前，他是邦联时代坚定的国家主义者；之后，他是1787年至1788年间写就的《联邦论》的合著者之一。

汉密尔顿有可能是在1755年，出生于西印度群岛的尼维斯岛(Nevis)。同制宪会议的其他代表相比，汉密尔顿背景不明，出身卑微。汉密尔顿的母亲雷切尔·福赛特(Rachel Faucette)婚姻不幸，经常被丈夫毒打。某次，依照尼维斯的古怪法律规定，雷切尔因为拒绝与丈夫过夫妻生活而被捕入狱。出狱后，雷切尔抛弃丈夫，与一个名叫詹姆斯·汉密尔顿的苏格兰人私奔。两人最后定居于圣克罗伊岛(美属维京群岛)，这也是汉密尔顿幼年时生活的地方。尽管雷切尔·福赛特和詹
78 姆斯·汉密尔顿在一起生活了15年之久，但是由于雷切尔第一次婚姻的关系，两人未能结婚，这使得他们的两个儿子都成了私生子。

詹姆斯·汉密尔顿的经历，在18世纪的欧洲人中很是普遍。出身名门，身无长技，和普通老百姓一起混居于英帝国的边远地带，徒劳地寻求改变命运的机遇。詹姆斯·汉密尔顿出生于苏格兰埃尔郡一座12世纪的古堡，是家中的第4个儿子，祖上不乏英格兰公爵、男爵。作为四子，他可继承的遗产无多。再加上不为家中长辈所喜，他索性跑到加勒比海做生意，然而也惨遭失败。在汉密尔顿10岁左右，他抛妻弃子，独自离家。

多年后，汉密尔顿与贵族世家斯凯勒家族的女儿大婚之际，曾写信邀请父亲至新家居住。这位父亲从未为孩子做过什么，遗弃年幼的孩子，也从不关心孩子的幸福。为什么汉密尔顿会邀请他来同住？唯一可能的答案就是当时汉密尔顿已经是一位社会名流，与英国贵族的纽带关系将使他受益良多。

但这一切对于雷切尔来说，却如镜花水月。詹姆斯离家之后，她独自苦苦支撑，希望聪颖过人的儿子能受到良好的教育。1768年，雷切尔离开人世，汉密尔顿成了一文不名的孤儿，依靠别人的善心救济过活。幸好汉密尔顿聪明活泼，一看就很有出息。很多人愿意帮助他，其中一人就让他到自己的铺子里工作。

1772年，在一些人的赞助下，他来到纽约的国王学院，也就是后来的哥伦比亚大学学习。他很快完成了学业，并且得到当时一些要人的赏识。1774年至1775年的冬天，独立战争濒临爆发，汉密尔顿撰写了一系列政治小册子，为世人广为传阅。假如读过这些小册子的人知道作者只是个十几岁的年轻人，他们肯定会大为震惊，拍案称奇。战争打响后，汉密尔顿担任了炮兵团的指挥官，他仔细研究了能找到的关于炮兵的所有资料，成了当时的炮兵专家之一。汉密尔顿和他的部队被英军从 79
纽约赶出来之后，他受到了另一个有影响力的人物——乔治·华盛顿的青睐，加入了一群勇敢的年轻人，成为华盛顿的随从副官之一。在很短时间内，汉密尔顿就成了华盛顿最为信任的部下之一。这是一个惊人的飞跃，短短的5年之内，一个默默无闻的学童店员就走到了当时世界的权力中心。

在特伦顿(Trenton)和普林斯顿(Princeton)战役中，汉密尔顿作战英勇。但是身为华盛顿的随身副官，他并没有参加大多数的作战行动。为此，在很长一段时间之内，汉密尔顿都满怀焦急地请求华盛顿让他上战场打仗。最终，华盛顿同意让他带领一小队人参加约克镇的一次夜袭，夺取英军的最后一个防御阵地。汉密尔顿采用最为冒险的刺刀冲锋，身先士卒地第一个冲破堡垒，占领了英军阵地。1780年，汉密尔顿与伊丽莎白·斯凯勒结婚，并在战后担任了众多与财政问题相关的公众职务。汉密尔顿曾与罗伯特·莫里斯长期共事，后者被人称为“独立战争资助人”。制宪会议召开的时候，汉密尔顿才30岁出头，就已经是他的入籍国家——美利坚的要人之一。

时至今日，汉密尔顿的性格仍令人不解。他举止狂妄：14岁的时候，他在圣克罗伊岛一家账房做记账员，曾当过一段时间的管事。小小年纪的他伶牙俐齿地对头发灰白的船长们发号施令，后来还解雇了账房的律师。当华盛顿的副官时，面对年龄长其两倍的将军们，他分派起任务来也毫不犹豫。

甚至和乔治·华盛顿在一起时，他也一样举止傲慢。1781年的某天，汉密尔顿从办公楼下楼时，正好遇到华盛顿。华盛顿说有事找他，汉密尔顿说一会就上来。汉密尔顿后来称他也就过了一两分钟就上楼了，上楼后发现华盛顿已经暴跳 80
如雷。“汉密尔顿上校，”总司令大声喊道，“你让我在楼梯口等了10分钟。我必须告诉你，先生，你这样做对我极其不敬。”

依汉密尔顿所述,“当时我就断然答道,‘我没注意到,阁下,既然你觉得有必要告诉我,那我们必须分开一下’”。

“‘很好,先生’,华盛顿回答,‘如果这是你的选择’,还是其他什么相同的话,然后我们就不欢而散”。

华盛顿不久就后悔自己发了脾气,想要缓和一下关系。但是汉密尔顿完全没这种想法,他很快就离开,不再担任华盛顿的副官。争吵事件本身容易理解:两个冲劲十足的人,又常年生活在战争的压力之下,有点冲突也在所难免。但是汉密尔顿拒绝与华盛顿和解,却让人疑惑。在1781年,乔治·华盛顿可是西半球最有影响力的人物,几乎可以用自己的威望帮助汉密尔顿得到任何想要的东西。此外,华盛顿非常喜爱自己亲自挑选的年轻副官们,他对汉密尔顿也一视同仁。汉密尔顿已经获得了华盛顿的信任和尊重,为什么亲手将之毁于一旦?传记作家詹姆斯·托马斯·弗莱克斯纳写道,“自大总是在汉密尔顿不羁的心灵中徘徊不去,这次真是再好不过的表现机会”。

再说,汉密尔顿后来为什么一定要和艾伦·伯尔(Aaron Burr)进行那场致命的决斗?当然,是伯尔强迫汉密尔顿进行决斗,汉密尔顿为免蒙羞只能接受。但是,汉密尔顿知道伯尔一有机会就会置他于死地。不过,考虑到汉密尔顿的儿子在此之前刚刚因为决斗被杀,汉密尔顿也许是为了妻子能摆脱阴影才接受决斗。但是,他失败了,同样在决斗中被杀。

艾德丽安·科赫(Adrienne Koch)这样写道:

81 > 尽管汉密尔顿能力出众,才华横溢,但是他的兴趣爱好中却有一种让人难以忍受的狭隘。他总是全神贯注于自己的一切——个人的权力、抱负、威望、名声,以及个人的谋划和策略。在读过杰斐逊、麦迪逊和约翰·亚当斯(John Adams)与人来往的信件和著作后,再来读汉密尔顿,这种印象尤其深刻。

我们必须看到,汉密尔顿有些任性。虽然他的妄自尊大,他与女人打交道的方式,他的快速崛起都让人非议,但汉密尔顿手中所掌握的权力还是越来越多。尽管如此,汉密尔顿也有情绪低落的时候。1788 年,他在给一个朋友的信中写道:“你知道我对人类的看法,了解我有多渴望摆脱那些挑剔的依恋,让自己的快乐不为他人的反复无常所转移。”尽管汉密尔顿热情冲动,但从本质上来说,他并不是个乐观的人。他习惯用自己倔强的方式,来伤害那些最关心他的人。

在参加费城会议的时候,汉密尔顿应该或多或少带有这种情绪。代表们因为“弗吉尼亚方案”和“新泽西方案”而争论不休,汉密尔顿因此获得了他的第一个发言机会。他提出了自己的方案,虽然他自己都承认他的发言“超出了大多数与会代表的认知”。

要全面了解汉密尔顿提出的方案,我们必须记住一点,和其他美国开国元勋们一样,汉密尔顿也对历史有着浓厚的兴趣。当时现代社会科学还未兴起,人们认为了解人类天性的最好方法,就是研究过往几世纪以来人类及其社会制度的运作方式。道格拉斯·亚岱尔(Douglass Adair)在提及制宪会议代表时,总结道:“如何借鉴古代制度的得失,来解决当前形势下面临的问题,无时无刻不影响着费城代表们的一举一动。”实际上,开国元勋们普遍认为古希腊和古罗马人的行为方式,可能也适用于 18 世纪的美利坚。举个例子,在费城会议讨论期间,雅典政治学家伯里克 82
利(Pericles)和古希腊历史学家修昔底德(Thucydides)时代的邦联的名字,就经常在代表们的发言中出现,代表们所述的通常都是古典制度的缺陷,以免美利坚重蹈覆辙。

最为重视历史价值的人,莫过于约翰·亚当斯。亚当斯当时在伦敦,代表邦联议会出席会议。1787 年年初,他出版了一本内容充实的书——《为美利坚宪法辩护》。亚当斯在书中纵横捭阖,对古往今来的社会逐一进行分析,对古希腊和古罗马经典文化的描述更是浓墨重彩。亚当斯认为,他的写作如科学家般严谨,并不仅凭直觉和预感,而是仔细权衡证据,以期从中发现今天我们称之为政治学的自然法则。费城会议的代表多数都拜读过亚当斯的大作,并在其中读到了对于建立政府原则的各种探讨,诸如三权分立原则,以及在建立政府过程中是否有必要从君主、共和原则各沿用一部分。部分与会代表不像其他人一样对理论感兴趣,但是大部分代表都对上述理念知之甚详,并认真对待。

纵然这些受过良好教育的绅士们对古代文明无比迷恋,但是他们最熟悉的却是英格兰和大英帝国的历史。他们知道诺曼征服英格兰的历史，了解英国大宪章，清楚英国议会制度的来龙去脉。此外，代表们大都认为英国政府是人类历史上创造的最好政体。当然，英国政府并不是毫无瑕疵，但是比起从古到今的其他政体，英国政府带给其治下民众的远远不止自由这么简单。只要看看大英帝国的赫赫威
83 名和巨大财富，人们就无法否认英国政府的卓有成效。英国政府的例子为代表们所津津乐道，因此要搞清楚美利坚的政府模式，我们就必须对英国政府模式有所了解。

英国政府实施的是君主立宪制度。这是什么意思呢？从本质上来说，国王不再像以前一样拥有无上权力，他的权力受到议会意志的限制。从理论上来看，国王可以否决议会提出的任何法案。但是实际上，17世纪的革命告诫英国国王，不能随意无视议会的建议：议会不仅数次将国王从宝座上拉下来，甚至将国王推上了断头台。对议会来说，这样的事以后也可以做到。

英国议会和国王之间相互牵制。议会分为两院，下议院由“人民”选举产生，选民约为成年男性人口的5%至10%。上议院则由世袭贵族组成，部分家族世代都为上议院议员。世袭贵族不仅占据了英国议会的一半席位，而且几乎席卷了英国教会、军队和政府中最重要的职位。

英国政体的产生没有依据任何政府理论，它是数百年来错综复杂的权力斗争的产物。理论学家们对英国政府模式研究后认为，英国政府模式——一个“混合型”政府，成了人们理想中的政府模式纯粹是一个意外的惊喜。理论学家们的意思是，根据古典政治学者的理论，政府分为三种基本类型：君主政体，由个人掌管一切；贵族政体，由一群人制定法律；民主政体，由人民直接控制政府。理论学家们认为，所有这些模式都存在一个问题，那就是他们总是自毁长城：君主政治变成了独裁统治；贵族政治最终分裂为各个党派彼此争斗，一个党派取得最终胜利后演变为
84 残暴的寡头政治；民主政治造成了无政府状态，最终也变成独裁统治。

怎么办呢？解决问题的办法是将三种模式结合起来建立政府，这样政府内部的权力就可以相互制约。在1787年，当时许多政治学者认为这正是英国政府的建立模式。国王代表君主政体的原则，上议院代表贵族政体的原则，而下议院则代表民主政体的原则。议会则代表了两个不同的社会阶层——上议院代表的是世袭贵

族；下议院传统上代表的是由小地主组成的自由民，后来更包括迅速崛起的中产阶级，如商人、工厂主以及他们的律师。国王为名义上的国家元首，只在必要的时候才插手干预议会上下两院的事务。在英国的政治体制中，监督和制衡比比皆是。

参加费城会议的代表们都是在这一政治制度下长大的，对这种制度中对内对外的运作方式都了如指掌。代表们并不完全赞同这一制度，他们当中很少有人希望国王和贵族参与到政府中来。虽然他们觉得英国政府已经由于国王的唯利是图而腐败丛生，但他们还是对这一制度保持敬意。只有一个人对英国政府模式推崇备至，这个人就是亚历山大·汉密尔顿。1787 年 6 月 18 日，汉密尔顿发表了长达 5 个小时的演说，在演说中毫不避讳地表达了对英国政府模式的景仰。

根据麦迪逊所做的会议记录，汉密尔顿开门见山地指出各邦“经常不顾全体利益，谋求对己有利的好处”。其次，“人们热衷于权力”，除非被逼无奈，各邦不可能主动放弃自己的主权。然后，他继续说道，“英国政府是世界上最好的政府”，他“极度怀疑除此之外的其他制度在美利坚是否可行”。人们想方设法在政府中取得权力，并通过政府来中饱私囊，致使任何的联盟都不可靠。因此，全国政府必须拥有
绝对的主权。全国议会则应拥有“通过任何法律”的权力，“各邦法律如违背宪法或 85
与国家法律相冲突则一律无效”。各邦行政长官应由全国政府统一任命。

那么，英国政府模式的优势何在？其中一点是，“英国上议院是一个贵族组织”，因而天性保守，汉密尔顿如是说。以谢斯起义为例，汉密尔顿认为，假使某些观点引发了“大众的热情，那么肯定会如野火般蔓延，最终令人难以抵御”。上议院仿佛“一道永久屏障将任何有害的革新隔绝于外，而这些革新则是由民主精神的惊人暴力和动荡造就的”。因此，美利坚有必要效仿英国上议院，设立参议员终身制。

此外，汉密尔顿认为“行政长官无法依照共和原则产生……英国模式是唯一的最好选择”。国王的利益与国家的利益相互交织，国王既不能在国外贪腐，在国内也必须表现良好。换句话说，对国王有利的事，对国家也必是有益的，反之亦然。因此，美利坚的行政元首必须终身任职，并且有权否决任何立法。

汉密尔顿提倡的政府虽与英国模式不同，但是也非常相似。“汉密尔顿方案”与“弗吉尼亚方案”的最大不同，在于政府的相互制衡都在内部进行，比如行政权制约立法权等。所有的制约都在政府内部进行，除了宪法，连选民集团和利益集团也

包括在内。行政长官和参议员无需再次选举，因此他们可以无视人民的意愿，这是
86 汉密尔顿期望看到的。百姓们总是充满“可怕的暴力和不安”，而且经常为一时的冲动所左右，没办法管理一个公平有序的政府。

汉密尔顿作品的评论家，认为“这也许是汉密尔顿最重要的演说”。另一位历史学家杰拉尔德·斯托莎(Gerald Stourzh)认为汉密尔顿1787年6月18日的发言，“可能是他政治生涯中最伟大的演说”。根据斯托莎的看法，汉密尔顿并不如演说中表现得那么赞成君主政体。他想要的是“代议民主”，人民将权力授予最有能力的统治者，而统治者则运用权力为全体人民谋福利。不管汉密尔顿是如何想的，与会代表中极少有人赞同他的提议。代表们受够了国王和贵族议会的欺凌，决不会在自己的政府中照搬照套。更重要的是，代表们清楚地知道，“汉密尔顿方案”的政府模式将在美利坚民众中引发不安，很快就会被否决。汉密尔顿在方案中寻求的个人自由与政府权力的平衡，对美利坚人毫无吸引力。代表们甚至都没有讨论汉密尔顿提出的方案，或者正如康涅狄格代表威廉·塞缪尔·约翰逊所言，虽然汉密尔顿的发言“众人皆赞，却无人支持”。

第七章　查尔斯·平克尼之谜 87

亚历山大·汉密尔顿在费城会议提交的方案无人支持,名声扫地。不久之后,就孤身一人离开会议。这时,有另外一个人提出了新的方案,这个人不为今天的大众所知,但在熟知这段历史的专家眼中却是大名鼎鼎。比起汉密尔顿提出的方案和小邦集团提出的“新泽西方案”,这一方案在许多方面都更有吸引力。起草这一方案的人,对于美利坚未来的思考方法迥异于亚历山大·汉密尔顿。费城会议乃至全国最终接受的是这个人的观点,而非汉密尔顿的。在此之前,我们有必要花点时间了解下费城会议大邦和小邦之间的明争暗斗。

“平克尼方案”,就像一部学术性侦探小说中最引人入胜的章节,最终给詹姆
斯·麦迪逊的声名蒙上一层淡淡的阴影。在我们今天看来,来自南卡罗来纳的查 88
尔斯·平克尼不为人所知,不为人所敬,是因为詹姆斯·麦迪逊和他的支持者们隐瞒了平克尼在宪法形成过程中所起的作用,剥夺了他应得的荣誉。在南北战争后,麦迪逊的声望一落千丈,因为亚历山大·汉密尔顿关于经济的思路更适合当时国内的保守氛围。尽管如此,麦迪逊一直以来都是学者们的宠儿——一位谦虚的知识分子,勤于学习,善于思考。而查尔斯·平克尼却正好相反,是学者们觉得乏味的那种人——一个天生的政治家,雄心勃勃,过分自信,以自我为中心。欧文·布兰特(Irving Brant)就是持这种观点的学者之一,欧文曾经撰写过麦迪逊的个人传记,他断然将平克尼称为“寄生虫和剽窃者”。很多事实都证明平克尼始终坚持不懈地积极倡导一个强有力的政府,甚至在麦迪逊意识到之前,平克尼就已经主张对《邦联条例》进行改革。平克尼的观点虽然不是原创,但是经过谨慎思考,很有逻辑

性，在许多与会代表看来值得研究。1787 年 5 月 29 日，麦迪逊在笔记的末尾写道：

> 查尔斯·平克尼先生向会议提出他准备的一份联邦政府草案，希望得到美利坚自由独立各邦的认同。平克尼先生的方案也将提交将要讨论美利坚联邦现状的全体委员会。

麦迪逊的记录如此简单，实在令人奇怪。直到 30 年后的 1818 年，才有人解答了这一谜题。其时，许多参加过费城会议的代表都已经离世，仍然在世的代表也已年老体衰。当年开会的记忆随着时间的流逝而淡忘，当然也免不了有人为强调自己发挥的作用而添油加醋。1818 年，当时的国务卿约翰·昆西·亚当斯(John Quincy Adams)搜集资料，准备出版一本关于费城制宪会议的书。根据费城会议大
89 会秘书杰克逊所做的会议记录，平克尼向大会提交了有关组建政府的计划，但会议记录对计划内容却没有提及。因此，亚当斯写信给平克尼咨询计划详情。①

已经 60 岁出头的平克尼仍然活跃在政坛，他回信称仍保留着当年起草计划时的几份手稿。这几份材料，平克尼说“内容基本上相同”，但是他不记得当时提交大会的是哪一份。因此，他寄给亚当斯的是“我认为当时提交的那份”。亚当斯将这份材料收录到书中，就此埋下后续事件的导火索。

1824 年平克尼去世之后，我们所知的最早时间是在 1830 年，詹姆斯·麦迪逊开始对别人暗示，平克尼当年寄给亚当斯出版的那份计划存在可疑之处。杰瑞德·斯巴克斯(Jared Sparks)是 19 世纪美国著名历史学家之一，对独立战争时期的美国历史有独到研究。麦迪逊曾与之讨论关于平克尼计划的存疑之处。杰瑞德写道，“麦迪逊先生似乎对此深感困惑”。麦迪逊的困惑在于，平克尼的草案“和其他材料一起提交给大会的委员会，然而之后大会再未就此进行讨论”。麦迪逊的这一暗示——事实上依杰瑞德的日记所述麦迪逊的言语已经不止是暗示——平克尼篡改了草案的内容后寄送给亚当斯，以便其提交的方案更接近宪法的最终版本。麦迪逊认为，平克尼努力让人相信，弗吉尼亚代表团提出的许多观点都是出自他提交

① 麦迪逊一直保留其记录的手稿，直到去世后的 1840 年才公之于世。

给大会的方案。学者S.西德尼·厄尔默(S.Sidney Ulmer)为调查这一事件做了大量工作,据他所言,这是麦迪逊首次对“平克尼方案”提出质疑。然而这只是一个开端,至其去世为止,麦迪逊一直对“平克尼方案”提出各种异议。

平克尼宣称宪法,至少是部分宪法条款出自他的手笔,麦迪逊对此一直口诛笔 90
伐。麦迪逊的追随者以及后世的学者,也就此对平克尼提出声讨。当时平克尼已经过世,自然无法为自己辩解。直至1908年,这件事似乎终于尘埃落定。通过对书写文件的墨水、纸张标记及笔迹的研究,人们发现平克尼送给约翰·昆西·亚当斯的文件写于1818年,也就是亚当斯写信讨要文件的时候,而不是费城会议期间。至此,平克尼变成了历史上无关紧要的人物,利欲熏心,妄图夺取属于詹姆斯·麦迪逊的荣誉,委实让人不齿。

历史真实的一面就在于,历史不是一成不变的。1903年,当时顶尖的历史学家之一J.F.詹姆森(J.F.Jameson)在宾夕法尼亚代表詹姆斯·威尔逊(James Wilson)的著作中发现了有关“平克尼方案”的一段摘录。几乎与此同时,另一位一流学者安德鲁·C.麦克劳林(Andrew C Mclaughlin)在威尔逊的著作中找到了“查尔斯·平克尼提交给邦联会议的制宪方案概要”。在仔细研读这些文件之后,两位学者一致认为平克尼确实撰写了建立政府的全面方案。在制宪会议中,至少有一个重要的委员会采纳了平克尼的制宪方案,而且“平克尼方案”中的很多内容都可以在美国宪法中找到。麦克劳林称,“可以说,平克尼的提议中,有31条或32条最终被收录进宪法当中”,其中12条来自《邦联条例》。20世纪50年代,西德尼·厄尔默对这一事件进行了详尽的调查。“作为一个批评者,麦迪逊完全丧失了客观公正的立场,”厄尔默直言道,“因为这一事件的各个方面都与其切身利益息息相关。”显然,厄尔默有些言过其实。

我们应该了解,1800年,詹姆斯·麦迪逊正卷入一场激烈的政治风暴当中。当时全国政府正日趋强势,而这是麦迪逊不希望看到的,因此他试图控制这一趋势
的发展。从他的角度来说,自然是对其极力促成的宪法的解释越狭义越好,这也意 91
味着他必须全面掌控宪法形成的历史过程。因此,当纽约代表罗伯特·雅茨于1821年出版其撰写的会议记录时,麦迪逊宣称该记录错误百出,事实也确实如此。但是麦迪逊本人在出版会议记录之前,也对记录进行了修改。

我们必须再次牢记,平克尼同麦迪逊不同,他并不是一个有创造力的思想家。“平克尼方案”中的诸多想法都来自《邦联条例》、马萨诸塞宪法以及纽约宪法,平克尼从未否认过这些想法的出处。尽管如此,“平克尼方案”的内容也不是一锅大杂烩,方案的内容都经过精心思考且前后一致。因此,方案中的很多条款都引起了大会代表的关注。

事情的真相到底如何?为什么平克尼如此为历史所错待?

查尔斯·平克尼出身于南卡罗来纳最有声望的家族之一,当时富饶的南卡罗来纳是少数有钱的种植园主的天下。富裕的种植园主居住在占地甚广的农场,农场里的房间宽敞舒适,装饰典雅,配置的家具、地毯,还有银器和玻璃器皿都来自欧洲。很多人在查尔斯顿也有房子,冬天就到查尔斯顿度过一个璀璨夺目的社交季,听听来自欧洲最新潮的音乐,跳跳舞,看看戏,聊聊天。当地的望族之间经常相互联姻,平克尼也因此与大多数南卡罗来纳的重要人物都或多或少地存在姻亲关系。

在南卡罗来纳的沿海地区,人们的生活奢华之极,同西部山区的生活完全是两个极端。西部土地贫瘠,大多数人仍然保持着美利坚人的基本生活方式——耕种,西部也有不少奴隶,并不像北方一样只有佣工。沿海地区富有的种植园主不论是在政治上,社交上,还是在经济方面,都在南卡罗来纳占有优势地位。西部山区的
92 人们,也因此对种植园主深恶痛绝。但是在某种程度上,政客们又不得不将西部人们的想法考虑在内。

查尔斯·平克尼出身于富裕的种植园主家庭,这种家庭的孩子生性保守,对普通民众有一种本能的不信任。但是出于我们不知道的原因,平克尼长大后却成了其中的异数。平克尼出生于 1757 年,参加过独立战争,受过法律方面的专门教育,参加过与英国的作战,1784 年当选为邦联议会议员,并一直担任到费城会议召开之前。从他加入邦联议会开始,平克尼就一直是一名坚定的国家主义者。

我们对查尔斯·平克尼的了解少得让人惊讶,迄今为止尚无一部完整描述平克尼生平的传记问世。大多数有关平克尼的传闻都有失公允,他总是被描述成一个雄心勃勃自私自利的纨绔子弟,一个总喜欢使用计谋和家族关系获取成功的小人物。《美国传记词典》中关于他的描写得到了普遍的赞同:“英俊,自负,而且无疑可以说是一个爱享受的人,但在妻子过世后对 3 个年幼的孩子照顾得无微不至。

平克尼过人的天赋可能让某些人不舒服，却让其他人感到目眩神驰。对他同时代的联邦派①来说，他是'流氓查理'，是一个煽动家，是一个唯利是图、热衷舞弊的政治家，但是对于他的追随者来说，他却是最适合当总统的半神一样的英雄。”

如同在制宪会议期间一样，平克尼为了政治上的主导权，终其一生不断挑战拉特利奇(Rutledge)和其他查尔斯顿的政治势力。在制宪会议期间，他也因此被南卡罗来纳的其他代表所孤立，无法继续为其同志加油鼓劲。南卡罗来纳的其他代 93
表经常反对他的提议，并且明显故意与平克尼保持距离。

毫无疑问，平克尼野心勃勃，喜欢煽动别人的情绪来达到自己的目的。在虚荣心的驱使之下，平克尼将其参加制宪会议时的年龄由 29 岁改为 24 岁。如此一来，平克尼就成了与会代表中年纪最轻的一位[这一殊荣实际上应该归于新泽西的乔纳森·戴顿(Jonathan Dayton)，他参加制宪会议时年龄为 27 岁]。也许评价平克尼最好的方法，就是将其视为一位现代政治家。对于当时把持各邦政府的贵族们来说，勾心斗角欺骗他人非绅士所为，像平克尼这样的人简直令人厌恶。制宪会议期间，代表们在谈到英国政府时，无不对寄生于政府中的米虫官员深恶痛绝。此类官员喜欢使用手段扩大影响，以此来抬高英国王室的地位，同时中饱私囊。

查尔斯·平克尼的表现在某些方面与此类官员相似。不管如何，由绅士管理政府的时代已逐渐远离，党派政治将成为新的游戏规则。华盛顿和麦迪逊等人不久就会发现这一点，并为之沮丧不已。像麦迪逊这样的绅士可能对平克尼的政治活动极不喜欢，但是平克尼却恰恰顺应了当时的政治潮流。在 1790 年后的 10 年间，平克尼成为南卡罗来纳政坛上举足轻重的人物，多次当选为南卡罗来纳的行政长官、众议院议员、参议院议员。

早在邦联时代，平克尼凭借政治上的直觉，已经开始不遗余力地宣扬建立强大的全国政府的好处。在 1783 年，当时平克尼年仅 26 岁，他出版了一系列宣传小册子，呼吁加强《邦联条例》的权力。他在小册子中曾建议，邦联议会应有权没收未交纳邦联征税的各邦船只。据查尔斯·辛格(Charles Singer)所言，“从 1784 年至制宪会议召开期间，在加强邦联权力方面，查尔斯·平克尼一直是最有力的倡导者之

① 原文如此。——译者注

94 一”。倡导加强邦联权力的人不止他一个，甚至他也不是第一个提议的人，但是他为之所付出的努力却从未中断。

1786 年 5 月，在安纳波利斯会议召开前数月，平克尼推动邦联议会召开会议讨论如何修订《邦联条例》。会议最后任命了一个委员会（由平克尼担任主席），该委员会于 8 月 7 日提交了对《邦联条例》的 7 条修正意见。总体来看，上述修正意见旨在提供邦联议会向各邦征收税款的方法，只有一项意见是赋予议会权力来处理海洋事务。当时的邦联议会一直在等待安纳波利斯会议的结果，因此对该委员会提交的报告未加讨论。然而根据麦迪逊作品编辑的看法，“邦联议会内部要求召开会议、修订《邦联条例》的运动，其创始人是南卡罗来纳的查尔斯·平克尼”。

在费城制宪会议召开前夕，平克尼曾草拟了一份关于组建政府的计划，准备提交大会讨论。特拉华代表乔治·里德（George Read）在 5 月 21 日拿到了一份“平克尼方案”的副本。里德所述平克尼计划的内容，与 30 年后平克尼寄给约翰·昆西·亚当斯的那份基本相同。5 月 29 日，平克尼在大会宣读了他的方案。

虽然众多学者利用不同的资源对“平克尼方案”进行了还原，但是我们始终无法确切获知当天平克尼宣读的方案的具体内容，委实令人扼腕！由于詹姆斯·麦迪逊对此事的打压，我们可能永远也不会知道该方案的内容细节。

对于詹姆斯·麦迪逊而言，查尔斯·平克尼正是他讨厌的那类人。平克尼过分自信，喜好女色，自负虚荣。麦迪逊则谦逊平和，在女人面前羞涩腼腆。无论是在公众面前，还是在私人场合，麦迪逊都一丝不苟地遵守绅士的行为准则；这一点，平克尼可做不到。麦迪逊与平克尼曾在邦联议会共事过几年，对他有所了解。而且，他们两人实际都属于国家主义者阵营。但是麦迪逊非常不喜欢平克尼的为人。
95 在制宪会议结束前一个月，麦迪逊与华盛顿曾相互致信，严厉抨击平克尼“期盼赞美的嗜好”以及不放弃“任何通过发表观点获得名誉的机会”的行为。除却两人对平克尼的厌恶，这些对话实际透露出“平克尼方案”是麦迪逊提出的“弗吉尼亚方案”的有力竞争对手。汉密尔顿提出的计划太过离谱不足为虑，本书第十章将谈到的“新泽西方案”则与“弗吉尼亚方案”背道而驰。在麦迪逊的国家主义者阵营中，唯有“平克尼方案”可与“弗吉尼亚方案”相媲美。我们不知道是什么原因促使麦迪逊在一开始就对“平克尼方案”诸般排挤，更在 30 年后给它贴上伪造物的标签，但是他当时就是这么做的。

麦迪逊在笔记中,提到"平克尼方案"时仅用一句"提交给大会讨论"一带而过。言下之意,"平克尼方案"应该是以纸质文件的方式提交给了大会的某位代表。纽约代表罗伯特·雅茨在笔记中提及平克尼向大会"宣读"了他的方案。在平克尼宣读方案的时候,麦迪逊手中的笔却停顿下来。麦迪逊事后承认,他当时的确时不时离开了讨论的房间。历史学家西德尼·厄尔默也认为在平克尼宣读方案的时候,麦迪逊碰巧正好不在房间。然而,这个解释实在太过牵强。首先,麦迪逊想知道"平克尼方案"的内容,只要开口要一份抄本就可以了,平克尼肯定乐意提供。其次,麦迪逊还有一次机会记录"平克尼方案"的内容,但是他却再次错过了。

6月25日,平克尼在会上进行了一次长篇演讲。卡尔·冯·多伦(Carl Van Doren)称之为"极具勇气和独立精神"的伟大演讲之一,查尔斯·沃伦(Charles Warren)称该演讲"令人难忘……除麦迪逊和威尔逊之外,还没有人的演讲能如此富有感染力,如此雄辩滔滔,如此才华横溢"。演讲的内容,我们稍后会详述。据雅茨所言,平克尼在演讲的最后再次对其方案进行了概述。麦迪逊当天的记录中,既没有提到"平克尼方案",也无只言片语提及平克尼的演讲。事后,麦迪逊也从别处获知了演讲的内容(如果找得到抄本,麦迪逊一般不会当场对代表们发表的演讲或 96
会议讨论的结果进行记录)。不是他向平克尼要了一份演讲的抄本,或者更加有可能的,就是平克尼主动给了他一份。随后,麦迪逊将之忠实地记录下来,除了平克尼关于组建政府的方案。当时他仅仅写道,"平克尼先生未提供演讲的其他内容"。

麦迪逊的这一声明让人难以相信。平克尼聪明细致,一贯自负,怎么可能只给麦迪逊一个不完整的演讲抄本?即使真的如此,麦迪逊也完全可以向他索取剩余的部分内容。毕竟,麦迪逊的心愿是竭尽全力忠实地记录制宪会议的整个过程。在其他几个类似的情况下,他总是尽可能详细地记录讨论的各个细节。但是他却没有向平克尼索要演讲的剩余内容,当时未曾索要,之后也没有。我们有足够的理由相信,"平克尼方案"曾两次被提交大会讨论。由于麦迪逊的差错,制宪会议记录中没有提及"平克尼方案"。正因如此,麦迪逊才能够在40年后声称"在费城会议期间从未听闻'平克尼方案'"。在纽约代表罗伯特·雅茨出版其费城会议记录时,麦迪逊则指出雅茨的记录错误连篇。

那么,“平克尼方案”的具体内容究竟为何?数位学者通过研究当时的各种文献,将其内容还原。“平克尼方案”的大体框架与麦迪逊的“弗吉尼亚方案”相似,但是在细节上差异甚大。在“平克尼方案”中,联邦政府行政长官要由一位“强有力”的个人担任,而不是其他人提倡的委员会,并且任期为 7 年。联邦议会则在比例代表制的基础上,实行两院制。联邦议会有权否决各邦立法;联邦议会有权任命法官和修正委员会,修正委员会有权重审和否决联邦议会批准通过的法案。“平克尼方
97 案”中,有一条特别有意思:同其他条款不同,参议员的人数并没有完全依照各邦人口总数按比例产生。13 个邦根据面积大小被分为小、中、大 3 组,相应享有 1 个、2 个和 3 个参议员名额。这显然是一种折衷方案,用以平衡小邦期望的等额代表制和麦迪逊力推的比例代表制。这一方法理应引起大邦代表的关注,但是等他们想起来的时候却为时已晚。

虽然很多内容并非平克尼原创,但是“平克尼方案”显然经过精心构思,而且方案的部分内容也在当时各邦实行过。虽然麦迪逊声称“在费城会议期间从未听闻‘平克尼方案’”,但是事实上“平克尼方案”同其他方案一起,都被提交给了大会的细则委员会,最终形成了美国宪法初稿。“平克尼方案”中很多内容,都出现在美国宪法当中,甚至使用的就是平克尼的原句。“总统”、“众议院”、“参议院”都是平克尼使用的词汇。美国宪法所采纳的“平克尼方案”的内容,还包括:众议院应有弹劾权;联邦议会有权铸造钱币,招募军队,建立邮局;而各邦在和平时期,不得铸造钱币或者保留军队。总统定期向联邦议会提交年度国情咨文,总统同时担任武装部队总司令,这些也都是平克尼提出的。算下来,美国宪法中总共有 21 条条款都完全出自于“平克尼方案”。此外,美国宪法中还有一些条款,同时在“平克尼方案”、“弗吉尼亚方案”或者“新泽西方案”中都有提及。因此,厄尔默估算美国宪法最终稿当中,总共采纳了“平克尼方案”的 43 条内容。

当然,这些条款的内容都很显而易见,而且与会代表们也已经提出过相关建
98 议。因此,我们不可能如西德尼·厄尔默一样,将平克尼称为“美国宪法之父”。平克尼只是顺应潮流,将这些宪法条款形成文字而已,他不做,别人也会做。当时与会的许多代表都曾参与过本邦宪法的起草,甚至直接参与过《邦联条例》的草拟。什么内容应该写入宪法,什么内容不能写入宪法,代表们都有自己的见解。“平克

尼方案”看起来只是为大会细则委员会在内容和语言方面提供了方便，它所起的作用就像一个意见箱一样。

然而平克尼对制宪会议所作的巨大贡献，并不仅限于其提出的制宪方案。1787 年 6 月 25 日，亚历山大·汉密尔顿发表长篇大论，鼓吹英国君主立宪制度的各种好处。而平克尼站出来，对其言论进行反驳。平克尼的主要观点是，美利坚的情况与众不同，因此代表们不能照搬别国的制度来解决美利坚存在的问题。对此，查尔斯·沃伦评论道：“这些讨论极大地激发了代表们的爱国情绪，平克尼已经呼吸到了自由的美国精神。”平克尼说，美利坚人民是“我们接触过的人民中最为独特的”，他们之所以特别是因为“同其他任何国家的人民相比，美利坚民众之间的财富悬殊没那么大，等级的差别没那么明显”。与传统社会不同，美利坚并没有分成显贵和平民两大阵营。有别于英国和法国，美利坚既没有贵族，也没有穷人。“在我看来，我们真实的情况是：一个幅员辽阔的新兴国家，本身具备建立政府的任何条件，建立的政府能够保障居民的公民权利和宗教自由，让人民幸福生活。”此外，这一情形可以持续几个世纪不变，因为美利坚西部的广阔土地仍然无人居住，任何人只要付出努力就可以维持体面的生活（同与会的大部分代表一样，平克尼对居住在 *99*
西部无人区的数万名印第安人视而不见）。

综上所述，平克尼继续说道，美利坚没办法同欧洲各国进行比较，正如汉密尔顿所做的那样。在欧洲，平民、贵族和皇室之间等级森严，难以逾越，英国政府的设置方式如实地反映了这一情况。而在美利坚，人民在财富和地位上都几近平等，因此美利坚不存在组成英国上议院的贵族阶级。我们的参议院应该也必须采取不同的方式建立。建立参议院不是为了代表贵族的利益，而是由一些睿智的人们发挥监督作用，防止下级立法部门操之过急。

因此，平克尼最重要的贡献，不是“平克尼方案”中的诸多细节，而是他所表明的态度。平克尼在发言中，反复重申美利坚社会的平等是其他国家所无法比拟的。平克尼也反复强调，建立一个明智的政府，可以将这种平等维持下去。“社会的每个成员，几乎都享有通向最高职位的平等权力……”，在 6 月 25 日的发言中，平克尼如是说，“在选举方面，没有人会因为出身不高而被排除在外，因财产原因而被拒之门外的人也微乎其微……全体社会成员都享有政治权利并乐在其中，这些权利不仅包括以往各邦成员保留给自己的权利，还包括担任公职的权利，最起码还包括选举公职时提名候选人的权利”。平克尼的演讲很有现代精神，他的所思所想成为后世美国人坚信的理想，那就是居住在小木屋中的人也可以梦想成为美国总统。

但是对于平克尼的理念，当时的与会代表并不是人人都能接受。大部分代表还是赞同康涅狄格代表罗杰·谢尔曼(Roger Sherman)的意见，普通民众并不适合
100 担任行政长官的职位，必须从他们中间挑选出类拔萃者来担任管理者。事实上，平克尼自己也并不希望联邦政府由一群没受过多少教育的农民所掌控。尽管如此，相比费城会议的其他代表，平克尼倡导的政治民主更为广泛。

平克尼的演讲，充满了强烈的国家独立主义精神。美利坚无需为自己说抱歉，美利坚必须找到一条适合自身情况的发展道路。此时，平克尼再次向一些约定俗成的理念发起进攻。比如我们必须从历史教训中获取经验，但是平克尼却对此说不，他认为美利坚是与众不同的，美利坚必须从自身经历中获取经验。

这真是一次意义非凡的演讲。华盛顿、麦迪逊、汉密尔顿，以及其他18世纪的人，他们代表的都是18世纪的价值观。在他们眼中，地位和特权是与生俱来的。但是平克尼的思想显然超前到了19世纪，他对于民主和美利坚世界地位的观点，已经等同于19世纪的政治家。1787年6月25日他所作的演讲，很像是50年后安德鲁·杰克逊(Andrew Jackson)所作的。19世纪的历史学家弗朗西斯·N.索普(Francis N Thorpe)曾说，“自平克尼发表演讲的那一刻起……如果代表们仍心存疑虑，他们在那一刻肯定都被说服了，他们为之努力的宪法必须与美利坚的现状相适应”。

查尔斯·平克尼，与众多学者的定论相反，在美国宪法的形成过程中并不是不足挂齿的小人物，只知道引起别人对自己的关注。他是美利坚最先积极推动修改《邦联条例》的人物之一；他极力推动邦联议会同意修改《邦联条例》；他在费城会议上提交了很有借鉴意义的制宪方案；他在费城会议上多次发表中肯、极有说服力的演讲；他积极在南卡罗来纳推动宪法的批准。不管他个人性格方面有何瑕疵，自
101 负，为身边绅士们所不齿的政治直觉，平克尼仍然是一个机智过人、经验老到、头脑清醒的人，其见解和主张不应为人们所忽视。平克尼称不上是“美国宪法之父”，但他肯定是美国历史上最有影响力的人物之一。

第八章　代表、规矩和规则：大会开幕 102

费城会议原定的召开时间为 1787 年 5 月 14 日，但是根据安纳波利斯会议制定的规则，与会各邦必须达到 7 个，会议才能召开。而各邦关于代表团法定人数的规定又各不相同，如果某邦到会的代表只有 1 人或 2 人，则可能因未达到法定人数而无法投票。直到 5 月 25 日（星期五），3 名新泽西代表抵达后，会议终于达到法定人数而得以召开。

当天的费城暴雨如注，大雨冲刷着费城的大街小巷，路上的鹅卵石和屋顶的石板都被雨水冲洗得闪闪发亮。但是大雨未能阻止与会代表的热情，他们准时到达费城议会大厦。对于美国人来说，这都是些振聋发聩的名字——华盛顿、麦迪逊、汉密尔顿、罗伯特·莫里斯和古弗尼尔·莫里斯、伦道夫，这些人当中不仅有未来的总统、国会议员，还有最高法院大法官、内阁成员以及美利坚驻外大使。

召开会议的独立大厅，是当时费城的议会厅，如今也是美国最为著名的建筑之
一。独立大厅是一座两层的砖瓦建筑，圆屋顶和屋顶塔尖几乎是主楼的两倍高，大 103
厅两翼则用拱门相连。独立大厅结构均衡，让人感觉祥和庄重，在此讨论国家大事真是再适合不过。

大多数时候，大会召开的地点是独立大厅东面的会议厅。会议厅长宽均为 40 英尺，两侧开有大窗，里侧木质嵌板处有一个壁炉。会议期间，代表们围坐在 3—4 张桌子旁讨论，每张桌子也就普通餐桌般大小，上面铺有绿色的粗呢布。会议期间，代表们也曾移到楼上的房间开会，房间装饰和楼下大同小异。我们不清楚他们为什么要转移房间开会，但是在楼下会议厅开会时，代表们都紧闭门窗。这样一

来,即使他们发言的时候声音洪亮,外面的人也听不到。那年的夏天非常闷热,代表们移至楼上开会,可能也是因为这样可以开窗通通风。

各邦共选举会议代表 74 人,实际到会 55 人。其他未能到会的代表,不是为公事或私事所困,就是对费城会议不以为然索性不来参加。到会的 55 名代表中,也经常有人因为这样那样的原因而缺席会议;有人来得晚,也有人走得早。会议召开期间,每次参与讨论的代表最多不过 30—40 人。

作出重大决定影响后世的 55 位代表,都是些什么样的人呢?首先,他们并不是“典型”的美利坚人。与会代表全部为男性白人,绝大多数都是新教徒,只有两位天主教徒和少数几位贵格教徒。他们当中,只有两人是小农场主,而当时小农场主占到白人总数的 85%。55 位代表中,半数以上都是律师,四分之一拥有大型商业农场或种植园。所有代表都在政府担任或担任过公职,其中 3 位为本邦行政长官,4 位曾任本邦行政长官。与会代表中至少有 8 位法官,42 名议员,还有几位邦议会议长。8 位代表曾经参与《独立宣言》的签署,30 位代表曾在独立战争中参战,大约
104 15 位代表参加过重大战役,有几位代表还是名副其实的战斗英雄。几乎所有的代表都是所属各邦的知名人士,其中近四分之一的代表更是在美利坚各地享有盛名。这种情形,就好像今天我们要达成一项重要的全国性决定,但是却绕开国会,召集了一群机智老练的人开会讨论。这群人当中,有大学校长,大公司董事长,著名的社会科学家,还有声名卓著的政府官员。

历史学家克林顿·罗西特(Clington Rossiter)认为,像制宪会议代表这样的精英团队,在当时的美利坚最多还能组成两队。的确,当时美利坚的一些重要人物未能出席制宪会议。约翰·亚当斯当时在伦敦代表美利坚出面斡旋,托马斯·杰斐逊则在巴黎做着同样的事。由于各种各样的原因,山姆·亚当斯(Sam Adams)、约翰·杰伊(John Jay)、本杰明·拉什(Benjamin Rush)博士,还有帕特里克·亨利都未能出席费城会议。除此之外,还有一些当时的名人也没有参加会议,但是人数寥寥可数。相比之下,还是与会的代表才智更为出众,经验更为丰富,受过的教育更为出色。杰斐逊当时人在巴黎,虽然也被选为代表,但却无法出席,他看过代表名单后,将其称为“一群半神一样的人”。

总的来说,费城会议的参会代表多数依然来自贵族阶层。少数代表,如罗杰·

谢尔曼和路德·马丁(Luther Martin)出身于仅能维持温饱的农户家庭，这样的家庭在当时的美利坚最为普遍。还有几位代表，如亚历山大·汉密尔顿和威廉·佩特森(William Paterson)最开始都做过商铺店员。但是他们后来的社会地位都获得了提高(我们在后文中可以看到，与贵族出身的人相比，出身较低的代表对普通民众的判断力更为不信任)。所有的代表都是当权政府的一员，他们来费城可不是为了颠覆现有的政府。

为了弄清楚制定美国宪法的来龙去脉，有一点我们必须牢记于心，那就是尽管大多数与会代表的背景相似，但是却性情各异。有的人大胆勇猛，有的人却小心谨慎；有的人腼腆，有的人坦率；有的人政治上十分老练，有的人却暴躁易怒，怨怼 105
丛生。

我们从来自马萨诸塞的4位代表身上，看到与会代表的众生相。仅从表面上来看，4位代表几乎没什么差别：3位代表曾赴哈佛求学，2位代表是律师，另外2位则是商人，都在政府担任公职。从内在性格来看，4位代表各有千秋。鲁弗斯·金(Rufus King)“长相英俊，雄心勃勃，偶尔会显得有些傲慢不逊”，著名演说家丹尼尔·韦伯斯特(Daniel Webster)称其为“无与伦比”的演讲者。与鲁弗斯相反，纳撒尼尔·戈勒姆(Nathaniel Gorham)不擅言辞，但是“脾气随和，令人愉快”。埃尔布里奇·格里(Elbridge Gerry)同样拙于言辞，但他的举止却不讨人喜欢。埃尔布里奇饱受神经性痉挛的折磨，但他思路清晰，为人正直，备受世人推崇。一旦下定决心，埃尔布里奇则会变得固执己见，并且极力为自己的观点争辩。而凯莱布·斯特朗(Caleb Strong)则似乎天生善于折衷，他“举止迷人，言辞简单，对敌对友都保持一种调和的态度”。

我们可以看到，马萨诸塞的4位代表尽管背景大致相同，但是性格却南辕北辙。在大会召开期间，他们也经常因为意见不一而无法集体投票。事实上，在大会最紧要的关头，这4位代表分成了意见相悖的两方，致使马萨诸塞的一票失效，从而对以后美利坚的历史产生了深远的影响。他们做出这样的举动，并非出于政见的不同，而仅仅是因为不同的人对世界有不同的看法。在了解制宪会议的过程中，我们必须谨记与会的这些代表并不是神，而是一个个活生生、有呼吸的人，他们各有各的优势和不足，自然也各有各的美德和癖好。

但是他们有一个共同之处，那就是相信现行的制度需要改进，而且很多代表已
106 经准备好进行大刀阔斧的改革。当时有一种倾向，不赞同对政府进行改革的人对制宪会议都采取了敬而远之的态度。一些强硬的反国家主义者都未参会，如帕特里克·亨利以及弗吉尼亚的理查德·亨利·李（Richard Henry Lee），马萨诸塞的山姆·亚当斯，还有纽约行政长官乔治·克林顿（George Clinton）。因此，相比当时美利坚民众的真实意见，大会更多地带有国家主义者的论调。反国家主义者对制宪会议采取回避的态度，实在是战术上的错误决定。只需要几个坚定反对全国政府的代表存心阻挠，或者仅仅在至关重要的事务上站在反国家主义者的阵营中，就可以达到破坏制宪会议的目的。但是反国家主义者选择了回避，将战场留给了自己的敌人。

实际上，与会代表的意见并不能完全反映大多数美利坚人的基本态度。虽然代表们对应该如何建立政府存在严重分歧，但是他们确实建立了一个在独立政府领导下的完整国家。一些代表满足于对现状的修修补补，一些代表完全茫然不知所措，而大多数代表都清楚自己正在开创一项伟大的事业。这一点，我们必须时刻牢记。在会议的讨论上，代表们反复提及，全世界的目光都落在他们身上，而他们也肩负着一方百姓的希望。代表们正致力于一生中最重要的实验——看看人类是否能在人治政府的管理下，享有自由的生活？许多人认为这是不可能的事情，普通百姓就像孩童一样需要一位君主的指引，只有君主才知道什么对百姓最有利。当时世界各地的人们都对费城制宪会议倍感兴趣，特别是在欧洲君主制国家，其中最为关心的当属法国民众。人们都清醒地意识到，如果美利坚人可以做到，那么其他国家的人也同样可以。

所有这一切，参加费城会议的各位代表都心中有数。这将是他们生命中最辉
107 煌的时刻，是他们站在舞台的中心，让自己成为不朽的人物，青史留名的时刻。这确实是赢取“名声”的好机会，会议期间代表们极少忘记这一认知。

因此，在 5 月那个大雨滂沱的星期五，代表们不论是长途跋涉，还是乘马车龟速慢行，都及时赶到了费城议会厅。但是当天一位极负盛名的人物，还是未能准时到会。81 岁高龄的本杰明·富兰克林，饱受结石和痛风发作之苦，在大会开幕两个星期后才姗姗来迟。此后的每天上午，富兰克林都乘坐由 4 个模范囚犯抬着的

轿子至费城会议厅开会,那顶轿子在当时的美利坚可找不到第二顶。在与会代表当中,只有富兰克林和华盛顿享有国际盛誉。富兰克林更被视为那个时代最伟大的人物之一,他既是发明家、科学家,也是哲学家、作家和政治家。

富兰克林确实是一位杰出的人物。他在科学方面并非业余的浅尝辄止,他是世界上第一个发现闪电是一种放电现象的人;他发明了避雷针,当时有很多人都死于雷击,因此避雷针对人们来说真是一个极大的福音。富兰克林甚至拒绝为此申请专利,虽然他可以因此项发明而获得巨额财富。富兰克林为人慷慨,在他的带领下发展了很多民生项目,如建立图书馆,开创博爱社团,他还是一名消防志愿者(由于多年旅居国外,富兰克林回国后再次参加消防志愿者集会时,已是一名老翁。由于多年未用,他的消防水桶已破烂不堪。富兰克林为此当众道歉,并承诺在下次聚会前恢复原状)。富兰克林还是一位伟大的外交家,在独立战争期间,他凭借个人的机智狡黠长袖善舞,确保战争所需的枪支弹药源源不断地从欧洲运输到华盛顿的军队。

但是富兰克林自己从未想过要名垂青史,他的骄傲和虚荣都显而易见。富兰克林很擅长自我曝光,他的一举一动经常见诸报端。其中一部分报纸是富兰克林自己发行的,他当时如日中天的名声部分是他自己谋划而就。制宪会议召开的时 *108*
候,富兰克林为慢性病痛所苦,身体虚弱,但是他仍然风雨无阻地参加会议,坚信制宪会议必将开创美国历史的重要篇章。会议期间,富兰克林并没有提出任何强势的观点,对于如何建立政府也没有明确的规划。只要听起来理由充分,富兰克林都可以接受。富兰克林把关注点主要放在安抚代表们的情绪,平息代表们激烈的纷争上。他所持的观点在制宪会议中,并没有实质性的影响。但是这样一个伟人坐镇大会,无疑给会议定下了庄严的基调,使得大会的各项议程得以顺利举行。

5 月 25 日,富兰克林因患病未愈,再加上狂风暴雨的恶劣天气,未能到会,他对此深感遗憾。作为主办方名义上的议会长,本应由富兰克林来提名乔治 · 华盛顿为大会主席。代表们对华盛顿担任主席,均无异议。由于富兰克林的缺席,罗伯特 · 莫里斯代替他进行了提名。华盛顿如期被任命为大会主席,端坐于会议厅正前方的座位上。其他代表则三五成群,围坐在铺有绿色粗呢的圆桌边。华盛顿座椅的后背很高,形状优雅,上面还绘有一幅红日初升的图画。华盛顿的座椅面前未放置桌子，他与其他代表们面对面坐着。

华盛顿在费城制宪会议中并没有发挥主导作用，这可能会让推崇华盛顿的人们感到惊奇。根据邦联议会的规定，在会议召开的大部分时间里，会议的主席另有其人，而华盛顿则与弗吉尼亚的另外几位代表坐在一起。华盛顿的正式发言只有一次，而且是在会议的最后阶段，谈论的也只是一个小问题。华盛顿的威望极高，代表们几乎是立刻就同意了他的建议。在那个冗长炎热的夏天，喜爱社交的华盛顿不是在与人共进午餐，就是一起喝下午茶，吃晚餐，让人觉得他正在积极地提升自己的社交地位。

通过研究华盛顿当时的来往信件，亚瑟·N.霍尔库姆(Arthur N. Holcombe)写道："显然，华盛顿希望建立一个拥有足够权力的全国政府直接施政于民。"华盛顿
109 并不畏惧权力，他知道如何运用权力发挥作用。同与会的许多代表不同，华盛顿没那么关注政府内部权力的制衡，以及建立壁垒防止政府滥用权力。华盛顿不希望看到新的独裁者出现，也反对无政府主义，他认为无政府主义等于为独裁大开方便之门。与其他代表相比较，华盛顿显然更加了解同一个效率低下的政府打交道是什么滋味。因此，在赋予政府更大权力的问题上，他比其他代表想得更为深远。从现在的记录来看，华盛顿在制宪会议期间仅仅参与了数次投票。但他的每次投票，都显示出他不遗余力地推进强权政府的建立，以及赋予政府行政首脑更多的权力。

霍尔库姆写道："总之，我们不可避免地得出这样的结论：强壮、沉默的华盛顿明白如何在会议议程上发挥个人影响力的作用，即使并不亲自参加代表们的讨论。"为什么华盛顿不参与讨论，答案显而易见：为了维持他的声望。华盛顿竭力避免参与代表们的争论，他可能在争论中败北，或者经常在争论中毫无胜算。还不如在背后提供指导，让年轻人舞刀弄剑。在接下来的会议当中，我们必须牢记，会议的各项讨论背后都有华盛顿令人敬畏的身影，迫切要求建立一个强大的、起到决定性作用的全国政府。

在华盛顿担任会议主席的会议首日，还发生了两件重要的事情。一件是詹姆斯·麦迪逊有意把座位调整到一个很好的位置，方便进行会议记录。麦迪逊度过了漫长的一生，晚年的时候他回忆道，"我选了一个最靠近主席的位置，其他的代表
110 分坐在我的左右两边。这个位置很是方便，可以听到所有代表的发言。在主席或

者其他代表发言后，我迅速用方便理解的术语、缩写或者我自己认识的符号将内容记录下来，尽可能充分利用会议休会期间的每一分钟。每天晚上还有会议结束后的几天，我总会将白天会议上所做的笔记重新誊抄一遍”。这是多么繁琐而又无趣的事情，白天坐在室内数小时与人唇枪舌剑，晚上回到房间还要誊抄笔记，要知道这些记录有时候一天可能就有10页打字纸之多。

麦迪逊说，他之所以坚持自己做会议记录，是因为他在对早期政府进行研究时，发现完全搞不清楚最早的创立者们当时的想法。费城会议指定28岁的威廉·杰克逊(William Jackson)少校担任大会秘书，负责记录会议内容。杰克逊少校曾在大陆军中服役，后来还成为华盛顿的秘书。显然，麦迪逊并不认为他能胜任这一工作，事实证明他是正确的，杰克逊的记录除了投票情况再无其他。

毫无疑问，麦迪逊的目的远不止于此。首先，麦迪逊可能是想为自己留条后路。万一制宪会议失败，或者出现他不希望看到的结果，他可以用会议记录来为自己辩护。其次，麦迪逊可能早已意识到，也许将来的某一天，政治家们可能会试图歪曲宪法制定者的本来意图，而一份会议讨论记录就会变得弥足珍贵。最后一点，麦迪逊对于历史和自己的历史地位都有明确的认知。他认为，如果制宪会议成功孕育了一个新的国家，那么对于政治家们来说，会议讨论记录显然至关重要，而事实也的确如此(最终，麦迪逊表示要等到参加制宪会议的所有代表辞世后，才可以出版他的会议记录，而后来这最后一位代表就是麦迪逊自己)。

当时对会议过程进行记录的，并不只有麦迪逊一人。纽约代表罗伯特·雅茨，后来成了一名反国家主义者，从参会第一天到7月5日离开为止，对会议每一天的情况都做了详细记录。还有其他代表也留有会议记录，但是都没有麦迪逊和雅茨
的记录详细。据历史学家所言，麦迪逊所留下的记录原稿厚达600余页。这些手 111
稿是今天我们研究制宪会议最主要且最完整的材料来源。

尽管我们对麦迪逊所做的贡献心存感激，但是我们也不能忘记，麦迪逊是制宪会议这一重大事件的主要记录者，甚至可以说是唯一的记录者，但是同时，麦迪逊本人不管是在个人情绪上，还是政治利益上，都与制宪会议牵扯颇深。许多历史学家完全不加考虑地全盘接受麦迪逊有关会议讨论的描述，这一点实在令人遗憾。但这一看法还是有些事实基础的，雅茨的记录同麦迪逊的并无太多重大差异。因

此,多数情况下我们还是以麦迪逊的记录为准。没人相信麦迪逊会故意篡改自己所做的会议记录,所有人都认为如麦迪逊这样细心谨慎的绅士,肯定不屑于做这种事情。但是现代心理学却告诉我们,没人能避免无意之中犯下的错误。我们没办法不去怀疑,麦迪逊在安静的书房里,一边完善自己在大会上的辩论内容,一边删减对手的发言内容(我们在前面曾提及,麦迪逊如何通过选择性的记录,处心积虑地破坏查尔斯·平克尼的身后声名)。尽管如此,大多数历史学家还是认为麦迪逊的会议记录值得信任。

此外,费城会议开幕式上的第二件要事,发生在各邦代表宣读各自议会授予的信任状之时。此类信任状一般都是些陈词滥调,代表们常常一边听一边打哈欠。在进行到一半,轮到特拉华代表发言时,其宣读的内容让代表们如同被打耳光般清醒过来:特拉华决不同意修改邦联议会根据《邦联条例》制定的“一邦一票”表决原则。就算特拉华同意修改这一原则,他们也决不会赞同麦迪逊所推崇的比例代表制。特拉华代表的权利受到了限制,但这一切却并非偶然。特拉华代表团的主要
112 成员之一乔治·里德,特意向特拉华邦议会要求加上这一限制性指令。里德之所以这么做,是因为他之前在阿勒格尼山脉以西土地的分配中,亲身经历过大邦如何不惜牺牲小邦利益,为自身谋取好处的事情。在费城会议召开前数月,里德写信给同事约翰·迪金森:“我对大邦持有戒心,我决不会相信他们所声称的坦诚、慷慨,以及代表各邦利益的社会公义。”最好的办法就是,将此以邦议会命令的形式写出来,以预防“不愉快的争辩”。

隐藏在这一策略背后的,是一个简单的事实:特拉华是当时美利坚 13 邦中面积最小的一个,人口总数只有弗吉尼亚的十分之一。如果议会代表以比例制任命,那么特拉华的代表将淹没在弗吉尼亚、马萨诸塞还有宾夕法尼亚代表的人海当中。对于特拉华人来说,宾夕法尼亚不啻于一位虎视眈眈的邻居,其代表在议会中占主导地位,是特拉华人尤其忌惮的事情。

在特拉华代表宣读其议会指令时,代表们都没有发表意见,许多人感到吃惊,但还是保持了沉默。宾夕法尼亚的各位代表采取了听之任之的态度,每次各邦开会时,最小的邦总是与最大的邦享有同样的一票否决权,对此他们已经懒于应付。在费城会议召开之前,宾夕法尼亚代表曾经积极主张大会实行比例代表制。虽然

麦迪逊坚持认为比例代表制是组建政府的必要条件,但是他也有顾虑,害怕小邦以此为由拒绝出席会议。宾夕法尼亚最终放弃了比例代表制的要求,但是大邦与小邦之间的嫌隙却越来越明显。如今,特拉华的代表在大会伊始就宣称如果坚持比例代表制的话,特拉华将退出会议。这真是个不祥的开端,每位代表在心里都意识到了这一点。但是,大会表决还是采取了一邦一票制。

那一时刻,大邦代表都默默地掩饰了内心的震惊。大会随即任命了一个委员
会,负责“制订会议的程序和规则”。接下来的两天是周末,大会休会。星期一,规 113
则委员会向大会提交报告,于是这一天代表们大部分时间都围绕报告的内容展开讨论。报告内容大多为常规事宜,如设定投票的法定人数等。大会规定与会代表必须保持绅士礼仪,代表们开会时不得三五成群地聊天,其他代表发言时不得随意打断。全体代表还通过了两条重要的会议规则,这两条规则对费城会议的成功至关重要。与会代表都经常参加各邦议会的讨论,他们清楚地意识到自己正面临怎样的风险。

第一条为保密规则:任何代表都不得对包括妻子、孩子以及好友在内的任何人透露会议的讨论内容。制定这一规则的原因如下:首先,一旦会议决定的某项内容公之于众,必定会引起公众的不安,进而可能导致整个社会对会议内容持反对态度。其次,反对召开制宪会议的人士在听到消息后,肯定会借此兴风作浪,掀起反对情绪。最后,则是与会代表希望能够不受干扰地自由思考,试验各种可行的方案,选择对讨论结果是采取强势态度,还是折衷妥协。他们不希望给自己的支持者们留下这样的印象,认为他们在同一事项的处理态度上前后矛盾。

与会代表认真执行规则,对会议内容守口如瓶,对历史学家来说实非幸事。据我们所知,全体与会代表仅有 4 次在通信中提及会议内容。此外,法国驻宾夕法尼亚领事馆代办传回国内的部分情报内容也惊人地准确。总的来说,想象一下与会代表时时处于与人谈话的情境之下,天天周旋于热闹的晚宴,会议内容只泄露了这么一点,已经足够令人惊叹了!当时的报纸上,也没有关于费城会议内容的任何新闻。

从梅纳塞·卡特勒讲述的一则逸事中,我们可以认识到与会代表执行保密规 114
则的认真程度。卡特勒想方设法得到了一张邀请函,拜访本杰明·富兰克林。他

到达的时候，感觉像在等待一位欧洲君主驾临一样。当他在仆从带领下，来到房屋后面的花园时，他看到“一个矮胖的老人坐在树下，手拿拐杖，没戴帽子。身穿一件朴素的贵格风格外套，头顶微秃，短发花白”。卡特勒对自然科学很感兴趣，在两人的谈话过程中，富兰克林拿出一个罐子给他看，罐子里有一条双头蛇。

> 富兰克林指着双头蛇说，如果这条蛇游走在灌木丛中的时候，一个头要往这边走，另一个头要往那边走，双方各执一词互不相让。他将当时美利坚的情况与双头蛇的处境相比较，看起来忘记了保密规则，准备谈及当天会议上发生的一则趣事。但是最终，保密规则还是起了作用，他没有讲下去，我也因此未能听到他原本打算讲述的故事。

当时大会正在讨论的内容是“弗吉尼亚方案”，每位代表都可以抄录方案内容，方便闲暇时研究。一天早晨，宾夕法尼亚代表托马斯·米夫林（Thomas Mifflin）在会议厅门外拾到一份方案的抄本，看起来像是某位代表匆忙中遗失的。米夫林捡起抄本，然后交给了华盛顿。华盛顿把抄本放在口袋里，一句话也没说。当天休会后，华盛顿站起来，用严肃的语调说：

> 先生们，我很遗憾地发现我们当中的某位成员无视大会的保密规则，
> 115 居然不小心把抄有会议内容的本子遗落在会议厅外。今天早上碰巧被人
> 捡到，然后交给了我。我必须恳请这位绅士以后仔细些，以免会议内容见
> 诸报端，导致公众的平静被此类不成熟的想法打破。我不知道这是谁的，
> 抄本在这里，是谁的谁来拿回去。

华盛顿说罢将抄本扔在桌上，拿起帽子，目不斜视扬长而去，留下代表们目瞪口呆。给我们讲述这则故事的是乔治亚代表威廉·皮尔斯（William Pierce），当时他赶紧去摸口袋，想确定不是自己无意中遗落抄本。一摸之下，他发现口袋里没有，顿时惊呆了。然后皮尔斯走到桌子前，看到抄本的字迹不是自己的，不由大大松了口气。皮尔斯急忙赶回住宿的“印度女王”旅馆，在前一天穿过的外套口袋里

找到了自己的抄本。而那份遗失的抄本则一直无人认领。

大会召开前期作出的另一个明智决定，则是大会采用的会议程序。根据这一程序，已经投票表决的问题可以重新提起讨论。如果没有这一规定，大会可能在开幕的第一个星期就被迫解散了。如果代表们看到某些重要事务的表决结果于本邦不利，他们可能会决定退出会议。但是有了这一原则，代表们就能够稳坐如山，因为他们明白只要机会适当，他们还可以重新提出问题加以讨论。因此，在整个会议期间，会议内容的待决与表决一样频繁，某些重大事项更是被反复投票表决。

最后，到了 5 月 29 日（星期二）这一天，代表们终于开始讨论如何创建一个新国家。

第二部分

大邦与小邦

第九章　罗杰·谢尔曼和妥协的艺术 119

参加费城会议的代表，对于如何解决美利坚当前面临的问题各执己见。在参加会议之前，各位代表对于会议的预期也大相径庭。部分代表如麦迪逊、平克尼和汉密尔顿，都在会前准备了极其详细的提案；其他一些人如本杰明·富兰克林，则准备支持关于建立强有力政府的任何提议；还有一些代表，像罗杰·谢尔曼一样，只想纠正一些具体的弊病，修补现有政府机制；而如汉密尔顿这样的代表，则准备摧毁现有政府，建立一个完全不同的新政府。

在部分问题上，代表们的意见趋于一致。比如，在大会召开伊始，大多数参会代表都同意政府行政长官听命于占主导地位的议会，这也是麦迪逊在“弗吉尼亚方案”中提出的主张。但是在其他一些问题上，与会代表不仅意见不一致，甚至意见相左的双方各执一词，针锋相对。其中一个突出的问题，就是如何组建全国议会。
邦联议会是以一邦一票制为基础建立的。麦迪逊认为这一做法明显不公平，因此 120
他在“弗吉尼亚方案”中提出依人口比例选举代表的制度。麦迪逊清楚，比例代表制肯定不为小邦所喜，但是他认为有关比例代表制的讨论已经足够充分，小邦最终会在这一问题上让步。

然而詹姆斯·麦迪逊错误估计了形势的发展。大邦和小邦在比例代表制问题上各执己见，互不让步，几乎导致费城会议功败垂成。下面就让我们来关注一下大邦与小邦之间的这场较量。

如同费城会议面临的其他议题一样，大邦与小邦之间的冲突由众多小问题堆积而成，各个问题之间盘根错节，牵一发而动全身。这样的后果就是，费城会议的进程无法，也没有以直线方式进行，也就是说没办法处理好一个议题再进行下一个议题，直至解决所有的问题。大会的前进过程仿佛回旋的涡流，一次次重新回头讨论先前的议题。这样的情形时常发生，当代表们对某一议题的结果屏息以待后，却发现无法达成一致，而且又没有解决的希望，代表们就会迅速将该议题弃之不顾直奔下一个议题。此外，各个议题之间环环相扣，如果解决了问题 C，问题 A 和问题 B 就得不到解决，那么问题 A 和问题 B 又要重新讨论。

因此，按照时间顺序逐日研究大会内容并无意义，不如找出大会的主要议题，看看大会从头到尾是如何讨论解决的。这意味着每提及一个新议题，我们就要回溯到大会召开伊始的阶段。

我们这样做的理由，源自大会采取的一项议会规定：成立“全体委员会”。也就
121 是说，大会投票成立一个由全体代表组成的委员会，由该委员会对会议议题进行讨论，并向大会提交建议。诚然，这只不过是议会的一个小把戏，因为不论是全体委员会还是大会，都是向同一群人提交建议。但是这一方法却让代表们明白，第一次的表决结果只是全体委员会的“建议”，在委员会的代表转身成为大会代表后，议题又可以重新开始讨论。此外，大会设置全体委员会也是从另一方面允许代表们就议题提出各种想法，大胆直言，各抒已见，因为无论如何，议题都会重新讨论。当某些重要议题与己意见相悖时，代表们也能够勉强忍受，因为他们知道后面还会有第二次机会。

大邦与小邦的冲突始于 5 月 29 日，在弗吉尼亚行政长官埃德蒙·伦道夫在大会上宣读“弗吉尼亚方案”之后。伦道夫风度翩翩，但在作决定时经常有点优柔寡断。我们早已知道，“弗吉尼亚方案”提出以比例代表制方式建立议会。而小邦代表对比例代表制简直深恶痛绝。

从 5 月 30 日至 6 月 13 日，大会以全体委员会的形式对“弗吉尼亚方案”进行了讨论。大会讨论通过了“弗吉尼亚方案”，基本上未对方案内容进行根本性调整，小邦代表对此感到极度不安。“弗吉尼亚方案”得以顺利通过，得益于弗吉尼亚人建立的联盟。联盟成员包括人口最多的 3 邦：弗吉尼亚、宾夕法尼亚和马萨诸塞，以及南部腹地 3 邦：乔治亚、南卡罗来纳和北卡罗来纳。

联盟建立的部分原因，基于当时的一种错误认识：人口正逐步向南方迁徙，不

久之后南部腹地各邦的人口总数将与弗吉尼亚等三巨头并驾齐驱，南部诸邦的利益也将与三巨头趋向一致。此外，南部腹地各邦代表之所以与三巨头结盟，也是因为这些代表觉得如果他们在对三巨头至关重要的议题上作出支持，那么弗吉尼亚、 122
宾夕法尼亚和马萨诸塞也会投桃报李，在与南部诸邦利益相关的议题——奴隶制上持不干涉态度。

但是这一联盟的基础显然并不稳定。南方和北方代表对彼此均持怀疑态度，而且在许多问题上，南北的利益也相互冲突，这些我们都将在后面看到。但是在结盟之初，彼此的共同利益足以使大会顺利通过议会的比例代表制。但是在此之前，代表们都已经清醒地意识到大会正面临重大分歧，很可能在瞬间就导致大会分崩离析。争执双方的代表都迫切认为，在大邦与小邦的问题解决之前，最好不要提出别的重大议题。

从我们今天的角度来看，我们很难理解为什么大邦与小邦的问题使得费城会议的讨论如同硝烟弥漫的战场。这在美国历史上也是很罕见的，大邦与小邦在一个议题上形成壁垒分明的两派。政治区域的划分可能是局部性的，如南方对北方，南部阳光地带对北部霜冻地带。或者以经济基础区分，如城镇居民与农民的农业补贴纷争。

在 1787 年，当时的人们对所属各邦的忠诚度还是很高的。因此，大邦无法忍受在邦联政府中处处为小邦所掣肘。与此相同，小邦也不能接受建立由大邦占主导地位的政府，时时压小邦一头。于是，大邦与小邦的纷争，不仅仅在理论和政治方面，甚至带有个人情绪的影响。

在最开始的时候，麦迪逊并没有意识到比例代表制的通过会如此困难重重。对他而言，原有的一邦一票制，其效力等同于每位特拉华公民在议会享有 10 倍于弗吉尼亚公民的权力。这显然是不公平的，在哲学层面上也是不完善的。詹姆 123
斯·麦迪逊的目的并不是由大邦掌握控制地位，而是由民众直接选举建立政府，同时削减各邦政府的权力。

不管麦迪逊的看法如何，对其他多数代表来说，事情简单明了，就是大邦与小邦的对立问题。麦迪逊花费了一些时间，才搞清楚这一事实。他当然不会天真到相信小邦代表会轻易接受比例代表制，但是他认为理智最终会驱使小邦代表强咽下这枚苦果。但是形势的发展有些出乎他的意料，麦迪逊发现小邦代表打定主意，在任何情况下都不接受比例代表制。

同样，小邦代表也意外地发现，大邦对比例代表制志在必得。小邦代表自然清楚，大邦不愿意实行一邦一票制。在制定《邦联条例》的时候，大邦基于平等的原则，勉强接受了一邦一票制。大邦代表在这个议题上可能白费功夫了，很快他们就会发现无法改变现有的一邦一票制。大邦代表发现，事情很明显，如果依比例代表制建立政府，那么小邦代表的声音将完全被大邦淹没，这是小邦代表无法接受的。弗吉尼亚、宾夕法尼亚和马萨诸塞3个邦的人口总数，占美利坚总人口的45%。如果依照比例代表制建立政府，那么这3个邦只需再争取一邦的同意就能以获得半数以上的投票，任意实施对己有利的政策。与会代表都能意识到这一点，而且小邦代表也不可能在会议结束后向本邦议会提交报告，建立这样一个依比例代表制建立的政府。大邦和小邦的与会代表，都希望在会上就代表制问题一较高下，但是双方都没想到对方态度如此强硬，几近敌对。

大会第一次提出代表制问题是在5月30日，讨论“弗吉尼亚方案”的第二天。
124 三大邦和南方腹地诸邦联盟的代表开始讨论如何计算奴隶人数，以决定比例代表制中各邦的人口总数，讨论过程中只对“弗吉尼亚方案”的相关内容作了措辞上的修改。北部诸邦显然不愿意将奴隶人数算入人口总数，但南部诸邦的意见则相反。当时为了回避这一议题，麦迪逊发言道：“《邦联条例》规定的平等表决权原则，不应在全国议会中占主导地位，而应由比例平等代议制取而代之。”言下之意为重要的事情是通过比例代表制，奴隶如何计入人口总数可以稍后再议。事后麦迪逊整理笔记时，以调侃的口吻写道：“代表们对此极感兴趣，很有希望获得通过。”

但是比例代表制并非为人人所期待，也未获得大会通过。特拉华代表乔治·里德站起来，毫不客气地提醒大会代表，特拉华议会在委任书中明令禁止改变一邦一票制，如果大会强行通过比例代表制，“那么特拉华代表的职责，就是撤离制宪会议”。

话音刚落，宾夕法尼亚代表古弗尼尔·莫里斯迅速站起来发言：“制宪会议才刚刚召开就出现如此分歧，如果特拉华就此退会，实在令人遗憾。”而且，他不明白特拉华如何能够放弃比例代表制这样“根本性的条款”。麦迪逊随即提醒与会代表，他们当时是以全体委员会的形式在讨论，无需表决，他们可以在之后提交大会再次讨论。但是里德对此结果仍不满意，此时会议厅内的气氛完全被特拉华代表准备离会的事情所笼罩。有几位代表试图安抚特拉华代表团成员的情绪。一些代表指出，虽然特拉华议会的信任状中禁止接受比例代表制，但是信任状中也没有声明如果大会对比例代表制进行表决，就让特拉华代表团退会。然而乔治·里德拒绝对此作出让步，大邦代表只好无可奈何地决定推迟这一议题的讨论。

此后数日，大会议题仍然围绕全国议会展开，但却没有再提及比例代表制。到
了6月9日，新泽西代表威廉·佩特森忽然重新提出比例代表制问题。我们不知 125
道当时佩特森为何作出这一举动，但是这可能和当天马里兰代表路德·马丁的到会有关。从后来的情况看，路德·马丁在会议期间一直是小邦利益最为坚定的维护者。马丁声誉卓著，是当时美利坚最出色的法庭律师之一。佩特森也许想借助马丁的能力，说服大会放弃比例代表制。因此，佩特森在大会重新提出讨论“投票原则”问题。接下来发言的是佩特森的同伴，同样来自新泽西的戴维·布里尔利(David Brearley)。戴维不无讽刺地提出，或许应该取消各邦政府，然后将整个国家划分成13个大小一样的行政区域。由于削减的都是大邦的面积，那么小邦的面积将得到扩大。显然，布里尔利试图将国家主义者的理论推导出一个荒谬的结论。

威廉·佩特森站起来，就小邦的处境发表了一篇激情四溢的演讲。比例代表制直接打击了小邦的存在，佩特森如是说。在依据《邦联条例》加入邦联时，小邦并没有放弃其主权，也就是处理事务最终的和全部的权力。在邦联体制之下，根据《邦联条例》，构成政府基础的是各邦而非民众。因此，拥有平等的投票权应为各邦而非民众。“结盟就是承认组成联盟的各成员的主权，而主权则意味着平等。”

摆在大会代表面前的，除了理论方面的考虑，还有一个现实问题：大会无权对《邦联条例》进行大幅修改。佩特森声称，美利坚民众对诸如比例代表制这样激进的改变完全没有思想准备，并且也不会接受。最紧要的是，如果三大邦在全国议会中占主导地位，那么他们势必会对其他各邦颐指气使。佩特森最后说道：

> 威尔逊先生曾作过一个暗示：如果其余各邦拒绝接受，那么大邦之间 126
> 必要时可能会自行结盟。只要他们高兴，就让他们随意联合吧，但是他们

> 要记住：他们没有权力强迫别的邦加入他们的联合。新泽西绝不会加入依照目前提交委员会的方案建立的联盟。否则，新泽西将会被吞并。他宁可臣服于一位君主，一个暴君，也不愿意落入这样的命运。他不仅要在大会反对这一方案，将来回到新泽西，也要尽己所能抵制到底。

佩特森提到的是宾夕法尼亚代表詹姆斯·威尔逊，他的名字今天已不为人熟知，但他却是那个时代最伟大的人物之一。关于他的事情，我们将在后文提到。威尔逊毕业于久负盛名的英国爱丁堡大学，很年轻的时候就移民美利坚。他学习的是法律，凭借出色的才华，威尔逊很快就在宾夕法尼亚政坛占据一席之地。威尔逊妻子的家族在宾夕法尼亚颇有声望，他也因此得以结识当时美利坚的顶尖人物，如罗伯特·莫里斯。制宪会议期间，华盛顿就住在莫里斯的家里。在同时代的人看来，威尔逊是1787年那个时候最杰出的法理学家。

制宪会议期间，威尔逊坚定地拥护一切权力来自人民的主张。威尔逊坚持不懈地努力，让民众在新政府中尽可能直接地发挥作用。因此，威尔逊对比例代表制十分推崇。

威尔逊曾经威胁小邦，大邦可以无视小邦自行结盟。对此，威尔逊说道："宾夕法尼亚居民和新泽西居民难道不一样吗？难道150名宾夕法尼亚居民，才等同于50名新泽西居民？如果小邦不愿按照'弗吉尼亚方案'结盟，那么宾夕法尼亚，可能还有其他一些邦，也不会按照别的方案结盟。"

127 大会的气氛逐渐变得紧张。佩特森意识到如果让代表们投票，那么比例代表制将获得通过，而他建立的小邦联盟将不得不接受比例代表制，或者直接退出会议。因此，他提议推迟到下一次开会再举行表决。代表们都松了一口气，纷纷表示同意，大会当天就此休会。

幸运的是，第二天也就是6月10日，正好是星期天。佩特森，康涅狄格代表罗杰·谢尔曼，还有其他一些小邦代表利用星期天的时间聚会讨论，制定出一项战略，也就是后来为人所知的"康涅狄格妥协案"。根据这一方案，全国议会的一院依照比例代表制建立，另一院则实行每邦一票表决制。

"康涅狄格妥协案"的设计者是罗杰·谢尔曼，在美国的开国元勋中，他大概是被人遗忘得最彻底的一位了。时至今日,康涅狄格西部的一座边远小镇仍以罗杰的名字命名。作为《独立宣言》的签署者之一,罗杰的形象还出现在美元的两元纸币之上,纸币上是约翰·特朗布尔(John Trumbull)的名画《独立宣言》。除学习美国历史专业的学生之外,已经很少有人知道罗杰·谢尔曼是谁。甚至部分历史学家,对罗杰·谢尔曼的重要地位也语焉不详,但是罗杰的确对美国的建国居功至伟。罗杰·谢尔曼是美国历史上唯一一位签署过所有纲领性文件的人。他签署了1774年的《权利宣言》和《会议决定》,美利坚各殖民地在上述文件中表明了反抗英国的决心。同年,罗杰参与签署了《贸易协定》,美利坚各殖民地开始联合抵制英货。罗杰·谢尔曼不仅是《独立宣言》的签署者之一,还是起草委员会的成员。此外,他还参与起草并签署了《邦联条例》,投票签订与英国的《和平条约》。最后,罗杰·谢尔曼还是美国宪法的签署者之一。罗杰·谢尔曼参加了两届大陆会议,会议对美国独立战争起到了指导性作用。同与会的其他代表相比,谢尔曼在邦联议会任职的时间是最长的。新政府成立后,谢尔曼当选为第一届众议院议员,第二届参议院议员。 128

在参与重大事件的过程中,谢尔曼并不只是沉默地旁观,他推理缜密,发言积极。根据谢尔曼传记作者的记录,制宪会议期间,谢尔曼发言的次数仅次于麦迪逊和另一位代表。谢尔曼在当时被认为是美利坚最具影响力的人物之一,谈吐机智,令人信服。他能够说服人们改变想法:事情的结局将与谢尔曼所说的一样,因为他知道如何操纵事态的发展。

谢尔曼身边的一些杰出人物也对他尊敬备至。约翰·亚当斯称谢尔曼"为人稳重,通情达理",在谢尔曼过世后,亚当斯称他是"一生中最真挚的朋友之一……是独立战争中最强大最可靠的支柱之一"。帕特里克·亨利称谢尔曼是国会三领袖之一,是他认识的最伟大的政治家之一。托马斯·杰斐逊曾对他的一位朋友说:"那位就是康涅狄格的谢尔曼先生,一位从来不说蠢话的人。"谢尔曼的政敌,对他既敬重又心存畏惧。在谢尔曼动身参加制宪会议的时候,他的一位对手写道:"他像魔鬼般狡诈多智,如果你打算攻击他,那你必须对他知之甚深;他不是能被人轻易操控的人,如果他怀疑你试图欺骗他,那你就麻烦了。"这位对手后面还写道:"如果谢尔曼固执起来,那么会有很多人受他影响。"谢尔曼在邦联议会的一位年轻同事曾说，如果他在某一项议案上举棋不定，他就会观察谢尔曼投票给哪方，因为他相信谢尔曼永远都知道如何做是正确的。

为什么历史上如此重要的一个人物会被人们遗忘？原因在于罗杰·谢尔曼是当时头脑最为冷静的人物之一。21 岁的时候，谢尔曼就声称可以完全控制自己的
129 情绪。至此之后，他所说的每一句话都证明他做到了这一点。如同华盛顿一样，谢尔曼让自己变得冷酷无情，但是他达成这个目标的时候，年龄比华盛顿还小。我们可能会仰慕一位从来不说蠢话不做蠢事的人，但是我们可能不会喜欢他。

谢尔曼在制宪会议中扮演了主要角色，如果我们不了解他，那么我们也无从了解美国政府。谢尔曼是康涅狄格邦忠实的拥护者，其言行与康涅狄格居民的政治倾向和态度保持高度一致。比起美利坚的其他邦，东北部的新英格兰各邦更接近于现代意义上的民主，其中尤以康涅狄格为最。康涅狄格是英国皇室特许的殖民地，康涅狄格的居民对此荣誉颇为珍视，这也使得康涅狄格拥有比其他殖民地更多的自主权。康涅狄格在美利坚各邦中，既不算豪富，也不是赤贫。该邦的主要居民为农场主，其次则为商人。总而言之，康涅狄格民风保守，人们坚定地信奉加尔文主义，新教徒的"职业道德"论被人们视为理所当然。康涅狄格人说自己是一群拥有"稳定习惯"的人，而罗杰·谢尔曼就是其中的翘楚。

谢尔曼 1721 年出生于马萨诸塞，19 岁之后才移居康涅狄格。关于谢尔曼的青年时代我们知道的不多，只知道他在马萨诸塞斯托顿(Stoughton)的一个小农庄里长大，日子过得和当时大部分美利坚人没什么不同。谢尔曼父亲过世的时候，家里的田地有 73 英亩，但是耕种的土地只有其中一部分。房间里的家具只有一些箱子、椅子和桌子，最贵的是一面镜子。家里有 9 口人，却只有 3 张床。蓄养的家畜有奶牛 3 头，公牛 2 头，小母牛 1 头，绵羊 2 只，当时几乎家家都是如此。

唯一和其他各家不同的一点，就是谢尔曼家里的藏书。虽然当时大部分新英
130 格兰的居民都会读写，但是书本可不仅仅是奢侈品，很少有人会有时间阅读。但是年轻的罗杰却养成了喜欢看书研究的习惯。1741 年，谢尔曼的父亲过世后，19 岁的他决心迁至康涅狄格的西部地区，当时定居的人还不是很多。当地有很多无人居住的林地，而土地则是致富的捷径。谢尔曼向别人借了点钱，搬到了新米尔福德(New Milford)镇，然后买了一些地。

但是,他并不满足于做土地投机生意。在他居住的小镇附近,土地的界限都模糊不清,人们经常为此互相争执,土地测量员变得至关重要。罗杰·谢尔曼开始学习测量工作,1745 年被任命为县土地测量员。同华盛顿的经历一样,这份工作让谢尔曼便于从事土地交易。之后,他开始买卖土地,然后结婚。他编写和出版的年历不仅让他收入颇丰,也让他开始在康涅狄格小有名气。他开始学习法律,并获准充任律师。他在地方行政办公室担任过许多职务,有时是估税员,有时是计量检验员。1753 年,谢尔曼迁居新米尔福德 12 年之后,他被选举为当地五位地方行政委员之一。两年之后,谢尔曼当选为康涅狄格议会议员。1760 年,谢尔曼至纽黑文(New Haven)定居。纽黑文是康涅狄格最重要的贸易中心,其地位几乎等同于康涅狄格的首府哈特福德(Hartford),同时还是耶鲁大学的所在地。谢尔曼继续在议会任职,然后被任命为大法官,到独立战争爆发的时候,谢尔曼已经是康涅狄格的主要领导人之一。

华盛顿和麦迪逊身后都有种植园保障生活,但是谢尔曼的主要收入却只有担
任公职的薪金。在当时,谢尔曼也算是个独树一帜的人物——一位全职的政治家。 131
从他 23 岁被任命为土地测量员开始,直到 72 岁离世,谢尔曼一直在政府中担任公职,这一记录时至今日仍然很少有人能够超越。

谢尔曼担任公职时间之长,实在让人惊讶。在任职过程中,他遇到过各种阻碍,但是仍然兢兢业业。当时殖民地政府都由贵族把持,他们可都是些讲究的绅士。他们知道如何以最佳的仪态走进会客厅,说话时音调柔和,谈吐间时常引用文学典故。但是谢尔曼却是自学成才,他无法像麦迪逊、华盛顿和莫里斯一样,说话时措辞得体,引经据典,拉丁词汇信手拈来。谢尔曼说话时带有北方口音,显得有些土气,不为绅士们所喜欢,也成为他们取笑的对象。

谢尔曼个子高高,身材削瘦,举止笨拙,仍然像个农家孩子一样。他的朋友和崇拜者约翰·亚当斯如此描述:

> 谢尔曼的样子完全与优雅不沾边。他的手势和别人的优雅动作比起来,对比真是鲜明。谢尔曼总是站得笔直,双手放在身前,左手紧握成拳,右手握住左手的手腕。

如果给亚当斯描述的这个人穿上朴实的乡村外套，再配上短发，不带假发，外加宽宽的肩膀和高高的身材，就是一个活生生的罗杰·谢尔曼，个性独特鲜明，举止彬彬有礼。

谢尔曼的性格和经历，都决定了他是个精明现实，脚踏实地的人。他在年轻的时候，就很少行差踏错。虽然没有争取到所有他想要的职务，但是大部分时候他都成功了。担任法官的时候，并不是所有他支持的法案都获得了通过，但是通过的法案还是占大多数。当时耶鲁大学的校长迪莫西·德怀特(Timothy Dwight)曾这样描述谢尔曼："只要他认为是正确的事情，他说服起别人来很少失败。"

132 谢尔曼拥有敏锐的政治触觉，但他同时又是一位虔诚的加尔文教徒，一个正直的人。他不说谎，不欺骗别人。他知道什么时候说话，什么时候保持沉默，而且从不故意混淆视听。

尽管如此，罗杰·谢尔曼将政治视为"可能的艺术"。他了解民众的想法和感受，也清楚能带领民众走到哪个地步。他可以为了坚持自己的观点与人激烈争论，但是当他意识到没有胜算的时候，他会寻求另外的方法来达到目的：一个委员会，一份妥协方案，或者一个交易，只要能够挽回些损失，并且让事情顺利进行下去。他和华盛顿一样，都有一种罕见而伟大的品质：彻底的现实主义人生观，没有意识形态，没有教条思想。他可以讨价还价，可以妥协，可以耐心等待。如此一来，由谢尔曼提出妥协方案就显得顺理成章。而这一妥协方案最终挽救了制宪会议，并且建立了今日美国国会的雏形。

1776年，第二届大陆会议打算起草《邦联条例》，将新成立的美利坚各邦联合在一起。当时，谢尔曼就有这样的想法，依照不同的代表制度建立国会两院。当时的情形也一样，人口众多的大邦期望实行比例代表制，而小邦则坚持一邦一票制。在讨论《邦联条例》条款的过程中，谢尔曼指出即使比例代表制获得通过，三大邦也无法在议会中随心所欲，美利坚各邦中还是以小邦居多，小邦完全可以无视大邦的决定。这就是谢尔曼的实用主义：设计一个完全无法运作的制度到底有什么用？在明白比例代表制对大邦的重要性之后，谢尔曼提出了一个解决方案。根据1776年约翰·亚当斯的报告，谢尔曼说："表决应以两种方式进行：以各殖民地的名义和
133 以个人的名义，获得两种投票大多数的予以通过。"也就是说，如果一项法律要获得

通过,必须同时获得各邦投票的大多数和民众投票的大多数,民众通过其选举出的议会议员来投票。

依据两种完全不同的选举原则建立议会,这一想法在第二届大陆会议的那个时候实在太过惊世骇俗,因此没有在会议讨论。但是,谢尔曼不想放弃这个好点子。11 年后,他在制宪会议上旧事重提。我们前面提到,6 月 10 日星期天,在经历了前一天的紧张气氛之后,谢尔曼与威廉·佩特森等几位小邦代表见面聚会,讨论他的妥协方案。谢尔曼提议全国议会的一院依比例代表制建立,另一院则依每邦一票制建立。6 月 11 日星期一,谢尔曼向大会提交了他的方案,但是几个大邦对此却不感兴趣。因为大邦代表觉得他们的要求合乎逻辑,公平公正。最重要的是,他们能够得到足够的赞同票。宾夕法尼亚代表詹姆斯·威尔逊和马萨诸塞代表鲁弗斯·金(Rufus King)绕开谢尔曼的提议,称:“全国议会第一院的表决权不应该按照《邦联条例》规定的原则实施,而应该依据某种公平的比例代表制进行。”

在代表们准备投票的时候,本杰明·富兰克林站起来表示,对此问题,他也写了些看法。由威尔逊向委员会宣读了富兰克林的书面意见:“从比例代表制提出到现在,各位的辩论都很冷静,没有发脾气,这让我感到很高兴。”他想看到这样的情形能够继续下去,后面的讲话稍显冗长。在讲稿中,富兰克林提出了自己的一份妥协方案,该方案极其复杂并且不切实际。历史学家们都怀疑,富兰克林发表这篇讲话是不是仅仅在拖延时间,好让代表们的情绪缓和下来。不管富兰克林的讲话起没起到作用,之后全体委员会对拖延已久的下院比例代表制问题进行了投票,7 票 134
赞成,3 票反对,马里兰因代表意见分歧,赞成反对各半。大邦阵营胜券在握。

唯一跟随大邦投了赞同票的小邦,是康涅狄格。康涅狄格如此做的原因,是因为他们打算继续推行谢尔曼妥协方案:在下院实行比例代表制,在上院实行一邦一票制。因此,下院比例代表制问题投票结束后,谢尔曼很快就站起来表示应该继续投票决定上院的组建方式。“一切都取决于这个问题,”谢尔曼说,“小邦决不会同意除上院平等表决权之外,按任何其他原则形成的方案。”

但是 3 个大邦,再加上与其同一阵营的南方腹地各邦,要求在两院都实行比例代表制。大会直接进行投票,大邦以 6 票对 5 票的优势取得了胜利。

事情很明显,小邦决不会接受完全以比例代表制建立议会,那么为什么麦迪逊和他的盟友们还坚持这么做？其中一个原因，正如威尔逊所指出的那样，很多大邦的代表相当自信，认为只要大邦自行结盟，那么小邦很快也会被迫加入。与宾夕法尼亚贸易关系紧密的特拉华，很可能因此而被迫加入大邦的联盟。但是康涅狄格和罗得岛都相当独立，而纽约的领袖人物则对于任何不能占主导地位的联盟都不感兴趣。此外，代表们都很清楚，即使是在最好的环境下，让纽约和弗吉尼亚人批准宪法也不是件容易的事。后来，事实也的确如此。如果大邦建立的联盟行事有失公允，那么联盟的任务根本无法完成。詹姆斯·麦迪逊以及和他持有相同观点
135 的代表都错误地认为，大邦可以成功地自行结盟。为了能够以他们认为健全的原则建立联盟，部分大邦代表愿意冒这个风险。

这个时候，我们就能看到全体委员会这一设置的好处了。如果这是比例代表制的最终表决，就算没有大多数至少也有很多小邦代表会退出制宪会议。他们没有这么做，是因为大会当前是以全体委员会的形式进行。以比例代表制建立议会两院的方案虽然刚刚获得通过，但却仅仅只是委员会的“建议”而已。在全体委员会转变成大会之后，该方案将重新讨论重新表决。

6 月 13 日，代表们结束了对“弗吉尼亚方案”的讨论。“弗吉尼亚方案”被提交大会讨论。在麦迪逊及其盟友看来，“弗吉尼亚方案”通过了一次，就会通过第二次。后来的事实证明，这样的假设真是危险之极。次日，6 月 14 日星期四，新泽西代表威廉·佩特森站起来向大会提出：“有几个代表团，特别是新泽西代表团，希望大会能给他们更多的时间，认真考虑全体委员会提交的方案，整理出一份与之形成对比的完全联邦制的方案。”大邦与小邦之间的斗争，开始进入白热化阶段。

第十章　威廉·佩特森发起一场斗争 136

威廉·佩特森的性格中最鲜明的特点，就是讨厌没有规矩。因此，他的日常举止总是谨慎克制，一板一眼；他的政治信仰也是建立在“共和政府的第一条准则和职责就是遵守法律”这样的原则之上；在宗教原则方面，他对于放荡的痛恨程度远超过他对仁慈的热心：不管是在担任新泽西议会议员、新泽西地方行政长官期间，还是日后担任联邦政府最高法院大法官的时候，他对于轻视权威藐视法律的人，总是极力主张严惩。

在威廉·利文斯顿（William Livingston）担任新泽西地方行政长官的 14 年之内，威廉·佩特森一直和他保持着亲密的工作关系，但是貌似佩特森除此之外再也没有其他关系亲近的朋友。除了自己的孩子，佩特森与其他家庭成员的关系不算和睦。有一段时间，他的兄弟们总是向他借钱，然后胡乱花费。之后，佩特森就与他们桥归桥，路归路。佩特森是个工作狂，他可以把自己关在房间里不眠不休日以 137
继夜地读书。他不爱交际，这一点与华盛顿、富兰克林和汉密尔顿，还有其他许多宾夕法尼亚人完全不同。他很晚才结婚，似乎从不允许自己流露出年轻人的轻浮无忌。他年轻的时候，有个朋友与女孩交往时让对方怀孕，然后不得不与之结婚，这在当时真不算一件稀奇事。佩特森知道后，写信给两人一位共同的朋友：“我对不检点的人甚为反感，哪怕让其不检点的是我本人，我也不会和她结婚。”措辞严厉，老气横秋，听起来像一位上了年纪的老牧师，而不是一个年轻人。在新泽西担任检察总长的时候，他也起诉了很多通奸案件。

佩特森经常强烈抨击放荡不道德的行为，他曾说：“富人为奢华所困扰，变得柔弱，穷人则为奢华所诱惑。”在担任新泽西地方行政长官期间，他通过了一些法案，禁止新泽西民众玩台球，削减了新泽西酒馆的数量。在担任联邦政府最高法院大法官期间，无论是对普通罪犯，还是对暴动和叛乱犯，他都实施最严厉的刑罚。在审判1794年威士忌叛乱的两名犯人时，他最终让陪审团宣布有罪，随即当庭宣判罪犯死刑（华盛顿最后赦免了这两名罪犯）。威廉·佩特森的传记作家约翰·E.奥康纳（John E.O'Connor）曾说：“佩特森对威士忌叛乱的审判是站不住脚的……过去是，现在也是。”

尽管如此，佩特森还是有些古怪的可爱之处。乔治亚代表威廉·皮尔斯曾经简要描述过制宪会议各位代表的性格特点，他这样描绘佩特森：“他的进步裨益于他的天性，人人都对他赞不绝口。”据传记作家奥康纳所言，佩特森在新泽西非常受人爱戴。45岁之后，凡是他参与的职位竞选，他总是能当选。在制宪会议召开期间，他也能够与不同的代表愉快合作，比如行事谨慎的罗杰·谢尔曼，还有脾气急躁的路德·马丁。

138 佩特森1745年出生于爱尔兰，他的父亲理查德·佩特森（Richard Paterson）是一名白铁工匠，佩特森是4个孩子中的老大。1747年，佩特森2岁的时候，全家移民至美利坚，最终定居新泽西的普林斯顿。理查德·佩特森在普林斯顿开了一家杂货店，家境开始慢慢殷实。佩特森一家买了一幢宽敞的石屋，每一层都有好几个房间，家里还蓄养了3个奴隶。

佩特森家的房子和店铺，距新泽西学院只有咫尺之遥。因此，佩特森从小就感受到校园内知识分子高尚的爱国热情和向上的精神力量，而新泽西学院正是以此闻名。长大后的佩特森个头矮小，其貌不扬，看起来才智平平。

有钱人家一般都会送孩子上大学，理查德·佩特森显然并不属于这一阶层。但是新泽西学院就在家门口，大学生们天天在他的店里出出进进，詹姆斯·麦迪逊后来还在他的店里开了个账户。理查德·佩特森和他的儿子肯定都有过这样的想法，觉得威廉的才智并不逊于任何一个他们天天打交道的大学生。在佩特森14岁的时候，他获准进入新泽西学院学习。

在大学学习期间，佩特森决心打破壁垒，进入上流阶层。佩特森采取的方法很普通，他开始学习上流社会的礼仪、着装和谈吐，并且试图与他的贵族同学建立友谊。他的努力甚有成效：到他毕业的时候，和他交好的朋友有：马里兰的路德·马丁，一个农民的儿子；奥利弗·埃尔斯沃思（Oliver Ellsworth），来自康涅狄格的一个中产家庭；艾伦·伯尔（Aaron Burr），家境富裕，人脉深厚。但是这些贵族同学并没有真正地接纳佩特森。毕业后，佩特森写的信，他们也不经常回复。虽然佩特森一直保持着大学俱乐部的会员资格，但是他却在相当长的时间后才得以进入新 139
泽西政府担任公职。

但是佩特森至少在新泽西学院受到了良好的教育。1763 年，佩特森获得学士学位。1766 年，获得硕士学位。1769 年，获得新泽西律师职业资格。同时，他也学会了新泽西学院的精神要旨：带有爱国主义色彩的加尔文主义。爱国主义是佩特森硕士论文的主题，佩特森在论文中还提到了过往一些“充满男子气概、粗犷的美德”。

但是佩特森没能走上更大的舞台，也许是不够大胆，但部分原因却是因为没有背景。佩特森没有选择普林斯顿、特伦顿（Trenton）、纽约或者宾夕法尼亚开始律师实习，他去的地方是罕有人居的乡镇亨特顿县（Hunterdon）和萨默塞特县（Somerset）。由于业务少，佩特森为维持生活也像他父亲一样开了个杂货店。一位乡下律师，同时还是杂货店老板，一个乏味又孤独的单身汉，既没有发财致富，也没有功成名就的希望，这样的生活佩特森过了 6 年之久。直到 1775 年，佩特森 30 岁的时候，人们也并不觉得他将来注定是青史留名的人物。

但是 1775 年，美利坚发生的大事改变了一切。4 月，美利坚与大英帝国的冲突已经发展成了康科德和莱克星顿的流血事件。美利坚各邦都在考虑，下一步应该采取什么措施。5 月，新泽西召开地方议会，萨默塞特的农民们选举佩特森作为代表参加议会讨论。高级律师乔纳森·迪金森（Jonathan Dickinson）被选为议会秘书，他是佩特森大学时就认识的朋友。迪金森邀请佩特森做他的助手，佩特森接受了。之后不久迪金森辞职，议会秘书一职就落到了佩特森的肩上。威廉·佩特森一下子被推到了舞台的中央。

这样的事情在当时也很寻常。1775 年，美利坚人对从英国分离出来的主张感到痛苦，他们想要自己决定事情的发展方向。佩特森的想法也没什么两样，鉴于他 140
的性格，他原本可以轻易加入保守的托利党，让事情向另外一个方向发展。奥康纳说：“佩特森和他的（新泽西）同伴们作出独立的决定，并不是出于革命的爱国主义而作出的自由选择，而是在实在无路可走的情况下被迫作出的举动。”

作为新泽西地方议会的秘书，佩特森负责与大陆会议的书信往来，同时还要签署账单，在官方公告上署名。很快，佩特森的名字就在新泽西家喻户晓，甚至在其他各邦也小有名气。

《独立宣言》签署之后，原来的殖民地政府一夕之间土崩瓦解，美利坚各邦都急需重新建立新的政府。而佩特森在新泽西地方议会的工作表现，让人觉得他是一个聪明而又勤奋的人，既精通法律，又熟悉商业。佩特森的同僚们日益钦服他的能力，佩特森在以后的几次议会选举中被连续选为议会秘书，还被选举为新泽西第一届立法委员会委员。1776 年夏天，他被任命为新泽西总检察长。佩特森终于脱颖而出，不是通过关系，而是仅凭自己做出的功绩。

佩特森以总检察长工作繁重为由，两次拒绝在大陆会议中任职。但是少数学者认为他不离开新泽西的真正原因，是因为佩特森当时经营的律师业务正赚得盆满钵满(关于公职人员的公众义务与其本身利益的冲突，当时的看法与现在不同。佩特森一面担任总检察长，一面担任律师的做法是可以被接受的)。不管当时的情况如何，佩特森出色地履行了总检察长的职责，起诉托利党人，起诉通奸者和债务人。独立战争接近尾声的时候，佩特森已经是新泽西备受尊敬的人物，而且富甲一方。

那么，我们如何认识参加制宪会议的佩特森呢？显然，首先，佩特森在思想方
141 面远逊于华盛顿、麦迪逊等人。他没有加入过大陆军参加战斗，也没有在邦联议会中与不服从征税命令的各邦斗智斗勇。佩特森的一生，几乎都在新泽西度过。比起那些参加战争并在政府中任职的人，他更加忠实于自己所属的邦，佩特森在制宪会议上展示出的就是对于新泽西邦的忠诚。

并不是所有参加制宪会议的代表，在参加会议的时候会时常记得家乡的民众，但是佩特森却时刻将新泽西民众记在心中。他在 6 月 9 日的发言中曾说：“我们必须跟随人民，但是人民却不会跟随我们。”6 月 16 日，他还说：“我来这里并不是要表达我自己的观点，我要表达的是让我到这里来的人们的观点。”

其次，不管是天性，还是后来接受的教育，都让佩特森极度维护法律的神圣不可侵犯。1776 年年初，佩特森顶住战时的各种压力，奋力支持政府确立一位强有

力的行政长官。他曾说:“在现在这样混乱的战时状态之下,我们更加需要一位行政长官,而不是议会的权力。”佩特森是一个彻头彻尾讲究法律与秩序的人:公民权利、自由,在他的政治哲学里,都比不上一个稳固的政府来得重要。佩特森将制宪会议视为一个机会,借此来肃清社会的放纵行为,找回久已被人们遗忘的勤俭节约的古代美德。如同戈登·伍德(Gordon Wood)所说,制宪会议将会成为杰出人物要去攻克的防护墙。

第三,威廉·佩特森像参加会议的许多代表一样,即使不是大多数,对于财产有着一种宗教般的尊敬。个人对于财产的权利是不可侵犯的,佩特森律师执业期间,代理了众多债权人起诉债务人的案件。和当时的其他政治思想家一样,佩特森认为在共和国中,人们只有获得经济上的独立才能完全自由。这对当时的美利坚人来说,经济独立就意味着拥有自己的农庄。接下来,这也意味着契约不容违背,因此那些狡诈之徒不能借此而剥夺别人的财产。

但在佩特森的这些观点中,存在相互矛盾之处。因此在参加制宪会议期间,佩
特森经常处于两种观点的拉锯战当中。一方面,他忠于新泽西,害怕给予全国政府 142
太多的权力,因为政府可能为大邦所控制。另一方面,他讨厌混乱,希望看到一个稳固的全国政府主持大局,在管理国家方面能够比现有政府做得更好。新泽西的贸易往来必须通过宾夕法尼亚或者纽约,不仅这两个邦要征收赋税,中间商也要从中榨取利益。新泽西,就像那句话说的,“就像一个两头都装了水龙头的啤酒桶一样”。这样一来,一个强有力的全国政府可能成为新泽西最好的保护伞。因为全国政府会接管税收事务,然后将税收收入用于各邦共同的福利。但是,如果政府为大邦所垄断,那么一个强有力的中央政府就不会保护新泽西的利益,这一点也至关重要。

因此,6 月 14 日星期四上午,如我们所见,佩特森站起来,请求大会休会,以便“几个代表团”可以有更多的时间来“仔细考虑”“弗吉尼亚方案”,然后“整理出一份完全符合联邦原则的方案”。他同时还说,希望明天能够拿出这样一份方案提交大会。

佩特森所说的这番话,显然并不仅仅只代表他个人的意见。佩特森扮演了小邦代表发言人的角色,这些小邦代表都害怕成立一个为大邦所垄断的新政府。我们不清楚具体都有哪些代表参加了小邦发起的这场会议,但是其中肯定包括佩特

森和罗杰·谢尔曼,还有激进的邦权主义者、马里兰代表路德·马丁。参加会议的还有特拉华代表约翰·迪金森或者乔治·里德两人中的一人(也许两人都参加),他们基本上赞成建立一个强有力的政府,但是同时又顾虑到特拉华的领土面积。还有纽约代表约翰·兰辛和罗伯特·雅茨两人中的一人(或者两人都参加),他们
143 认为纽约最好置身事外,并且不希望看到大会在建立全国政府方面取得成功。参加小邦核心会议的,很可能还有其他新泽西和康涅狄格的代表。

小邦阵营中包括了新泽西和康涅狄格,这两个邦的人口总数都和南卡罗来纳差不多。但是大邦和小邦之间的战线划分得并不清晰,乔治亚虽然人口总数在各邦中算是最少的一个,但是却加入了大邦的阵营。导致形成两个阵营的原因,首先是因为小邦阵营中除了纽约之外,地理面积都很小,而大邦阵营的各邦,地理面积则相对较大。当时流行一种看法,认为大量人口将迁往无人居住的地带。于是拥有空置土地的各邦认为在不久的将来,他们无论是在人口还是在土地面积方面,都将与大邦并肩。如同我们今天所见,这一看法并不正确。但是当时的美利坚人都深信不疑,因此人口稀少土地广袤的乔治亚和南、北卡罗来纳都相信他们将来也会成为大邦。

其次,除马里兰之外,所有的小邦几乎都位于北方。马里兰处于南北交界处,部分领土位于南方。而南部腹地的3个邦,且不论他们还有什么别的考虑,他们都很担心制宪大会由北方阵营占据主导地位,从而可能在奴隶问题上对他们横加干涉。

最后,在大邦和小邦的冲突当中,还混杂着各邦的权力问题。也就是说,各邦要把哪些权力交出来,移交给全国政府管理。这对各邦来说,可不是一回事:部分如佩特森这样的小邦代表,希望建立一个强有力的全国政府,来保护小邦的利益不被大邦侵占,前提是全国政府不为大邦所垄断。但是其他小邦代表并不这么想,尤其是罗杰·谢尔曼,他认为各邦有各邦的“精神”或者特点,各邦只能通过议会在政府中表达意愿。只有各邦的地方议会才真正知道,什么才是对其选民最好的东西。
144 因此,给予全国政府的权力只能限于平叛、国家安全防御,以及规范各邦间的贸易往来。

谢尔曼是小邦阵营的领导者之一,其他两位主要人物分别是佩特森和路德·

马丁。值得一提的是，这3位代表都是由平民阶层上升到今天的地位。与会代表中有4—5位是从小在农场中长大，而谢尔曼和马丁就是其中的2位。而佩特森，则是一位杂货店老板的儿子。这并不是个完全偶然的现象，几位出身平民的代表团结在一起，共同对抗来自富裕大邦的贵族代表，因为这些大邦代表意图掌控大局。

在小邦发起的与大邦的对抗中，小邦代表都是临时建立的联盟，且各成员的动机也大相径庭，有时候还会依据错误的假设来进行。这样一来，6月14日和15日，小邦阵营提出的建立全国政府的计划就像一锅大杂烩，每位代表的意见都有一些。这份计划被命名为“新泽西方案”，因为该计划是由新泽西代表佩特森发起并且当众宣读的。在“新泽西方案”中，权力主要集中于全国议会，这一点与“弗吉尼亚方案”相同，但是议会只有一院，而且建立在每邦一票表决权的基础上。执行委员会由议会选举后成立，其成员经多数地方行政长官的同意方可调整。最高法院由执行委员会任命，负责对联邦官员的弹劾，处理涉及外国人和外国政府的案件，以及因政府征税和规范贸易而引发的问题。“新泽西方案”允许全国政府征收进口税，这就意味着剥夺了马萨诸塞、纽约和宾夕法尼亚的征税权，并将之移交给全国政府用于各邦共同的福利。“新泽西方案”同意新国会依据各邦人口向邦政府征收赋税，在获得不特定多数邦的同意之后，必要时可以使用武力。最后，方案提出全国
议会通过的所有法案都将成为“各邦的最高法律”，并且授权执行委员会使用武力 145
迫使“各邦遵守（全国议会通过的）法案”。

大致看来，“新泽西方案”提议建立一个相对强有力的政府，但是和“弗吉尼亚方案”相比，却赋予了各邦更多的权力。根据《1787年联邦制宪会议记录汇编》编者麦克斯·法兰德所言，“新泽西方案”“几近于大多数代表来之前所设想的大会内容”。但是由于制订方案的代表们着眼的利益不同，为了满足小邦代表各自的要求，“新泽西方案”的漏洞很多，引起异议的地方也不少。而且，有代表怀疑，该方案在实际操作中是否可行。约翰·康纳德曾说，“新泽西方案”不过是用于掩护议会每邦一票制的借口。那么，我们可以把“新泽西方案”看作小邦代表匆忙之下拼凑而成的一份契约。小邦代表可以以此为基础同大邦斗争，而大邦代表也可据此确定比例代表制的标准。

146

第十一章　争斗加剧

6月15日，佩特森向大会提交了“新泽西方案”。6月16日，大会开始讨论时，代表们分为两派争论“弗吉尼亚方案”和“新泽西方案”各自的长处。而争论的基本议题，则是新的全国议会应该建立在比例代表制，还是像当时正坐镇纽约的邦联议会一样，建立在一邦一票的原则之上？

在制宪会议的讨论过程中，一个议题当中往往穿插着数个相关的议题，这次也不例外。与此相关的第一个问题就是：为什么国会一定要由两院组成？依据《邦联条例》建立的邦联议会就只由一院组成。

这一问题并没有很适合的答案。英国议会由两院组成，当时已经延续了数百年。在17、18世纪美利坚殖民地政府最早成立的时候，议会也是由两院组成的。因此，在美利坚独立后，各邦开始组建各自的政府时，几乎出于习惯使然，也大多选
147 择了两院制。“上院”的成员是一群经验丰富机敏多智的人，其目的在于对“下院”成员的过激言行起到某种程度的制约作用。在此方面，上院的作用就如同英国议会的上议院一样。

但是，并不是所有的代表都倾向于建立一个两院制的议会。邦权主义者期望建立的政府是由独立的各邦组成的联盟，而不是一个联合政府。他们觉得议员所代表的不应该是社会派别，而应该是他们各自所属的邦。这样一来，议会设立两院也就没什么必要。而詹姆斯·威尔逊和查尔斯·平克尼这样的极端民主主义者，则认为议会应该代表人民的利益，不管是富人还是智者，没有人可以抑制民众的意愿。反对议会两院制的代表显然只有极少数，绝大多数代表都赞同建立两院制的

议会，并且上议院议员应由目光远大、年长的政治家担任。然而，这一主张中却有一处错误：在如何辨别真正有智慧的人这个问题上，没有人能够一直作出正确的判断。当时美利坚的大多数邦实施的都是两院制议会，事实上，投票人选举到上议院的议员，和他们选举至下议院的议员基本没什么区别。因此，如何保证上议院的议员是当时最杰出的人物呢？

当时一些邦政府的解决办法是将上议院的席位保留给有钱的人，即上议院的议员从相对富有的人中选举产生。这一做法背后隐含的理论是，富人在社会中拥有实质性的利害关系，并且不会有蓄意从事危险活动的倾向。

如果穷人在政府中占统治地位，那么他们会从富人手中夺取财富并且予以重新分配；如果富人在政府中占统治地位，那么他们会推行让人感到害怕的贵族政
治。因此，如果顺着这条思路往下走，就是将富有的人置于上议院，让普通民众在 148
下议院中占据主导，彼此之间相互制约。

古弗尼尔·莫里斯明确地阐述了这一方法，并且满怀中肯地将之提交大会讨论。古弗尼尔对此有一套完整的主张，听起来很有吸引力，如果他能获得足够的支持，那么他的主张将对美国的未来产生巨大的影响。

古弗尼尔·莫里斯是制宪会议上最具个人魅力的代表之一。在同时代的人们眼中，古弗尼尔是当时最为杰出的人物之一。华盛顿素有识人之明，在独立战争期间让古弗尼尔负责大陆军的经济支撑和后勤供应，充分发挥出古弗尼尔的才干。战后，华盛顿又指派古弗尼尔与英国和法国在众多事务方面进行协商。但是从另一方面来说，古弗尼尔行为放荡，与女人的花边新闻闹得众人皆知，而且对于他人的规劝也总是不以为然。古弗尼尔是一个能干的商人，把自己继承的一份不算丰厚的遗产经营成了一笔不小的财富。除此之外，古弗尼尔还是一个敏锐的政治家，了解妥协的价值，可以找出人们都能够接受的方案。

1790 年，在华盛顿任命古弗尼尔为驻法国公使的时候，罗杰·谢尔曼称从未听说“古弗尼尔辜负过别人的信任，或者听说他缺少诚实的品质”，但是：

> 考虑到他的品性特点，我认为他是一个没有宗教信仰的世俗之人。他并不虚伪，从不假装自己信仰宗教。他觉得宗教甚为荒谬，并且在他的

> 言辞中多有不敬。我认为，公众从古弗尼尔这样的人身上获得的安全感，肯定比不上一个信仰虔诚忠实可靠的人——古弗尼尔这样的性情，就是一个绝佳的反面教材。

制宪会议其他代表对古弗尼尔的看法，和谢尔曼差不多。于是，古弗尼尔的意见对其他代表的影响，并没有达到应有的程度。基本上，古弗尼尔在制宪会议期间
149 就像一匹孤独的狼。虽然他经常站起来发表激情四射的演讲，但是却从未像麦迪逊、威尔逊或其他代表那样，能够完全说服与会代表同意他的观点。

制宪会议期间，古弗尼尔因前往纽约处理事务，整个6月都缺席会议。等他返回重新参加会议时，显然已经跟不上大会的思路了。尽管如此，7月2日，古弗尼尔站起来就建立上院的问题发表了长篇演讲。他在演讲中称，建立上院的目的是“防止第一院的轻率鲁莽、反复无常和行为不当”，特别是防止在保护人身自由、私有财产不受威胁方面的权力滥用。古弗尼尔的这一观点，得到了大多数与会代表的支持。

然后，古弗尼尔继续强调上院的参议员“必须拥有可观的个人财产……并且富有贵族精神；必须是出于自豪而统领一切……参议员实行终身制”。根据麦迪逊的记录，古弗尼尔后面发表的言论更加令人瞠目结舌：参议院“届时将会行差踏错，有人会这样说。但是古弗尼尔相信就应该如此，并且他也希望如此。富人会努力占有统治地位，并且奴役其他阶层。过去，他们是这样做的；将来，他们也是如此。而防止富人如此的适当安全的做法，就是将他们编为单独的利益团体。这样一来，两种不同的势力就会相互制约”。古弗尼尔继续说道：“不论是在商业社会，还是议会两院中，如果任由富人和穷人杂处其中，那么富人就会建立寡头政治。”也就是说，占席位少数的富人无论是在议会的哪一院，都会使用权力、威望或者直接通过贿选，在议会中形成统治地位。古弗尼尔认为，防止富人在议会中占统治地位的唯一方法，就是让富人自成一院，而另一院则由平民组成，以此来保护普通民众的利益。

先不谈这一计划是否具有实际操作性，单单计划本身就已经足够惊世骇俗。古弗尼尔试图在政府结构中，建立现代政治科学家称之为阶级斗争的模式，以期对其实行限制和控制。然而，在任何情况下，古弗尼尔都不可能获得其他代表的支

持。对于大多数与会代表来说，一个完全由富人组成的上院与英国的贵族政治实在太过相似，而这种贵族政治恰好是他们付出巨大的代价之后才刚刚得以摆脱的。 150
他们的意见与华盛顿一致。会后，托马斯·杰斐逊曾问华盛顿为什么制宪会议会建立上院。“为什么？”华盛顿反问道，“你会把咖啡倒进碟子里？”

“为了让咖啡变凉，”杰斐逊答道。

“正是如此，”华盛顿说，“我们将议会放入参议院的碟子里，让它变凉。”

换句话说，大多数与会代表都希望能找到方法建立一个由智者组成的上院。在排除了参议员人选由富人担任的方法之后，代表们采纳了另一种方法，即“弗吉尼亚方案”中提出的：下院由民众选举产生，上院由下院议员选举产生，期待下院的议员能够了解哪些是全国最有智慧的人物。

这一方案最早是在5月31日提出的，但是罗杰·谢尔曼立即提出反对，谢尔曼希望两院的议员均由各邦议会选举产生。他认为，“民众目前对建立政府的事还插不上手。他们信息闭塞，经常被人误导”。谢尔曼的这种观点是其主要的认知障碍，这也是其他出身于低层的人所共有的想法：民众是不可信任的，他们不知道什么对他们来说是最好的。这也同各邦的权利问题相关：如果全国政府的基本目的是表达各邦政府的意志，那么全国政府就应该由各邦政府选举产生。而这也是谢尔曼的观点之一。

但是麦迪逊在这一问题上，却始终坚持自己的看法。他将全国议会议员如何选举的问题，至少在理论上，与比例代表制议题联系在一起。“全国议会至少有一院必须由人民直接选举产生”，这是“建立一个自由政府的明确原则……而这样做带来的另一项好处就是保证选出更好的议员，同时避免各邦政府在首府的代理机构过于庞大”。各邦政府是推行价格限定法和货币法的始作俑者，而债务人则通过 151
上述法律来欺骗债权人。如果他们控制了全国议会，那么他们是不是也会做同样的事？最后，麦迪逊再次提到一个多样性大国的种种优势：由整个共和国的民众选举出来的议会，可以导致派系的发展受限，因此能够避免他们在议会中形成大多数，以此来奴役少数派。

在上院实行比例代表制，会造成上院议员人数众多。6月7日，代表们提出一些建议来解决这一难题。其中一项建议是小邦可以与大邦结合形成一个单一的选区，比如特拉华和宾夕法尼亚。不用说，小邦并不赞同这一提议。他们认为，这样的话肯定是宾夕法尼亚人被选中，而特拉华人被拒之门外。

最后，大会在下院议员如何选举这一问题上未能达成一致。不过，6月7日，全体委员会却一致同意上院，也就是参议院，由各邦议会选举产生，而不是直接由人民选举。这是邦权主义者的胜利，这一结果对詹姆斯·麦迪逊来说可能也是一个信号，说明多数代表都对小邦的处境和邦权主义者抱以同情的态度。麦迪逊或许应该设法解决这一状况，但是他却没有。

6月15日，威廉·佩特森向大会提交了“新泽西方案”。6月16日，纽约代表兰辛和佩特森都发表冗长的演讲，支持“新泽西方案”。兰辛的主要观点是，“弗吉尼亚方案”大大超出他们的认知范围，这是他们来费城之前完全没有想到的，该方
152 案永远不可能在纽约获得通过。而佩特森提出的主要论点是，一邦一票的表决权是邦联制定的法律。根据《邦联条例》细则，未征得13个邦全体一致的同意，不得作任何更改。

麦迪逊一直在等待时机。直到6月19日，麦迪逊才针对“新泽西方案”发表了长篇演讲，论述充分，令人信服。麦迪逊的辩论，紧紧围绕一点展开，那就是“新泽西方案”无法解决当前存在的问题，而解决当前的问题才是制宪会议的目的所在。“新泽西方案”的缺陷和《邦联条例》太过相似，如果采纳该方案，那么美利坚将陷入目前同样的困顿之中。在演讲的最后，麦迪逊恳请小邦代表想想：如果固执己见导致大会功败垂成，会有什么样的后果？设想一下，如果最后没有形成统一的联盟会如何？显然，如果没有全国政府的保护，小邦面对强势邻邦的虎视眈眈，其处境只会更加危险。如果大邦之间自行结盟，正如詹姆斯·威尔逊早已威胁过的那样，又会如何？假如小邦最后还是决定加入大邦的联盟，那么届时大邦向小邦“强求的苛刻让步”，不会少于他们在大会所提议的。

詹姆斯·麦迪逊是正确的。“新泽西方案”无法解决现任政府面临的各种问题。麦迪逊不相信小邦代表看不出这一点，不相信他们会不听劝告。

但是其他一些代表却认为，在这个问题上，小邦代表永远听不进劝告。6月16日，在麦迪逊发言之前，查尔斯·平克尼就曾经坦率地说：“只要同意新泽西拥有平等投票权，那么她就会打消顾虑，加入全国政府的组建当中。”但是，大部分代表还

是赞同麦迪逊的见解。6月19日，麦迪逊发言完毕之后，代表们就主张平等投票权的“新泽西方案”和主张比例代表制的“弗吉尼亚方案”进行投票。7票赞同“弗吉尼亚方案”，3票赞同“新泽西方案”。3个大邦与南方腹地各邦的联盟稳操胜券。

“弗吉尼亚方案”由全体委员会修改后再提交大会讨论，这次投票使得该方案终于完整地呈现在大会代表面前，而整个方案都将被重新讨论。这场斗争的下半 153
场是由邦权主义者纽约代表约翰·兰辛发起的，他提出的议案否决了有关建立议会的整体方案，但却与依《邦联条例》建立的当前议会模式大同小异。兰辛在6月20日的发言中继续强调，小邦永远不会放弃自己的主权。即使他们放弃，“弗吉尼亚方案”的内容“太过标新立异，太过复杂”，难以奏效。

在兰辛发言之后，罗杰·谢尔曼发表了看法，但是言辞却缓和多了。谢尔曼认为议会没有必要设立两院。现任政府的问题并不是其行为愚蠢或者对个人自由构成威胁，而是政府无法实施政令。谢尔曼指出，在当前议会当中，大邦也没有因为小邦享有平等投票权而遭受损失。这一点在之前，似乎从未被人提及过。因此，谢尔曼总结道，现任政府并不需要进行大刀阔斧的改革，当务之急是制订方案，解决政府筹款和政令执行问题。然后，他继续说道，尽管他更加青睐依平等投票权建立一院制议会，“如果席位分配的难题没有别的办法解决，他也会同意设立两院，其中一院的席位按比例分配，但是另一院必须依平等投票权设立”。

谢尔曼再次提及了他的妥协方案，但是大邦代表依然不感兴趣。代表们重新讨论第一院议员应由民众选举产生，还是由邦议会选举产生。这一次，由民众直接选举的议题获得了通过，只有新泽西代表以及激烈的邦权主义者路德·马丁投了反对票。在接下来的几天中，代表们开始讨论其他问题。直到6月27日，大会的议题又重新回到第二院的选举上面。

会议进入到关键阶段。小邦代表早就表示愿意接受在议会第一院中按照比例分配席位，只要他们在第二院中享有平等表决权。此时此刻，小邦联盟需要做的， 154
就是将其意见充分合理明确地表达出来。回顾一下大会的过程，我们可以清楚地看到小邦联盟早已拥有这样的表述。此时，他们只要投票促使大会通过“康涅狄格妥协案”，避免该方案在大会中湮没即可。但是，他们当时却选择了路德·马丁来完成这一使命。

155 第十二章　路德·马丁和错失的机会

毫无疑问，路德·马丁是参加制宪会议代表中最让人好奇的一位。这也许是因为他的名字和后来那位著名的宗教领袖一模一样。

马丁的家族世代务农，在美利坚殖民地已经历经数代。让我们按时间顺序简略地回顾一下美利坚殖民地的历史。要知道，到 1787 年，英国人已经在美利坚的土地上繁衍了 170 多年。部分代表的曾曾曾祖父母出生于美利坚，而且早在百年前就过世了。许多像马丁家一样的农户，在其祖父耕作过的田地上劳作，把鲜花摆放在祖辈的墓碑前，而这些墓碑经历了 150 多年的风吹日晒，早已青苔密布。他们并不是这片土地的新居民，他们的祖祖辈辈在烈日下，在酷寒中开垦荒地、建造谷仓，并且最终埋骨于此。因此，他们对于自己的国家才拥有那么强烈的爱国情绪。
156 他们的所思所想，他们的劳作方式，和他们的祖辈如出一辙。这不仅让他们产生了强烈的爱国情绪，同时也让他们形成了一种保守主义的思想，促使他们继续按照祖辈的生活方式生活下去。

路德·马丁出生于新泽西边远地区的一家农户，家里有 9 个孩子，路德·马丁排行第三。路德·马丁小小年纪就显露出不凡的才华，因此在 12 岁的时候，家里送他去读文法学校。他的两位兄长则留在家里种地，挣钱支付他的学费。路德·马丁长大后继承了一小块土地，他把土地转给两位兄长作为补偿。这一点，路德·马丁和他的朋友兼盟友威廉·佩特森不同。有一次，佩特森给他的兄弟一笔钱，他的兄弟胡乱花掉了。之后，佩特森就和他们断绝了关系。

马丁在文法学校学习了 5 年后，于 1763 年被普林斯顿大学录取，当时还是新泽西学院。在普林斯顿学习期间，马丁身边的同学都是有钱人家的子弟，他们将来都是大型庄园的继承者，并且将在法庭、地方议会甚至邦议会中任职。这样一来，马丁和同学佩特森成为好友也就没什么好奇怪的。当时大学社交圈子以贵族子弟为主，而他俩同病相怜，都被排除在外。像马丁和谢尔曼这样的孩子，从小在牛棚和玉米地里长大，他们对身边的贵族子弟抱有何等想法？毕竟这些贵族子弟从小所过的优裕生活，是马丁这样的农村孩子无法想象的。我们只能猜测在他们心中，或许嫉妒、恼怒和羡慕兼而有之。这是因为，这些贵族子弟组成的圈子，马丁和谢尔曼无法融入。

但是马丁确实才华过人。他总是班里的前几名，语言表述流畅，记忆力惊人。马丁一边教书维持自己的生活，一边开始学习法律，后来他搬到了巴尔的摩(Baltimore)。1778 年，马丁还不到 30 岁的时候，马里兰邦宣布独立并且开始组建新政府，马丁申请了政府中总检察长的职位。当时，他并非任职的最佳人选，但是他前 157
面有很多合适的人拒绝了这一职位，于是马丁最终成为了马里兰邦的总检察长。同他的朋友佩特森一样，由于战时律师短缺，再加上战争造成的混乱，马丁的社会地位急遽提升。同样地，他也开始接受私人委托打官司，不过他接受的案子大部分都是海事方面的。马丁还在马里兰的一个骑兵连里当过兵，并且参加了在弗吉尼亚境内发起的一次突袭，不过却毫发无损。据传记作家保罗·克拉克森(Paul Clarkson)和 R.塞缪尔·杰特(R.Samuel Jett)所言，由于开庭前准备工作充分，再加上法庭上的辩论技巧，至独立战争结束的时候，马丁已经是马里兰最有名最受人尊敬的律师了。

与此同时，马丁如堂·吉诃德般的各种怪异行为也与日俱增。他经常喝得酩酊大醉，并且外表邋遢，让朋友们无法忍受。克拉克森和杰特是这样描述的：

> 他的衣服总是乱糟糟皱巴巴，过时的荷叶边袖口缀满蕾丝，布料昂贵，但却总是脏兮兮的。每天他都穿着这样的衣服在街上慢慢行走，从办公室或者酒馆到法庭，然后再走回来。手里总是拿着一本书，由于近视，他的脸几乎都埋在书里。巴尔的摩人曾经说过他的一则逸事，有一次马丁在街上不小心撞到一头母牛，他礼貌地对牛鞠了个躬说了声对不起，然

后心不在焉地继续往前走。

几年后，据约瑟·斯托瑞(Joseph Story)的描述，马丁“中等个头，微秃，平平的额头，尖鼻，没有表情的眼睛，大嘴，下巴弧度优美，衣着邋遢”。威廉·皮尔斯在描述与会代表时，称马丁“掌握了大量信息，但是表述起来却糟糕透顶，冗长啰嗦，他的每次发言对代表们来说都是对耐心的考验”。看来，马丁是个讲起来就没完的人。

显然，在参加制宪会议期间，马丁依然嗜酒如命，有时候都把自己喝成了街头
158 一景。当然，那个时候人们喝起酒来毫无节制，人人无酒不欢。人们认为，绅士应该既善饮又能保持自己的清醒。但是，马丁的举止显然已经远远超出了得体的范围。

尽管如此，在马里兰，马丁还是很受人们爱戴，不仅仅是由于他维持住的基本尊严，也是由于他在法庭上的出色表现。马丁是个宽厚的人，他总是对需要帮助的人慷慨解囊。虽然他打官司挣了不少钱，却总是一贫如洗。马丁工作勤勉，研究起案子来孜孜不倦。马里兰人选择马丁来参加制宪会议，是因为他们相信马丁会做好充分的准备并在讨论中表现出他的过人才华。当然，他们也相信马丁能够运用他的辩论技巧，保护小邦的利益。

路德·马丁关于保护小邦权益的情感，实在让人无法理解。在维护小邦权益问题上，他毫不屈服，从不妥协。在提及这一问题时，他始终言辞激烈。对于他来说，这是个原则问题。他的朋友佩特森同样下定决心要保护小邦在新政府中不被大邦吞并，但他至少还愿意妥协。而马丁，根据宪法学者马克斯·法兰德的研究，是抱着“意图阻挠和坚决反对的决心”来到费城。当制宪会议的意见与其相左时，马丁回到马里兰，发起斗争，极力阻止批准宪法。马丁如此热心维护小邦权力的动机何在？部分学者认为，这是因为马丁唯塞缪尔·蔡斯(Samuel Chase)马首是瞻。塞缪尔·蔡斯是马里兰最有权势的政治家，他和他的支持者们出于种种原因，不希望看到一个强大的全国政府出现。菲利普·A.克劳尔(Philip A.Crowl)对此进行过仔细研究，他称同时代的人称马丁“是蔡斯任命的官员之一，蔡斯1778年任命马
159 丁为总检察长，并且推荐马丁作为马里兰代表参加制宪会议”。但是，由于马丁在

争取小邦利益时表现出来的热心，使得这一议案成为他个人的事宜。

马丁如此激烈地反对国家主义者的主张，可能是他古怪的个性使然。路德·马丁特立独行，与众不同，他的各种奇怪举止经常因酒精的作用而加剧。举个例子来说，他极力主张小邦的权力，在何种程度上是缘于对弗吉尼亚、南部腹地各邦以及宾夕法尼亚那些风度翩翩的绅士们的怨愤？我们甚至可以猜测，马丁，也许还有其他出身不高的邦权主义者，其中尤以佩特森为最，在小邦和大邦的争斗当中，带入了相当一部分阶级感情。

我们能够完全确定，马丁参加制宪会议的目的，就是决心誓死保护小邦的主权，特别是他个人的尊严。6 月 9 日，路德·马丁到会。到会后，依据个人习惯，他先是拿到了先前会议讨论内容的所有抄本。由于第二天是星期天，马丁请求大会秘书威廉·杰克逊打开议会大厦的大门，仔细阅读了所有会议记录。在随后的几天里，马丁对之前会议讨论的内容进行了认真研究。然后，在 6 月 27 日，他站起来发言，讨论在下院是实行比例代表制还是每邦一票制。

马丁维护小邦利益的行为是出于自愿还是受命于人，我们无从得知。也许仅仅是他内心深处纠结的情感，促使他作出这样的举动。但是，马丁的发言也许只是小邦行动计划的一部分。因为在此之前，纽约代表兰辛和新泽西代表乔纳森·戴顿(Jonathan Dayton)提出在下院实行每邦一票制。显然，由于他在法庭辩论中的杰出表现，小邦代表决定由马丁进行主要发言。

不管是谁作出的这个决定，这都是个重大的失误。那天天气很热，由于连日来 *160*
大邦与小邦在席位分配问题上的纷争，与会代表精神都高度紧张。马丁站起来发言，他不停地说啊说啊，冗长又啰嗦，他的声音回荡在会议室中，最后散落在门外的灌木丛中，消失不见。我们无法确切地知道他当时是否喝醉了，不过对制宪会议最有研究的历史学家马克斯·法兰德却肯定地说，马丁当时的确喝多了。我们知道马丁曾经坦言天热的时候喜欢多喝几杯，“补充流汗损失的体力”。马丁发言的时候，下面的代表频频打着哈欠，不停在椅子上动来动去。马丁的发言持续了 3 个小时，直至大会休会时间才结束。在听到马丁表示第二天还将继续发言时，代表们都觉得生无可恋。而马丁也如他所言，第二天继续发言 3 个小时。

在 6 月 28 日的记录中，麦迪逊写道：“马丁先生的发言内容极其分散，而且言辞激烈。”麦迪逊和马丁是政治对手，彼此私交平平，这样说也不足为怪。但是罗伯特·雅茨可是与马丁同一阵线的战友，他在自己的记录中，称马丁的辩论“太过分散，很多时候前后不连贯”，因此无法“形成系统的，有条理的建议”。

不过，马丁在发言的最后还是表明了自己的主张。但是，不像麦迪逊、威尔逊和其他代表，他的发言并没有建立在对于自然权利和人性的呼吁之上。马丁是一位律师，他看问题总是从法律的角度出发，他将各邦视为主权实体，并对此深信不疑。各邦，而不是民众，才是社会制度建立的基石。民众必须通过邦政府来指导全国政府的方向，而全国政府也必须通过邦政府来管理民众。由于民众是“平等”的，那么各邦之间也是“平等”的。从逻辑上来说，各邦应该拥有平等表决权。

161 对于马丁来说，各个邦是现实的存在，不容被摧毁。实际上，他是一个纯粹的邦联主义者：他认为全国政府是，也应该是由各邦出于各种特定目的而加入的组合体。民众将权力授予邦政府后，在未获得邦政府同意的前提下不得收回。新的全国政府，属于各邦而不是民众所有。如同谢尔曼在前面说过的那样，他认为现有的政府并没有作出错误的举措，其缺陷在于没能力将良好的政令推行开来。而且平等表决权也没有对大邦造成灾难性的后果，但是反过来说，比例代表制则会将小邦推入被奴役的命运。

在马丁的长篇大论中，常常旁征博引些约翰·洛克和古代社会学家的名言。这篇激情洋溢辞藻华丽的演讲，很容易打动组成陪审团的普通民众。但是参加制宪会议的代表可不是一般的普通民众，马丁的演讲没给他们留下深刻的印象。就演讲本身而言，时间的长短也不是问题。在电视还未问世，观赏性体育运动也不多的年代，演讲本身就被视为娱乐方式之一。汉密尔顿发表的关于建立英国模式政府的演讲足足有5个小时，代表们照样听得聚精会神。但是马丁的演讲内容混乱糟糕，而且无趣。后来，马丁的大学同学，康涅狄格代表奥利弗·埃尔斯沃思(Oliver Ellsworth)写了一封不太友善的信给马丁，称他的发言“可以持续2个月，只要你转开窘迫的眼睛，假装没看到双方代表的疲惫和毫不掩饰的厌恶”。

在马丁慷慨陈词的时候，佩特森、谢尔曼、迪金森，还有其他小邦阵营的代表是何感想也就不难猜测了。但是他们什么也做不了，一切都太迟了。马丁发完言坐下后，小邦代表们只好继续做些扫尾工作。谢尔曼作了一个简短有力的发言，称

“问题并不在于哪些权利自然属于人民，而在于这些权利如何在社会中得到最为平等而有效的保护。如果一些人要比另一些人放弃更多才能达到这一目的，那就不可能不引起抱怨。假如换一种办法，要求各方都作出同等的让步，如果这样做会对某些人的权利造成威胁，那么我们将来就会因为方法的不同而牺牲我们想要达到的目的”。但是国家主义者却不愿意放弃。威尔逊、汉密尔顿，还有麦迪逊都相继发言，坚决拥护比例代表制。他们将之前的基本观点又重新表述一遍：在一个以民众为基础的政府中，平等表决权不仅不公平，而且不合逻辑，如果小邦任由大邦自行结盟而不加入，那么他们将会犯下巨大的错误，等等。之后，各方代表准备开始就此投票表决。这时候，本杰明·富兰克林为了平息代表们的激动情绪，缓和大会的紧张气氛，再次发言。不过这次，他只是提出“上帝主宰人间的一切事务”，因此大会应该向上帝寻求帮助，建议每天开会之前先进行祈祷。谢尔曼对此表示附议。但是其他代表都不感兴趣，于是富兰克林的提议没有被采纳。 162

6月29日，代表们投票表决下院席位的分配问题，大邦小邦阵营鲜明。在第一院的平等表决权问题上，康涅狄格、纽约、新泽西和特拉华都投了赞同票。马里兰代表像以往一样意见不一，马丁投票赞成，丹尼尔·詹尼弗投票反对。6票对4票，比例代表制获得通过。

如果当时小邦代表在大会的发言经过深思熟虑，理由充分，语气和缓，而不是像马丁那样的长篇大论喋喋不休，事情的结果又会如何？我们无法想象。马里兰代表詹尼弗的发言就整理得很好，说服了不少代表。后来的事实表明这也是可能的，部分在两种意见中摇摆不定的马萨诸塞代表本来是可以争取过来的。反对比例代表制的投票本来可以达到6比5。但是，再多的补救也于事无补。议会第一 163
院——众议院，将建立在比例代表制的基础之上。

奥利弗·埃尔斯沃思站起来发言，“总的来说，他对于下院平等投票权被否决的结果并不感到遗憾。他希望，这次表决结果能够成为在第二院问题上达成妥协的基础”。大会讨论的重点随即转为重新讨论比例代表制，这一次的目标是参议院。

164 第十三章　最紧张最危险最激动人心的时刻

到6月30日，事情已经明朗，新的全国政府——如果成立的话——议会的一院，也就是我们现在知道的众议院将依照比例代表制建立。其结果是几个大邦将来可以按照自己的意愿来行事。现在的问题是，参议院是按照比例代表制建立，还是依照平等表决权原则实行一邦一票制。

这个问题至关重要。小邦代表已经被迫接受在议会的一院中实行比例代表制，他们现在的希望就是老狐狸谢尔曼提出的"康涅狄格妥协案"——在众议院实行比例代表制，在参议院实行平等表决制。小邦代表准备背水一战。

大会开到这个时候，很多代表都卷入了比例代表制和平等表决制的纷争当中。佩特森和迪金森等人自始至终都决心挽救小邦的命运，避免大邦在议会中占主导
165 地位。而另一方面，古弗尼尔·莫里斯、詹姆斯·威尔逊以及他们的同盟者们，则坚信平等表决制对大邦来说是完全不公平的。不过现在，在闷热而又不通风的房间里经历了几个星期的唇枪舌战之后，很多代表已经开始将大会的讨论视为一场战斗，就这么简单。少数如谢尔曼和富兰克林这样的智者，则一直努力安抚代表们的情绪，并且始终保持冷静的头脑，试图找出一种双方都可以接受的方法。然而，大多数代表却无意于此。

詹姆斯·麦迪逊和詹姆斯·威尔逊提出的条件，远远超过了小邦所能妥协的程度。在与会的代表当中，要数麦迪逊和威尔逊两人最为博学多智，他们肯定能找到代表们都能接受的妥协方案。但是这两人却一意孤行，决心要把这场战斗进行到底。

6月30日星期六，大会开始讨论决定性的议题，一种不顾一切的情绪开始在代表中蔓延。天气照样炎热，越发火上浇油。小邦代表率先发难，提出新罕布什尔的代表还未到会。小邦代表认为新罕布什尔会加入他们的阵营，因此他们请求大会主席乔治·华盛顿写信给新罕布什尔代表，催促他们迅速赶到费城参会。从后来的情况来看，新罕布什尔的两位代表都是商人，都希望成立一个强势的中央政府，他们很可能不会加入小邦的阵营。不管后来如何，大邦代表没有上当，投票否决了这一提议。

大会的气氛顿时紧张起来，詹姆斯·威尔逊站起来发言："我们难道忘记我们是在为谁组建政府？是为了人民，还是为了想象中被称为联邦的东西？"在他看来，如果这个国家在任何问题上产生分歧，那也"不可能发生在更好的基础上"。他接着建议拥有全国人口总数四分之三的几个大邦，着手建立自己的联盟。

奥利弗·埃尔斯沃思对他的意见表示反对。他认为问题的关键不是多数人需 166
要少数人的保护，而是需要保护少数人免于被多数人摧毁。"我们从一个极端走向另一个极端，"他说道，"我们本来只需要修缮一下屋顶，结果我们却在夷平房子的地基。"

麦迪逊站起来发言，他有些恼火地说道，埃尔斯沃思对某些问题的看法前后矛盾，将自己的历史错安到别人身上。麦迪逊在发言中提到最近康涅狄格拒绝上缴邦联政府摊派的税款，就是一个埃尔斯沃思想要纠正的滥用权力的典型例子。埃尔斯沃思反驳道，康涅狄格一直尽心尽力地上缴其份额内的钱款。在独立战争期间，康涅狄格的参战人数也超过了弗吉尼亚。

此时，谢尔曼出面打圆场。"不必因为各邦的过失而去指责邦联议会，"他说道，"邦联议会的各项举措都是正确的，我们要做的就是授予邦联议会更多的权力，以便使邦联实施的举措能够产生效力。"

但是，双方代表却各执己见。马萨诸塞代表鲁弗斯·金宣称，如果小邦代表继续固执己见，那么国家主义者也将奉陪到底。让他感到惊讶的是，白白失去为所有美利坚人提供幸福的机会，只是由于某些人执着于"不道德的席位分配制原则……(而依此建立的政府)由于不公正而必将短命"。他还说，"他绝不同意该动议提出的席位平等制"。新泽西代表戴顿立刻回复道，"当断言成了证据，恐吓取代了辩论，言辞说得再漂亮也没什么用”。路德·马丁简单地回了一句话，与他平时的风格迥异，“如果没有遵循平等的原则”，他指的是席位平等制，他不会加入任何联盟。

到了中午的时候，麦迪逊和威尔逊已经清楚小邦在这个问题上绝不会改变态
167 度。如果不在参议院实行席位平等制，那么小邦代表就会退出会议。现在的主要问题是，是否任由小邦代表退出会议？显然，最好还是不要让这样的事情发生。于是，麦迪逊决定作出一个让步。当天上午，北卡罗来纳代表威廉·戴维（William Davie）曾提出按比例分配席位方法建立参议院会出现的一个主要问题。参议院按照代表们的设想，应该由一小群智者组成。但是如果依据人口比例分配席位的话，人口较少的特拉华有 1 个席位，那么人口众多的弗吉尼亚不得有 16 个席位甚至更多？这样一来，参议院将会变得十分庞大，至少有 90 位参议员。对此，威尔逊承认这个问题“十分尴尬”。他曾经提议各邦每 10 万人可以选举一位参议员，但是人口少于 10 万人的小邦最多选举一位参议员。但是，这一提议实际上给了小邦更大的压力。

此时，麦迪逊表示他赞同威尔逊的这项提议。但是，他的决定已经晚了。双方代表的情绪激烈，很多代表宁愿制宪会议一事无成，也不愿意放弃自己的立场。特拉华代表冈宁·贝特福德（Gunning Bedford）就是其中之一，贝特福德身材臃肿，脾气急躁，皮尔斯称“他发言大胆，但是略带紧张，举止威严，引人注目，不过他为人热心，脾气冲动，总是作出仓促的决定”。此时，他的发言正是如此。

> 大邦继续着它们的行动，好像我们的眼睛都完全瞎了一样。公平公正，对大邦来说，它们根本就做不到……即使是乔治亚这样的小邦，都关注着自己未来的财富和伟大。南卡罗来纳，认为自己将来可以获得更多的财富和奴隶，北卡罗来纳也一样，由于各种原因，选择了和几个大邦结盟……野心从来都不需要任何借口来支持。它们叫喊着，危险在哪里……但是，先生们，我不信任你们。如果你们拥有了权力，那么权力的
> 168 滥用就不可能得到监督……小邦永远都不可能赞同“弗吉尼亚方案”……那么，到了今天这个地步，这一争议难道需要用武力来解决吗？……你们打算直接将小邦压扁，还是保持它们安然无恙？在被毁灭之前，会有国外

的势力愿意对小邦伸出援手的。

贝特福德发言中关于内战的暗示，如一石激起千层浪。马萨诸塞代表金当即谴责贝特福德的“放纵”和“激烈”，并对贝特福德居然有这样的想法表示“痛心”。会议进入了一个无望的僵局，然后休会了。在那个炎热的星期六，代表们的讨论毫无进展。而关于参议院席位按比例分配的决定性投票，只能延迟到下个星期一举行。

幸运的是，每次代表们情绪快失去控制时，接下来总是一个星期天，这次也不例外。然而，希望正在慢慢消失。星期天，古弗尼尔·莫里斯来到朋友兼盟友罗伯特·莫里斯（两人无亲戚关系）家里，华盛顿当时也住在那里。古弗尼尔发现这两人“对于制宪会议的糟糕情况感到非常沮丧。讨论日益激烈，意见相左的双方固执己见，互不让步，敌对情绪正在滋生，部分代表扬言退出会议。在这令人担忧的危机时刻，大会的解散简直是随时可能发生的事”。

我们不清楚，在7月1日这个星期天，有多少代表在进行自我反省，有多少代表在秘密开会，还有多少代表在互相争辩。我们只知道，有几位代表在那天作出的决定，将对大会乃至世界历史产生深远的影响。这其中的3位是乔治亚代表威廉·皮尔斯和威廉·费尤（William Few），以及北卡罗来纳代表威廉·布朗特（William Blount）。他们3位并非制宪会议上的重要人物，尽管皮尔斯因为写了《制宪会议代表的性格描述》而小有名气。与参加制宪会议的部分代表一样，他们3位都是当时纽约邦联议会的成员。但是在这个至关重要的星期天，他们却坐上马车向北方进发。

他们3人仓促离开的主要原因，是为了赶到纽约邦联议会处理一桩有关南方 169
的紧急事件。只有邦联议会达到法定人数，才可以投票表决。我们稍后再详细讨论这一事件。

在那个星期天，马里兰代表圣托马斯·詹尼弗的丹尼尔（Daniel of St. Thomas Jenifer）在经过艰难的思想斗争后，也作出了他的决定。詹尼弗出身于贵族家庭，从小家里就很有钱。詹尼弗和乔治·华盛顿是老朋友，在地方和邦联政府都担任过公职。在马里兰政坛，詹尼弗也是一位举足轻重的人物。他还是制宪会议中年龄最长的3位代表之一，前两位分别是富兰克林和谢尔曼。詹尼弗世故老道，经验丰富，不像佩特森和马丁那样，拘泥于地域观念，忠于各自的地方政府。因此，詹尼弗参加费城会议的目的，更偏向于建立一个强大的全国政府，这其中华盛顿对他的影响不言自明。他经常投票赞同国家主义者的意见，与好酒的邦权主义者路德·马丁背道而驰，因此马里兰的投票总因为内部分歧而失效。

7月2日星期一，代表们聚集开会，在对参议院实行平等表决权问题进行最后投票时，詹尼弗却缺席了会议。我们不知道其他代表是否注意到了这一情况，但是路德·马丁却不可能不知道。投票开始，不出所料，马萨诸塞投票反对；为了推行谢尔曼的妥协方案，康涅狄格投票赞成。纽约、新泽西，还有特拉华，都相继投票赞成。同其他大邦一样，宾夕法尼亚投票反对。路德·马丁没了詹尼弗的束缚，也投票赞成。事情在那一刻发生了转机。小邦最终获得了5票，虽然离多数还差一票，但是却比之前多了一票。

为什么詹尼弗决定在这么重要的一天缺席会议？显然，他是故意为之。詹尼弗的出勤情况一向优秀：基本上没错过几次开会。而且，就在投票结束后，詹尼弗
170 悠闲地走进了会议室。毫无疑问，詹尼弗是故意避开的，其目的就是让马丁将马里兰这一票投给小邦一方。虽然詹尼弗是小邦马里兰的代表，但他却认为依人口比例选举议员才是公正的方法。尽管如此，为了挽救大会不至解散，他却默许马里兰投票反对比例代表制。

但是他的举动还未能挽救大会。小邦已经有了5票，大邦有2票。但是弗吉尼亚和南部腹地各邦还有4票未投，所以大邦还是安全的。当然，弗吉尼亚投票反对。然后北卡罗来纳投票反对，南卡罗来纳也投票反对。双方各持5票，决定性的一票取决于乔治亚的投票。

由于威廉·皮尔斯和威廉·费尤已经前往纽约的邦联议会，乔治亚代表只剩下两位。贵族出身的威廉·豪斯通(William Houstoun)会像大邦代表一样，投票反对平等表决制。

而乔治亚的另一位代表，则与豪斯通完全不同。亚伯拉罕·鲍德温(Abraham Baldwin)从小在康涅狄格长大，3年前才刚刚迁至乔治亚居住，这样的经历对鲍德温的影响甚深。鲍德温以一种安静的方式，取得的成就却不逊于另外一些表现耀

眼的代表。与谢尔曼、佩特森和马丁一样,鲍德温出身寒门,是家中的次子。他的父亲是一名自学成材的铁匠,并且鼓励鲍德温也努力自学。鲍德温出生于1754年,独立战争打响的时候,他还只是个年轻的小伙子。在他4岁那年,母亲过世,父亲在之后的10年里都未再婚,我们可以想象他的父亲一个人抚育孩子的艰辛。鲍德温在耶鲁大学学习神学,其后留校授课,再后来成了一名牧师。1781年,鲍德温还未满30岁的时候,耶鲁大学授予他神学教授一职。这在当时的康涅狄格几乎是最有声望的职位之一,但是鲍德温却没有接受。他拒绝的具体原因我们不清楚,但 171
是可能是因为他不喜欢那样的生活。鲍德温开始学习法律,并且于1783年获得了康涅狄格律师执业资格。次年,鲍德温移居乔治亚。1784年,美利坚第一所法律学校在康涅狄格成立。当时的康涅狄格,律师行业已经是人满为患,但是在飞速发展中的乔治亚,一切还方兴未艾。引人注意的是,鲍德温选择居住于乔治亚的西部地区。当地居民都是些粗野的农夫,拥有的奴隶不多,在政见上与东部海岸的富人们相左。从出生、爱好,还有所受的教育这三方面来看,鲍德温都有点"非主流",这或许也是他拒绝耶鲁教职的原因。但是他的这种态度,却让他在乔治亚西部农民中非常受欢迎。再加上过人的学识,鲍德温迅速成为乔治亚政坛的领袖人物也就不足为奇了。此外,鲍德温为人稳重,通情达理,令人喜爱。1787年,鲍德温参加费城会议时,是乔治亚代表团的团长。制宪会议期间,鲍德温发言仅有8次,但是在大会6个重要的委员会当中,鲍德温就入选了其中4个。毫无疑问,鲍德温在制宪会议上扮演了一个重要的角色,并不像他的发言记录一般乏善可陈。

不过鲍德温在制宪会议期间的表现,并不仅仅出于他自己的主张,他还要考虑到他的第二故乡——乔治亚。乔治亚在会议中顾虑良多,害怕北方人终止奴隶制,害怕其西部的广袤土地被瓜分给其他各邦等。而其中乔治亚最关注的,莫过于其西部和南部与西班牙的控制区域接壤,极易遭受攻击。西班牙人源源不断地将装备弹药,输送给当地的克里克印第安人,并且在佛罗里达建立了避难所。除非乔治亚获得北方人的援助,否则西班牙和克里克人的联军可以轻易打败乔治亚的 172
25 000名居民,在乔治亚烧杀掳掠,恣意妄为。所以,与其他各邦建立牢固的联盟是乔治亚居民性命攸关的大事。或许克里克人是造成乔治亚人成为坚定的国家主义者的原因:一旦孤立,乔治亚难逃一死。

和鲍德温一样，其他几位乔治亚代表费尤、皮尔斯，还有豪斯通，对这一棘手的问题均了然于心。但是在另外一个同样棘手的问题上，鲍德温却比他们看得更清楚。那就是如果议会的两院都不实行平等表决制，那么小邦将退出会议。康涅狄格的与会代表，鲍德温都认识，他还与谢尔曼在纽黑文做过生意。虽然没有记录可查，但是在费城那些炎热的夏夜里，鲍德温肯定与康涅狄格的代表有过许多深入的谈话。即使没有其他更多的举动，谢尔曼也会明白鲍德温的意图。

事情的结果，都取决于7月2日鲍德温对参议院实行平等表决制议案的关键一票。鲍德温肯定承受了巨大的压力，而会议厅的气氛也紧张得几乎让人无法忍受。小邦5票赞成，大邦5票反对，而且乔治亚的另一位代表也投票反对。但是鲍德温清楚地意识到，他不能让大会就此解散。因此，他投票赞成参议院实行平等表决制，造成乔治亚代表团内部一票赞成一票反对。由于乔治亚代表团意见不一而投票无效，因此大邦和小邦在这一议题上得票相同。然而事实上，大邦输了，鲍德温挽救了大会。

在看到这个令人愕然的投票结果之后，代表们迅速意识到在这个议案上，小邦得偿所愿，它们也必须得偿所愿。詹尼弗洞察了这一事实，鲍德温也洞察了这一事实，投票结束后其他代表也开始纷纷加入赞同平等表决制的队伍。平克尼再次提议，依照三个等级来分配参议院席位。然后，他的堂兄，南卡罗来纳代表查尔斯·科茨沃思·平克尼(Charles Cotesworth Pinckney)站起来发言说，虽然他并不情愿放弃依人口比例分配参议院席位，但是他认为必须达成一些妥协，他建议每邦推选
173 一位代表组成一个委员会，来处理这一问题。路德·马丁立刻站起来说，他不反对成立一个委员会，但是小邦的立场不会改变。小邦看到了胜利的曙光，它们现在决不会放弃。谢尔曼说："我们现在是完全停滞不前了，不过我想没人愿意就这样一事无成地散会。"谢尔曼赞同成立一个委员会，其他代表也纷纷表示赞同。古弗尼尔·莫里斯赞同；埃德蒙·伦道夫赞同，不过他认为委员会不会有什么成果；马萨诸塞代表凯莱布·斯特朗(Caleb Strong)赞同；北卡罗来纳代表休·威廉森(Hugh Willamson)赞同；纽约代表兰辛赞同；马萨诸塞代表格里赞同。

毫无疑问，这一时刻可以称得上制宪会议中最剑拔弩张的时刻。麦迪逊的队友们抛弃了他。由麦迪逊和弗吉尼亚代表一手建立的三巨头与南方腹地各邦的联

盟，前段时间在大会中一度占据主导地位，甚至迫使全体委员会通过了“弗吉尼亚方案”。但是这一联盟，却在此刻烟消云散。制宪会议的领军人物发生变化后，大会的情况也随之不同，此后，制宪会议再未出现过一方称雄的局面。大会在经历了无数的妥协之后，始终曲折前行。哪怕是弗吉尼亚代表，可能华盛顿除外，也打算抛弃麦迪逊了。从这一刻起，麦迪逊和他主要的战友宾夕法尼亚代表詹姆斯·威尔逊，只能发起一些保卫战了。

当时，麦迪逊和威尔逊都对成立委员会表示反对。他们完全清楚，委员会将会对比例代表制提出一些修改意见。但是他们此时却束手无策，他们的盟友已经不再支持他们。成立委员会的提议，以 10 票赞同 1 票反对获得通过。只有以威尔逊为首的宾夕法尼亚投了反对票，麦迪逊甚至已经无法左右弗吉尼亚代表的意见。在大会推选委员会成员的时候，詹姆斯·麦迪逊肯定觉得心都凉了。乔治亚推选出的代表是亚伯拉罕·鲍德温，而不是大邦一派的豪斯通，鲍德温曾经投票赞同平 174
等表决制，导致推行比例代表制的大邦功亏一篑。马里兰推选的代表是路德·马丁，新泽西推选的是威廉·佩特森，纽约推选的是罗伯特·雅茨，宾夕法尼亚推选的不是詹姆斯·威尔逊，而是本杰明·富兰克林，他为人公正，但是却起不了什么作用。而麦迪逊所在的弗吉尼亚推选的代表，既不是乔治·华盛顿，也不是麦迪逊本人，而是 62 岁脾气不好的乔治·梅森。马萨诸塞推选的代表，不是国家主义者戈勒姆和金，而是不切实际且有邦权主义者倾向的埃尔布里奇·格里。康涅狄格推选的代表是奥利弗·埃尔斯沃思，为了在委员会中给予小邦足够的优势，埃尔斯沃思后来感觉“身体不适”而由谢尔曼取而代之。这样一来，组成委员会的成员当中，一个拥护比例代表制的也没有。与会代表在当天上午的表决结果中，感觉到了小邦在这一议案上志在必得的决心，所以有意识地推选赞成平等表决制的代表加入委员会。

之后两天是独立日假期，代表们决定休息几天，于 7 月 5 日听取委员会提出的折中方案。为了庆祝独立日，华盛顿和部分代表前往一座长老会教堂，听取一位法律专业的学生詹姆斯·坎贝尔(James Campbell)的爱国主义演讲。坎贝尔演讲的主题是，整个美利坚，甚至整个世界，都期待制宪会议的代表能够建立一个快乐而自由的国度。在听到这位年轻人这样说时，代表们肯定感到啼笑皆非：“组建政府难道如此困难？我们当中就没有人能够洞悉其中的秘密，然后用共同的利益和义务将各个邦团结在一起？在我看来，我早已从制宪会议中，看到一个自由充满活力
175 的政府正冉冉升起。”如果坎贝尔之前去过费城会议厅，他应该就不会有这样的想法了。

不知道委员会的成员中，是否有人听过坎贝尔的演讲，不过当时他们应该正在别处忙碌。虽然委员会中大部分都是来自小邦的代表，但是其中还是有相当一部分代表原先属于大邦阵营，并且在其他条件相同的情况下，依然会青睐按照人口比例分配席位制度。富兰克林、梅森，还有南卡罗来纳的约翰·拉特里奇(John Rutledge)都曾赞同比例代表制，而格里和鲍德温则认为哪种方法都可以。但是成立委员会的目的是为了得到一个折中的方案，而他们也的确做到了。

7月5日，委员会主席埃尔布里奇·格里向大会宣读了委员会作出的报告。报告的内容是，众议院席位依照人口比例分配，而参议院则实行每邦一票制。为了讨好大邦，报告中还建议所有的财政法案必须由众议院提出。从理论上来说，这可以防止小邦形成统一阵线投票通过法案，导致财政开支主要由人口较多的邦来承担。

当然，委员会的这一方案必须提交大会讨论并由代表们投票表决。投票结果是意料之中的事，委员会提出了折中方案，而大会将讨论通过。但是，麦迪逊和威尔逊却仍然不愿放弃。在之后的10天里，麦迪逊和威尔逊，联合一些仍然支持他们的代表，一起为维护比例代表制而战。威尔逊反复强调委员会的作为已经超出权限，而麦迪逊则发表了长篇演讲。在演讲中，麦迪逊指出由众议院提出财政法案这一条款，其实是一个毫无意义的让步。因为任何一位参议员都可以找到一位众议员，然后让他在众议院中提出一个既定法案。麦迪逊称，他不会为了满足小邦的
176 需求而投票赞成一项不公正的制度。他直言不讳地表示，不相信小邦会不加入大邦建立的政府而自行其道。

麦迪逊最坚定的战友之一，古弗尼尔·莫里斯对他的话表示赞同，认为小邦不能与大邦联盟抗衡。一个分崩离析的国家只能通过流血牺牲来修补。“强者将会把弱者当作叛国贼来处理，绞刑架和绞绳将代替刀剑。”莫里斯在发言中公开威胁，一旦制宪会议失败，美利坚将陷入一片混乱，暴政随之横行，而在座的各位，用经典的话来说，谦和守礼的代表，所得到的将是可怕的报复。莫里斯很少有如此不理智

的时候，他的一位朋友对此深表遗憾，莫里斯的发言只会让小邦代表更加坚定斗争到底的决心。

在仲夏的炎热天气里，与会代表就这样日复一日地相互辩论，讨论一些与正题无关的问题。7 月 14 日，路德 · 马丁要求对委员会报告进行投票表决。于是，双方再次开始争辩，代表们脾气越来越急，用词也越来越激烈。路德 · 马丁宣称，他宁可出现两个邦联，也好过加入一个建立在比例代表制上的联邦。同时，他还强调和小邦相比，大邦更加软弱，更没有效率。威尔逊不无嘲讽地答道，他对马丁的意见一点不感到惊讶，因为有人既然能说出少数要比多数得到更多的投票权，那么自然也能够说出少数要比多数强大。威尔逊继续说道，也许马丁下一个断言就是少数要更加富有，不过“等到要求各邦缴税和派兵的时候，他估计就不会有人还这样说了”。

然后，年轻的查尔斯 · 平克尼站起来，再次提出他的依等级分配席位方案，每个大邦在参议院拥有 4—5 个席位，而小邦则相应减少。这一次，麦迪逊和威尔逊终于愿意支持平克尼的提议。威尔逊表示附议，而麦迪逊也表示他愿意接受这一
方案。如果他们愿意早点妥协，比如在 7 月 1 日前后，事情还未进入僵局之前，小 177
邦代表或许可能接受平克尼的主张。但是时至今日，小邦知道它们会赢得胜利，因此决不会改变它们的意见。大会投票否决了平克尼的提议，然后休会。于是，在危机再次降临的时候，星期天又到了。

7 月 16 日（星期一）一大早，会议就对委员会提出的折中方案进行了最终表决。在参议院平等表决权问题上，这次投票至关重要。不出众人所料，席位平等制获得了胜利，5 票赞成，4 票反对，马萨诸塞代表赞成反对各半投票无效，纽约代表缺席。

我们必须注意到，无论是马萨诸塞还是北卡罗来纳，都没有投票赞成在参议院中按比例分配席位。在马萨诸塞代表中，雄心勃勃意志坚定的鲁弗斯 · 金表示，愿意“接受更多的混乱和动乱”。也就是说，他宁愿大会解散，也不愿意同意在参议院中实行席位平等制。为人随和的戈勒姆，也一样愿意冒这个风险。另一方面，斯特朗则更愿意在可能的时候让事情平稳过渡，因此选择在这一问题上站在小邦一边。埃尔布里奇 · 格里也是如此，在席位平等制和比例代表制之间摇摆不定。因此，马萨诸塞代表赞成反对各半，导致该邦投票无效。

北卡罗来纳投票赞成在参议院实行席位平等制，与其大邦盟友分道扬镳。北卡罗来纳代表团的首要人物是休·威廉森(Hugh Williamson)。在之后威廉森写给北卡罗来纳邦政府的一封信中，他说道："在参议院席位分配上，北卡罗来纳要获得一票该有多难？"这涉及北卡罗来纳的政治秘密，但是威廉森和其他北卡罗来纳代表与大邦盟友决裂，转而赞同席位平等制的主要原因，还是为了挽救大会不至解散。

178 马萨诸塞和北卡罗来纳代表的举动，对于制宪会议有两点重要意义。第一点，与会代表的品格力量一次又一次战胜了地方利益和财政利益。马萨诸塞代表格里和斯特朗，还有北卡罗来纳的威廉森和其他代表，都是大邦阵营的人，建立一个由大邦主导的政府与其利益息息相关。但是，由于不同的个人原因，他们选择投票反对自身的利益。我们可以想象，肯定还有别的大邦代表也做了同样的事。

这些大邦代表如此作为，最重要的原因之一就是希望大会继续开下去。这是他们最关心的事，而对与会代表的评价也是我们要说的第二点。代表们相信，全世界的目光都聚集在他们身上。凭借一己之力，他们不仅能够拯救自己的国家，而且可以给全世界树立一个榜样，正如华盛顿所言，"我们建立一个标准，留给智者和正直的人去完善"。代表们被授予了一个伟大的任务，而绝大多数代表都决心完成这一使命，赢得不朽的声名。正因为如此，在最后的投票中，这些代表选择挽救大会免于解散。

不管怎样，三大邦与南部腹地各邦的联盟已经分崩离析。麦迪逊等人为挽救这一联盟作出了最后的努力：7月17日(星期二)一大早，在当天大会正式开始之前，几个大邦的核心代表聚集在会议厅开了个小会。部分大邦代表赞同退出会议，自行结盟。而其余代表则表示愿意接受现在的折中方案。后来，小邦代表开始陆续进入会场准备开会，大邦代表最终也没有作出任何决定。麦迪逊在他的笔记中
179 记道，"也许这次磋商的结果让小邦感到满意，他们不必担心大邦联盟再提出任何反对第二院平等席位制的方案"。于是，最后这件事情就这样结束了。

或者说，几乎结束了。7月23日，代表们决定每邦可以选举两位参议员，两位参议员每人一票。这是一个革命性的改变，依《邦联条例》建立的现有制度下，每邦可以选派2—7名代表，但是每邦只能投一票。如果每位参议员都可以投一票，那

么在两位参议员意见不一的情况下，两票相互抵消，就会极大地削弱各邦意见在邦联议会中的影响力。但是，最后只有马里兰对此投票反对。

在历史学家眼里，大会同意在参议院中实行平等席位制，是强大的国家主义者的失败。制宪会议结束多年之后，麦迪逊曾说，小邦与大邦之争是大会“最紧张最危险，然而也是最激动人心的时刻”。事实当真如此？当时的美利坚政府已经运行了将近10年，邦联议会只设一院，实行平等表决制。此外，议会也不需要去对付一位手握否决权的行政长官。邦联政府中几乎都是邦权主义者的声音，并且倾向于保护各小邦的利益不受侵犯。新泽西、特拉华，还有康涅狄格和马里兰代表来费城参加制宪会议，期望获得同样的待遇。但是他们发现情况与设想的大相径庭，不管是7月16日的投票，还是从5月29日埃德蒙·伦道夫向大会宣读“弗吉尼亚方案”起，他们一直为之斗争的目标，都是他们事先不可能接受的。除了最后的底线，他们几乎放弃了一切，因此他们不可能再作出让步。在这个过程中，小邦在许多方面损失良多。

因此，我们可以看到，詹姆斯·麦迪逊带着一个极有说服力的计划来参加费城会议，并且找到足够的盟友推动这个计划通过，这对大会的结果有多么重要。6月
13日，大会对“弗吉尼亚方案”的初次讨论告一段落时，小邦代表就已经放弃了许 180
多阵地，并且清楚地意识到，为了避免完全的失败和无条件投降，他们只有背水一战。从这个角度来说，麦迪逊和他的国家主义团队赢得的其实比失去的多：是小邦代表退出了大部分阵地。

从长远的观点来看，我们该如何评判大邦与小邦之争呢？从很大程度上来说，代表们讨论的问题从未在现实当中发生过。自1787年以来，大邦与小邦之间从未发生过纷争。各种分歧大部分都是因地域而生：北方与南方，阳光地带与霜冻地带。或者是因经济基础的划分：工业化邦与农业化邦，沿海各邦与内陆各邦，西部新兴邦与东部老牌邦。在大邦与小邦之争中，麦迪逊反复说过政府真正的分野其实存在于北方与南方之间。他是正确的，而在制宪会议结束之前，与会代表也会意识到这一点。

第三部分

北方和南方

第十四章　一个新的联盟 183

在美国200多年的历史上，可能还没有一个问题像种族对立那样深深困扰着这个国家。因种族对立而爆发的内战几乎将这个国家摧毁，几十万青年男子死于战争。种族对立的影响持续至今，痛苦和仇恨就像恶臭一样久久不能消散。不管是好人还是坏人，他们都在竭力探寻，想解开黑人和白人之间的宿怨，但没有人能做到。在美国的民主进程中，种族对立一直是一个令人深恶痛绝的脓疮，似乎找不到完全治愈的方法。

这个问题早在1787年就已显现出来。当时，围绕大邦和小邦问题的争吵进入最后阶段时，代表们越来越清楚地认识到，麦迪逊的观点中至少有一个是对的，那就是北方和南方之间的分歧是这个国家最主要的分歧。事实上，在1787年，美国这两大地区在生活态度、生活方式和经济状况等方面就已经存在非常大的差异。现在回想起来，很难看明白，如果不存在这些差异，会是怎样一种情况。在宗教信
仰上，北方大部分地区受加尔文清教主义势力的影响，加尔文教是新英格兰及其他 184
地区赖以建立的基础；而南方主要受英国国教支配，英国国教倡导禁欲主义，所以那里的人们生活悠闲，不追求物质享受。在农业生产方面，新英格兰各邦以家庭农场为主，可用于贸易的剩余产品很少——几桶苹果酒或威士忌、几块腌肉、一车木材，出售之后可获得几先令现金，用于交税或买一把新镰刀。而在南方，虽然农民们也种地，但他们大多也经商，他们将自己的大部分土地用于种植单一经济作物——如烟草、稻米、靛蓝——这些作物出售了之后可以赚钱。北方的经济作物是鳕鱼、小麦、牲畜和木材。贸易需要船队和训练有素的水手。从经济上来说，那时

的北方和南方就像一枚硬币的两面：南方需要北方的船队来运输货物，北方需要南方的产品进行贸易，它们既是政治上的对手，又是经济上的伙伴。

此外，虽然北方和南方都向本邦人民和外国欠下了累累债务，但它们的债务结构有所不同。北方人热衷于持有大量国债，而南方人倾向于持有本邦发行的票据和债券。毋庸置疑，南方人肯定不愿由中央政府向他们征税来清偿北方人持有的国债，而北方人也不愿由中央政府向他们征税来清偿南方人的邦债。

那时西南地区的邦——南、北卡罗来纳，乔治亚以及今后成为阿拉巴马、密西西比、田纳西、肯塔基的地区——有形成联盟的趋势，会造成特殊的政治紧张局面。
185 在创设新政府时，北方想当然就认为南方无论在人数还是财富上都处于优势，势必很快在国家中占据主导地位。这种想法后来被证明是错误的，但在当时，北方人担心政府有可能被南方所控制。

但是，除上述这些冲突之外，还有一个最重要的冲突，那就是南方所独有的黑奴。人们一想到南方，第一反应就是那种“特别制度”。从经济上、政治上和情感上来说，奴隶制度将美国分成了截然不同的两半，而且在那些建国之父们成为社会的中坚力量后很长时间内情况依然如此。詹姆斯·麦迪逊从一开始就看出了这一残酷现实，当时他努力想消除大邦和小邦的问题，他在 1787 年 6 月 30 日说：“各邦利益的分野，不在它们的大小不同，而在它们的环境不同；实质性的区别，部分归因于气候，主要因素，还在于各邦是否蓄奴及奴隶制引起的后果。”

虽然奴隶制度并不是美国的发明，但至少有一些国家的政府认为，美国的奴隶制度是迄今为止人类历史上最糟糕的制度。奴隶们横跨大西洋来到美国，在漫长的航程中遭受非人折磨，许多人不堪忍受，试图通过跳海、绝食、用指甲抠开喉咙等方式自杀。虽然有一小部分黑奴获得了自由，还有一部分受雇为家庭佣人等相对轻松的工作，但大多数黑奴是南方种植园里劳动力的主要来源，这些种植园一般都有 20 个以上的黑奴。在新英格兰，黑奴只占总人口的 2.5%，而在南方，黑奴占到了 40%。到 1790 年，南卡罗来纳 32 个县中有 15 个县的黑奴人口超过 70%。只要有点财产的南方家庭，60%的家庭都会蓄奴，正是因为蓄养奴隶，南方才成为这个国家最富有的地区。

黑奴是南方种植园里的主要劳动力，他们每天长时间高强度地工作，食不裹

腹，衣衫褴褛，受到严密监视。有些主人心肠较好，但大部分黑奴处在工头的严密 186
监视下，像牲畜一样被呼来唤去，无处可逃，了无生趣。如果主人缺钱，他们就被随意卖来卖去，弄得妻离子散。

许多对奴隶制度本身持宽容态度的人，却对奴隶贸易提出强烈谴责，可是，奴隶贸易本来就是这一制度的产物。在沿海低地各邦，瘴气弥漫，奴隶寿命都不长，需要源源不断地补充新奴隶。而在弗吉尼亚，黑奴的出生率几乎与白人相当，奴隶贸易变得无利可图：人们普遍认为，一个奴隶的工作量约是一个领薪水的自由人的60%，要使这一特别制度变得有利可图，弗吉尼亚人唯一能采取的办法是将多余的奴隶卖给南方腹地各邦的种植园主。

只有南方腹地3个邦对从外国进口奴隶有兴趣，到1779年，除这3个邦之外，其余各邦均已宣布奴隶贸易为非法。在1783年到1785年之间，南卡罗来纳输入了7 000名黑奴，但到1787年，南卡罗来纳临时停止了奴隶贸易，而在一年前，北卡罗来纳就已对奴隶进口征收禁止性关税。人们有理由相信——要是你相信是真的话——奴隶贸易很快就要无以为继了[事实上，南卡罗来纳的经济状况一好转，这项非法从事的贸易就重新变为合法，最大的压力来自西部新兴的产棉地区，1808年之前5年时间里，那里输入了4万名奴隶。情况就像温思罗普·乔丹(Winthrop Jordan)所写的那样，“用黑人铺就了通往西部之路”]。

南方人的性格在南卡罗来纳代表查尔斯·科茨沃斯·平克尼(Charles Cotes-
worth Pinckney)的身上得到充分体现，他是查尔斯·平克尼的堂兄，是一位典型的 187
南卡罗来纳贵族。他1746年生于查尔斯顿，父亲是一名政客，也是一位富有的种植园主。母亲是一位睿智且有主见的女人，她在发展靛蓝种植方面起了重要作用，那时靛蓝是蓝色染料的主要来源。平克尼7岁时和家人一起搬到英国，先在牛津接受教育，后在著名的中殿律师学院(Middle Temple)学习法律，英国有很多律师在中殿律师学院受过教育。

独立战争爆发前，他已是南卡罗来纳小有名气的政治人物。他很爱国，参军与英军作战，在查尔斯顿一役中被俘，财产被没收。战后他的财产一直没恢复到原来水平，主要是因为他对运河开掘项目的投资过于乐观，这个项目对当时雄心勃勃的美国人很有吸引力，但不管怎么说，他是有钱人。他同时也是一位好丈夫、好父亲，他的传记作家马文·扎尼泽(Marvin Zahniser)称他“婚姻美满”。

独立战争结束后，平克尼先后担任过邦议会议员、邦长、驻法国特使，还被提名为总统候选人。扎尼泽写道，“他不是一位出色的律师，但他勤于学习，为人正派”，他给人的印象是“仪表堂堂、和蔼可亲、风趣幽默”。他是一个令人钦佩的人——聪明、爱国、受过良好教育，同时也是模范公职人员，一个对家庭忠诚的男人。但查尔斯·科茨沃斯·平克尼却执拗地反对废除奴隶制和奴隶贸易(虽然他支持在奴隶主认为适当的时候可以暂停奴隶贸易)。他对妻子、子女、朋友和本邦人民充满柔情，但对黑人没有情感。他的表兄约翰·拉特利奇是他最要好的朋友，也是政治上的盟友，就连拉特利奇也无法使他相信人肉交易是罪恶的。如果像平克尼这样的
188 人都能接受奴隶制(1790年他拥有45个奴隶)，我们怎么还能指望那些没受过多少教育、没见过多少世面的南方人放弃奴隶制呢？

即使是那些对奴隶制感到不安的南方人也无所适从。华盛顿也想释放家里的黑奴，但发现操作中有很多困难，如果把他们一放了之，他们无法在外面安身立命。南方人普遍认为，如果废除奴隶制，南方的经济将会崩溃，而且他们对奴隶制有着复杂而微妙的情结。不管是蓄奴还是没蓄奴的人，都能从奴隶制上获得巨大的精神满足感——一种比他人更高的优越感，可以随意发号施令，否则的话，他们中的许多人就无法享受这种特权。而且对白人男子来说，女黑奴也是他们的泄欲工具，他们可以随心所欲地侵犯女奴。不利的方面则是，他们背负着巨大的负罪感，这种负罪感经常是无意识的，而且伴有巨大的恐惧感，害怕被杀死在床上，这种恐惧感大多是有意识的。

应该指出的是，下层阶级的白人——特别是那些契约佣工和合同雇工——被上流社会所蔑视，他们的处境并不比黑奴好多少。但不管怎么说，临时契约终究不同于终身奴隶制。

总的来说，北方人厌恶奴隶制，但并非都出于人道主义。虽然有一些人，尤其是贵格会教徒出于宗教信仰声讨奴隶制，但大多数北方人不把黑人当人看，总觉得有黑人在身边不大好，这是他们厌恶奴隶制的主要原因。事实很清楚，在他们看来，在艺术、文学、科学、宗教、发明、礼仪——文明世界可以列举的一切事物上，非洲落后欧洲2000年。本·富兰克林的态度具有典型性。他反对奴隶输入的理由

是，他们会“黑化”“上等人”，即那些“可爱的白种人和红种人”。这就是北方人对奴
隶制态度的实质：奴隶制度无疑是不道德的，应受到谴责，但不管是身为自由人还 189
是奴隶，非洲人都不受欢迎；大多数北方人的终极目标是，净化他们所处的整个社会。

而且，很多北方人认为，黑人大量涌入南方对整个联盟是一种威胁。黑人人口增长越快，大规模奴隶起义的可能性就越大。这必然会让外国势力有机可乘，利用混乱局面，入侵受奴隶起义困扰的邦，其结果是，北方不得不花费大量人力和物力，帮助南方进行防御。北方人的这种担心，究竟会不会变成现实，还很难说，但人们在本次会议上及其他场合提议禁止奴隶输入，毫无疑问，是具有前瞻性的。

而实际情况是，约有200艘贩奴船穿梭于波士顿、纽波特(Newport)和北方的其他港口，这在一定程度上缓和了北方对奴隶制度的反对声音。但贩奴船队的存在也意味着，许多北方人亲眼目睹了运奴途中的惨状，特别是许多新英格兰人，他们听说了运奴过程中的许多故事，奴隶被锁在狭小的木制铺位上，船舱里到处是呕吐物、血和粪便，脏乱不堪。这样的故事坚定了废奴主义者废除奴隶制的决心。

很明显，北方最终将废除奴隶制度。马萨诸塞邦的法院已在1787年以前废除了奴隶制，北方其余各邦，特别是宾夕法尼亚、罗得岛、康涅狄格，正在逐步废除奴隶制度。可以肯定的是，奴隶制度濒临消亡，可是，就在它必定会很快消亡的时候，为何会引起如此激烈的争论呢？

其实，在1787年，奴隶制度并非即将结束。制宪会议结束后5年，轧棉机的发明极大地刺激了对奴隶的需求，但即使在那之前，对奴隶的需求也是有增无减的。许多美利坚人相信(或情愿相信)，随着奴隶贸易的结束，奴隶制度会自动废止，因
为已经有10个邦宣布奴隶贸易为非法。人类自欺欺人的能力总是无穷的，制宪会 190
议上的北方代表们极力希望促成联邦，所以他们乐观地认为奴隶制在短期内就会消亡。他们不喜欢奴隶制度，但并不把它看作生死攸关的事情。然而，他们很快就发现，奴隶制度与其他一大堆问题纠缠不清，这个问题终究要解决，无法绕开。

比方说，如果新的立法机构采用麦迪逊极力推崇的比例代表制，那么，是否把奴隶也计算在内？还是把奴隶当作财产征税？而且，很明显，进口税势必成为新政府岁入中的一项主要来源，那么，新输入的奴隶是否应被当作进口商品进行征税？

奴隶到底是人还是财产?

其次,西部地区必然会分出一些新邦,由此就带来了西部新邦的问题。南北双方都不愿承认与另一方结盟的邦,当时人们普遍认为,结盟的决定性因素是看是否实行奴隶制度。因此,是否允许西部新邦实行奴隶制度?北部各邦是否应当允许南方人越过边界搜寻逃亡的奴隶?北部各邦必须追捕逃亡者吗?随主人一起来到自由邦的黑人是否就成自由人了呢?奴隶是邦际贸易中的商品吗?

在当时,奴隶问题千头万绪,相互交织,错综复杂。制宪会议上讨论最集中的,是奴隶到底算作人还是财产这一问题。在围绕比例代表制展开的激烈辩论中,这个问题上升到了无与伦比的程度:是否允许南部各邦把黑奴计算在人口内?

奴隶是人还是财产的问题由来已久,不是什么新问题。早在旧邦联时代,这个
191 问题就已出现,当时开会讨论各邦向中央政府的摊派份额,必须作出决议,最终决定按人口进行征收。那么,黑奴怎么计算呢?当然,对南部各邦来说,黑奴算得越少越好,而对北部各邦来说,则希望算得越多越好。最后就这个问题达成如下妥协方案:一个奴隶算 3/5 个人,即每 5 个奴隶算作 3 个白人。最后定下这个数字并没有特别的原因——只不过是妥协的结果。有意思的是,议会委员会提出按这个数字来计算时,詹姆斯·麦迪逊和奥利弗·埃尔斯沃思均为该委员会成员。

然而到了费城,形势发生了变化。麦迪逊及同盟者打算确立比例代表制这一原则。大会围绕黑奴应该如何计算展开辩论,随着讨论的深入,与会代表们开始注意到:情况发生了变化。如果联邦议会按人口分配席位,对南部来说肯定是奴隶算得越多越有利,而对北部来说,他们肯定会持相反的观点,他们认为奴隶可以买卖,没有自己的自由意志。他们和骡马有什么区别呢?所以说,在围绕比例代表制争论不休时,制宪会议代表们开始首次面对奴隶制问题。

这个问题在 1787 年 6 月 11 日被提了出来,那时刚开始讨论比例代表制,罗杰·谢尔曼就提出了这个问题。谢尔曼向大会提交了一份动议,后来被称为“康涅狄格妥协案”,他提议众议院席位应按各邦“自由居民人数”比例分配。这个提法南方人当然不会接受。而在当时,倒不是南方人站了出来,而是宾夕法尼亚的詹姆
192 斯·威尔逊站出来提议,席位分配还应包括那些“3/5 前文中没有提到的人”——那就是黑奴。这是邦联议会在制定各邦征税规则时使用的原文,威尔逊选择用这

一条，用意很明显，这是南北双方都能接受的规则。他的动议获 9 票赞成，2 票反对，新泽西和特拉华 2 邦反对，因为这 2 个邦全盘反对比例代表制。

这倒不是因为威尔逊及来自三大邦的其他代表与南部腹地各邦代表达成了某种协议，而是在当时三大邦最关心的是比例代表制能否获得通过。南部腹地各邦的代表也希望自己的邦能迅速壮大，他们是天然的盟友，为了保住这个联盟，三大邦的代表不得不在奴隶问题上作出让步。

在 6 月 11 日的时候，代表们对大会开到什么程度，大多心里没底，他们只是慢慢才看清楚天然联盟的存在及他们之间的分野。但到了 7 月初，大部分代表已经意识到，三大邦与南部腹地各邦的盟友关系将左右本次大会。当时没有其他人提出这个问题，而罗杰·谢尔曼站了出来，他说，为避免本邦权利，即小邦权利受到挤压，唯一的方法是，打破三大邦与南部腹地各邦的联盟，重新打造一个新的联盟。

大家都知道，康涅狄格向来以其民主作风为傲。和其他邦相比，康涅狄格受传统制度的制约较少，而是通过共识来进行管理。对康涅狄格的领导者来说，政治交易是再正常不过的事情，在康涅狄格，只有深谙妥协折衷之道的人才能在政坛出人头地。所以，康涅狄格参加制宪会议的三位代表，都不是那种喜欢兴风作浪之人，这也就不足为怪了。

现在，我们对罗杰·谢尔曼这个人开始有了一定的了解。康涅狄格代表团中的另外两位代表，也支持他的妥协方案。奥利弗·埃尔斯沃思家境殷实，但不是贵 193
族世家。他体格健壮，身高 6 英尺 2 英寸。他进入新泽西学院学习，当时卢瑟·马丁、阿龙·伯尔、威廉·佩特森和詹姆斯·麦迪逊也在那里学习，他们成了朋友，他至少和马丁及佩特森成了朋友。他后来改学法律，开始执律师业，成为康涅狄格邦内有名的律师。他“个子高大、仪表堂堂、威风凛凛”，他有吸鼻烟的嗜好，而且烟瘾很大，“经常吞云吐雾，烟雾缭绕”，这多少对他的形象有所影响。他在思考问题的时候烟瘾特别大，他的家人对人说，当他绞尽脑汁思考一个问题的时候，家里到处都是一小堆一小堆的烟灰。

埃尔斯沃思是当年所谓的革命小将之一——《独立宣言》发布时他才 31 岁。他先后担任过邦内的不同职务，战争期间他积极投身革命，担任康涅狄格邦议会议员，为康涅狄格的军队募集款项。他的这些经历使他具有全国性视野，总体上他支持建立一个强有力的中央政府，但他倾向于采取稳妥措施。他承认自己“缺乏想象力”，经常向谢尔曼寻求指导。有一年在联邦议会，他投的票78%与谢尔曼一致。当约翰·亚当斯听说埃尔斯沃思以谢尔曼为榜样时，他说这两人都值得称道。但埃尔斯沃思和大会上的另一个高个子，乔治·华盛顿很像，脾气都很大，发脾气时会咆哮辱骂别人。他德高望重，后来担任了合众国最高法院首席大法官。

康涅狄格邦另一位代表是威廉·塞缪尔·约翰逊，论出身和学习经历，他与谢
194 尔曼和埃尔斯沃思完全不同。他出身于名门望族，家境富裕，举止高雅、见多识广，穿梭于伦敦的上流社会之间，如鱼得水。约翰逊的父亲是新英格兰圣公会的领导人。美国的圣公会当然是英国国教的一个分支，它在美国部分地区占据主导地位，特别是在南部地区。而在新英格兰地区，还是以加尔文派教徒为主，圣公会被视为非主流。

约翰逊学习过法律，后来成为康涅狄格法律界的顶尖律师。不过，他的经历并非一帆风顺。作为英国国教教徒，他对母国无比忠诚。1766年，作为康涅狄格的代表，他被派往英格兰继续深造法律，并被牛津大学授予荣誉学位。无论从学习经历还是从性情上来说，约翰逊都是十足的保皇派，尽管他也反对英国向美国征税。他说，“英国的至高无上地位和美国的自由，两者之间并非水火不容”，美利坚独立后将“陷入派系争斗和内讧，相互伤害，最终被入侵者坐收渔翁之利”。

美利坚人民英勇反抗英国的殖民统治，最终导致发动独立战争。在这期间，约翰逊小心翼翼地在两方之间周旋，一会儿站在这一边，一会儿站在另一边，尽量避免站队。虽然他的立场模棱两可，但后来还是当选为合众国第一届参议院议员，而且，和他的父亲一样，担任了哥伦比亚大学校长。

威廉·塞缪尔·约翰逊在独立战争期间采取中立立场，这与他一贯的行为方式是完全吻合的。终其一生，他行事总是小心翼翼，不喜与人争论。他曾写道：“我必须安宁地生活，否则我根本活不下去……即使从事卑微的行业，与所爱的人一起安静地吃着粗茶淡饭，也好过与不和的家人或外人一起享受山珍海味。”

约翰逊的外表与他平和、迷人的个性有着天作之合。一位观察家提到：“约翰
195 逊的长相、体型和身材比例近乎完美。”从他的画像上可以看出，他有着一双柔美的深棕色眼睛，黑发浓密（1787年时头发已经灰白）。他身高中等偏上，身板笔直。

约翰逊足智多谋，绅士风度十足，态度温文尔雅——很有他后来担任的大学校长范儿。

事实上，和罗杰·谢尔曼相比，约翰逊和埃尔斯沃思更具有国家主义思想，在推动建立一个强有力的中央政府上，尽管谢尔曼不是很热衷，但在这两人的鼓动下，他也比较愿意接受。

为达到目的，务必要寻求结盟，几乎是这类人的天性。“弗吉尼亚方案”获全体委员会通过后的几天里，康涅狄格人明显感觉到，在诸多问题上，他们需要寻求盟友。不幸的是，他们的天然伙伴——新英格兰各邦和小邦集团——不愿合作。小邦联盟既不够强大也不够牢固，在多数问题上无法占据上风。马萨诸塞加入大邦阵营，而另两个新英格兰邦，新罕布什尔和罗得岛，甚至没有到场。所以，康涅狄格人厚着脸皮，直接到敌对阵营去寻求盟友：南卡罗来纳。

这两个邦是十分奇特的组合。南卡罗来纳是南部腹地集团的领袖，是最具有贵族气质的邦之一；而康涅狄格是最具有共和气质的邦。康涅狄格早已作出规定，逐步废除奴隶制。南卡罗来纳有一半的人是奴隶，另一半人打定主意，决心维持奴隶制。在所有邦之中，南卡罗来纳最为富有，经济上以大种植园为主，农作物单一；而康涅狄格，经济上以家庭小农场为主，农作物多样化。虽然有这么多的差异，但这两个邦拥有一个非常重要的共同利益，只是看上去不是很明显。出口贸易是这两个邦共同的支柱产业，南卡罗来纳主要以大量出口稻米、靛蓝为生，康涅狄格的 196
家庭向西印度群岛出口大量盈余的牲畜、木材和食品，维持相对较高的生活水准。的确，在当时，康涅狄格约有 300 艘船用于对外贸易，其对西印度群岛的出口额比波士顿还多，和纽约相当——总价值约 75 万美元。

马萨诸塞、纽约、宾夕法尼亚和弗吉尼亚这些主要贸易邦，用自己的船队，输出大量其他邦的产品和本地商品。新泽西和特拉华经由费城和纽约进出口货物。康涅狄格直接出口到西印度群岛，但要通过纽约和波士顿进口欧洲的商品。南卡罗来纳也直接出口——只是没用自己的船。因此，只有南卡罗来纳和康涅狄格的本地产品完全依靠直接出口。出口贸易上的共同利益弥合了两邦之间的巨大差别。此外，威廉·塞缪尔·约翰逊温文尔雅的气质及其英国圣公会成员的身份，对南方人来说很有吸引力，而且他从 1784 年起就担任邦联议会议员，在议会里交了很多朋友。更何况，约翰逊自己也拥有奴隶。

我们已无法确切知道，南卡罗来纳代表团里，究竟是谁促成这两个代表团结盟的。不过，这个集团的领导人物，不是平克尼兄弟，而是他们的表兄，约翰·拉特利奇。

约翰·拉特利奇生于1739年，父亲是一名医生，在约翰11岁时去世。不久之后，约翰到他叔叔安德鲁（Andrew）的律师事务所学习，他叔叔是南卡罗来纳众议院议长。约翰16岁时，叔叔去世，但他继续学习法律，先到英格兰，后跟一个也成为南卡罗来纳众议院议长的人学习。就这样，约翰·拉特利奇顺理成章地进入政
197 界，在21岁这个年纪就开办了律师事务所，并当选为南卡罗来纳议会议员。他身高约5英尺8英寸，头发红棕色，长着精致的鼻子和一双蓝灰色的眼睛，双眼间距很宽，额头很高。他说话带鼻音，据说他有时说话很快，别人很难听懂。不过，他经常保持沉默，看上去有点冷漠，他总是彬彬有礼，从不得罪人，尽量讨好别人。他25岁时当选为南卡罗来纳检察总长，担任第一届大陆会议南卡罗来纳代表团团长，1778年参与撰写南卡罗来纳邦宪法，1782年担任邦长。他蓄有26个奴隶。他最赚钱的是律师业务，主要客户是他所在城市的进出口商。

他接受的训练是对人的管理。据一位传记作家说："管理者的身份在他身上显露无遗。他了解此类集会（如制宪会议）上人的脾气、长处和弱点。每次集会都是对他控制权的挑战。自他首次在南卡罗来纳议会露面以来，在他参加的所有议事机构中，情况一贯如此。他总是处于控制地位。"不过，尽管他担任了很多公职，但拉特利奇还是最热衷于从幕后操纵事务。他最喜欢的格言是："不在乎谁统治，只关心谁制定规则。"约翰·亚当斯这样形容他，他"总保持着拘谨、精明狡猾的样子"。

约翰·拉特利奇正是罗杰·谢尔曼所熟知的那类人。而且，拉特利奇在北方有熟人。他和宾夕法尼亚的詹姆斯·威尔逊有法律上的业务往来，他到会后头几个星期和威尔逊住在一起，这段时间正是三大邦——南部腹地各邦联盟主导会议的时候。他和查尔斯顿的商人有法律上的交往，使他得以在全国范围内——甚至在国际上——结识人，早在1786年，即制宪会议召开前一年，他就敦促本邦把对外
198 贸易管辖权让给全国议会。由于他具有国家主义视野，较之来自南部腹地的大部

分代表，他没有像他们那样偏袒南部。但不管是约翰·拉特利奇，还是南部的其他代表，都不可能在本邦的奴隶利益上让步。

康涅狄格—南卡罗来纳轴心到底是在什么时候、如何形成的，我们无从知晓。合理的假设是，威廉·塞缪尔·约翰逊充当了中间人的角色。交易双方是什么时候把各自的盟友——康涅狄格的盟友新英格兰各邦，南卡罗来纳的盟友南部腹地各邦——带进来的，我们也无从得知。不过，这里肯定有人作了一些安排。会议结束后几年，那位脾气急躁、思想独立的弗吉尼亚人乔治·梅森，告诉托马斯·杰斐逊他拒绝在宪法最终文本上签字的原因：

> 直到会议闭会前两个星期商定的这部宪法，还是一部他打心底里赞成的宪法……这三个新英格兰邦在所有问题上始终与我们保持一致……所以说，是这三个邦与南部五个邦联合起来反对宾夕法尼亚、新泽西和特拉华。至于奴隶输入问题，留给了全国议会处理。这对最南边的两个邦造成了困扰，因为它们知道，全国议会一到时候就会立即立法禁止奴隶输入。因此，这两个邦与新英格兰三个邦达成了协议。

这不是梅森的原话，而是杰斐逊回忆梅森的说话，并不完全准确。这种联盟并非坚如磐石。新英格兰三邦和南部腹地三邦的投票并非总是一致，六个代表团中也不是每个人都参与了交易。但是，在许多重要问题上，这六个邦确实行动一致。

即使我们不了解这种交易是如何达成的，但我们非常清楚地知道所达成协议
的条文。实质上，如果南部腹地在航运和贸易事务上支持新英格兰人的话，新英格 199
兰三邦就同意在奴隶问题上支持南部腹地各邦。

在交易过程中，康涅狄格代表心里十分清楚，如果会议代表希望南部腹地各邦留在联盟里，会议一般不会干涉奴隶问题，如果真的干涉，也不会太多干涉。同意在奴隶问题上支持南部腹地之后，康涅狄格代表肯定以为，他们将得到意想不到的回报。在他们看来，他们是在空手套白狼。

我们也必须记住，对大多数代表来说，首要目标是，希望看到会议成功地创设一个切实可行的政府。这是他们承担的伟大事业，他们准备尽全力去完成这项任

务。交易就这样达成了，弗吉尼亚的那些国家主义者，6 月的时候还主导着会议进程，可是到了 8 月，却和他们的主要盟友——宾夕法尼亚代表疏远了。

新的联盟占据了主导地位，这个联盟与詹姆斯·麦迪逊 5 月组建的联盟在调子上完全不同。新联盟的特点是，富有理智的人较少，而以实用主义为主，他们一心要创建一个出口贸易不受限制的国家。这是他们在制宪会议上的主要目标之一。谢尔曼、拉特利奇及他们的盟友想要建立这样一个全国政府：一方面，建立一个全国政府管制下的健全的邦际贸易体系，另一方面，要使各邦在出口上不受任何限制。这在理论上是自相矛盾的。麦迪逊、威尔逊等人希望建立一个以一贯的理论为基础的政府，但谢尔曼等人却反其道而行之，想要化整为零，讲求实用地处理每一个问题。

这个方案不完全符合所有与会代表的口味。弗吉尼亚代表尤为反感，他们的态度很强硬，认为全国政府必须有能力在很大程度上控制各邦，会议期间，他们自
200 始至终投票支持限制邦权。在这个方面，他们得到了小邦的支持。马里兰、新泽西和特拉华成功争取到参议院的平等投票权，这样它们就有机会预先阻止自己不喜欢的立法，所以，参议院席位平等制一经确立，这些小邦就迫切盼望建立一个能够控制全美贸易的全国政府，以防邻近大邦对其进行掠夺。但在这一点上，小邦以前的盟友康涅狄格却背弃了小邦。康涅狄格只想让全国政府控制进口，希望出口依然不受限制。

在奴隶问题上，康涅狄格也抛弃了以前的盟友。中部各邦断然不愿将延长奴隶制的条文写进宪法。中部各邦的许多代表原则上是反对奴隶制的，但不论他们的原则是什么，所有人都清楚，只要宪法似是而非地支持奴隶制，这样的宪法很难被本邦选民通过。而弗吉尼亚的代表，出于自身的原因，迫切希望停止奴隶输入。因而，这几个位于国家中部的邦，都反对南部腹地各邦与新英格兰各邦达成的交易，它们决心斗争到底。

我们来看一下 7 月 2 日发生的事情，当时比例代表制的辩论进行到关键时刻，会议濒临解散，感到绝望的代表们推举特别委员会拿出一份大邦和小邦都可接受的妥协方案。7 月 5 日，该委员会提交报告，报告的主要内容为，全国议会第一院实行比例制，对目前已在联邦以内的邦，每 4 万人产生一名议员，各邦人数包括 3/5

算法,这个算法早先时候已得到普遍接受。

但这个算法仍使一些人感到不舒服。其中一人是古弗尼尔·莫里斯,据我们
所知,他认为,富人“与社会休戚相关”,必然要承担很大一部分政府开支,所以,对 201
于他们的钱如何花,他们理应有更大的发言权。第二天,7月6日,莫里斯提议新设一个委员会,来分配13个邦每邦的具体代表名额,在考虑人口的同时把财富也一并考虑进去。大会接受了他的提议,选举马萨诸塞的戈勒姆和金,南部的伦道夫和拉特利奇,以及作为关键一票的莫里斯担任委员会成员。这个委员会的成员构成说明,人们是多么快就淡忘了大邦和小邦之间曾经有过的斗争:5位成员中,4位来自三大邦,第5位来自南部腹地,是他们的盟友。现在,要在南方和北方之间找平衡了。

7月9日,该委员会提交报告,代表名额分配方法如下:北方31名,南方25名,多给了南方一些名额,是因为南方拥有更多财富。随后展开的辩论主要针对是否应该把财富计算在内。

实际上,辩论进行到这个时候,“财富”一词已被用作黑奴的委婉说法。其实,争论的实质是,在计算代表名额时,到底在多大程度上允许南方把奴隶计算在内。如果把奴隶计算在内,事情明摆着,南方只需增加奴隶数量就可增加其议员人数,南部腹地各邦反正一直在输入奴隶。

在读到7月9日那天的辩论时,我们发现威廉·佩特森说道:“我认为,黑人只能被当作固定资产计算。黑人没有自由,没有个人的公民权利,没有获得固定资产的特权。……”而且,我们还发现古弗尼尔·莫里斯说道:“我绝不同意让南部各邦为奴隶取得席位分配的资格,以此鼓励奴隶贸易。……”

北方的代表可不关心黑人的权利问题,他们最关心的是,不让南方在本次大会
产生的新议会中占据多数。 202

争论还在继续。7月9日,大会又选派一个委员会,由每邦各出一人组成,重新计算议会代表名额。第二天,这个委员会向大会又提交了一组数字,总名额增加到65名,但南北比例未作变动。大会还是老样子,北方代表再次试图击败南方代表。马萨诸塞的金先生提出抗议,他说,与最南部四邦相比,“东部”四邦的代表名额不足。拉特利奇的拍档,查尔斯·科茨沃斯·平克尼作出回应,他说,他并不期待把

南部各邦在新议会里的席位提高到占据多数，但坚决要求“能大体平等”。北卡罗来纳代表威廉逊的发言切中要害。他说：“按现在的安排，南部的利益极其危险。议会第一次开会时，北部将占据多数席位，由此而具备使这种比例永久化的手段。”

这是问题的关键所在。大家都清楚，在开始阶段，北方会在新的联邦议会里占优势——在参议院，因为北方的邦数较多，在众议院，因为北方人口较多。南方能够接受这样的安排，它会耐心等待其人口数量增长，但它必须要确保北方不会永远保持这一优势。

为了保证这种情况不会发生，伦道夫在 7 月 10 日提出动议，“为了弄清人口和财富的变化情况”——这里的财富指的是奴隶——应该定期进行人口普查，并根据人口普查结果调整代表名额。也就是说，联邦议会不得随心所欲、自行决定重新分配席位，虽然在北方控制下的联邦议会，这种情况永远不会发生，但要根据宪法要求每隔一段时间重新分配席位。

203 莫里斯马上提出反对，他还是担心西部新邦人口增长过快，如果强制规定对席位作重新分配，西部各邦就有可能控制联邦议会。最好还是让联邦议会做它想做的事情吧。7 月 11 日，谢尔曼竭力主张，强制规定重新分配席位“给议会戴上的枷锁太多，我们应该挑选英明智慧、心地善良的人，然后就加以信任”。

他们继续争吵，毫无进展，南北双方代表轮番上阵，提出一个又一个有利于本方的理由。像往常一样，詹姆斯·麦迪逊发表了一通思路清晰、富有远见的演说。他说，经验表明，当权者不会轻易交出权力。他举了英国的例子。“那里的权力，长期把持在……少数人手里；他们反对并且击败了每一次的改革企图。”

特别令人感兴趣的是罗杰·谢尔曼两次简短的发言，两次都发生在 7 月 11 日。第一次是在拉特利奇发言支持强制规定重新分配席位之后。拉特利奇刚一坐下，谢尔曼马上起身，他说，尽管他原来也反对强制规定重新分配席位，但他被南方人的“意见”说服，改变了主意。第二次发生在当天晚些时候，马萨诸塞的金对最后这个委员会提交的重新分配席位的规则因为南方的比例过高而提出反对之后。这次，谢尔曼又是迅速起身，支持这个规则，他决意与他的新英格兰同事分道扬镳。“总的来说，这种摊派办法，不可能完全公平合理。不过综合起来考虑，他对这个方案满意。”这里的“综合情况”，谢尔曼的意思仅仅是，如果照此发展下去，南部必定会多得席位份额。这时，康涅狄格—南卡罗来纳轴心已显露无遗。

但这个联盟还不处于控制地位。7 月 11 日，北方阵营齐心协力，投票进行表
决，不同意南方把奴隶计算在统计方法内——不管是五分之三还是二分之一，一概 204
不行。北方有一个邦和它的同伴决裂并投票支持五分之三算法，这个邦就是康涅狄格。

大会的意见再次分化，到了有可能解散会议的紧要关头。然而，就在第二天，7 月 12 日，大会风云突变，形势无缘无故地发生了逆转。这需要 20 世纪的历史学家花一点心思在历史探索工作上，去解开这个谜团。

205 第十五章　西部地区

黑奴问题阴魂不散，涉及奴隶问题的另一个交易也笼罩在重重迷雾之中。要想深入了解这一问题，我们有必要来看一看“西部地区”问题——即阿勒格尼山脉以西地区的问题。

17 世纪时，北美大西洋沿岸实行殖民统治，欧洲人对新大陆的地理知识知之甚少。不同国家的政府，主要是英国政府，授权各个团体到那里建立殖民地，它们在那里获得广阔的土地，这些土地经常有重叠，各个文件的表述也很不明确，充其量是当时的草图，而不是对土地的精确描述。这些授予的土地中，有一些延伸到了太平洋。一直到 18 世纪末，一些殖民地之间的边界仍然模糊不清，殖民地政府在土地权利问题上一直争论不休。直到 18 世纪 80 年代，为了争议地区的权利，康涅狄格的定居者和宾夕法尼亚人在威尔克斯—巴里（Wilkes-Barre）地区着着实实打了一仗。

《巴黎条约》结束了独立战争，将合众国的西部边界定在密西西比河。密西西
206 比河以外的地区是西班牙控制的路易斯安那领地（Louisiana Territory），这片地区异常广袤，大部分地方欧洲人从未看到过。这片地区以北是英属加拿大，以南是西班牙控制的佛罗里达（Floridas）和墨西哥湾（Gulf of Mexico）沿岸领土。

合众国现在控制的阿勒格尼山脉和密西西比河之间的土地幅员辽阔，比原先 13 个州要大很多。这是一片具有巨大潜在价值的地区，那里的土壤肥沃，林业和渔业资源丰富，地下还有丰富的矿产资源，河流纵横交错，不受山峦阻隔，一直流到密西西比河，构成巨大的天然交通网络。不过，那里也存在一些问题：印第安人会

攻击白人，不让白人在此定居；外国对这片地区也是虎视眈眈；此外，这片土地还需清理，道路需要疏通，房屋、村镇需要建造。但那里的发展潜力是不言而喻的。

这片广袤的西部地区因政治原因，分成了两大块。根据最初的授权，南部是弗
吉尼亚、北卡罗来纳和乔治亚，一直延伸到密西西比河。因此，从理论上讲，至少俄
亥俄河以南的西部地区早已是合众国的一部分，受现有各邦政府的控制。但事实
上必须承认，上述 3 个邦的西部地区势必要脱离出来成为单独的邦（这片地区后来
成为肯塔基、田纳西、阿拉巴马和密西西比）。当时的交通和通信非常不便，沿海各
邦政府无法控制一个月路程之外密西西比河谷的人民。穿越阿勒格尼山脉前去拓
荒的人来自各地，不会特别效忠于弗吉尼亚或北卡罗来纳，甚至到了 1787 年，他们
还在吵着要单独建邦。事实很清楚，大家也普遍认可，这里终将会建立起新邦。但 207
这些邦如何切分、谁说了算，无疑是另外需要解决的问题。

说是另一个问题，是因为一些邦，像新泽西、马里兰和特拉华对西部地区没有直接权利。多年来，合众国内部的一个主要冲突，是“内陆”邦和在西部拥有巨大土地资源的邦之间的冲突。这些“内陆”邦坚持认为，西部地区应该移交给全国政府，由全国政府为了联邦的整体利益进行处置。马里兰在这个问题上的态度特别强硬，因为该邦众多有影响力的人物在其他邦宣称有主权的地区，直接从印第安人手里购买大片土地进行投机。俄亥俄河以北的西部地区，问题要少些，尽管投机客已在这片地区经营多年，但对这片地区宣称有主权的邦已将这片地区转让给全国政府。

整个辽阔的西部地域，不管是北部还是南部，就像一块强大的磁体，吸引着东部地区的人们。康涅狄格没有土地可继承的儿子、宾夕法尼亚的契约劳工、波士顿那些厌倦航海的水手、源源不断涌来的新移民，对他们来说，山那边连绵不绝的空地，诱惑实在太大，几乎无法抗拒。1787 年，西部地区人烟还非常稀少，全国约 96％的人口居住在东部沿海地区，只有约 15 万人散落在阿勒格尼山脉和密西西比河之间广袤的土地上。但美利坚人正在加速流向这些地区。举例来说，18 世纪 70 年代的 10 年间，日后成为田纳西的地区，人口从 1 000 人增加到 1 万人，接下来的 10 年人口增至 3 倍多，再接下来的 10 年又增加了 3 倍。

每个人都明显感觉到，西进运动蓬勃发展。随着土地开发、驱离印第安人、伐

林筑路、建立村镇，土地价格一涨再涨。甚至一小块土地也能卖得一大笔钱，简直
208 令人眼花缭乱，最后连最理智的人也为之癫狂，认为西部地区遍地是黄金。真实感在逐渐消失，连最明白事理的人，包括乔治·华盛顿和本杰明·富兰克林也参与其中，至少有两位国父级的人物，詹姆斯·威尔逊和罗伯特·莫里斯，因土地投机被投入负债人监狱。

当然，要想进行投机，你必须拥有土地。到 1787 年时，西部地区的土地被条块分割，大小不一，有的覆盖大片土地，达几百万英亩，有的有整个县那么大，有的甚至大到可以建成几个邦。这些土地的来源不一，有些是投机者与这个或那个印第安人部落达成的交易，不过，这种交易的合法性经常受到怀疑，这些印第安部落是否有权力出售土地值得怀疑；此外，各邦将土地分配给各个投机者团体；还有一些情况是，拓荒者来到西部，随便找块适宜耕种的地方就住了下来。

但不管土地来源多么混乱，有一件事是非常明确的：西部土地是这个新兴国家的最大资产，出售后可以用于偿还独立战争期间欠下的巨额债务。国家有组织地出售土地，势必会加速民众流入西部地区开垦原始森林，这样用不了多久，这些人就会叫嚷着建立新邦。

那么接下来会怎样呢？新建的邦与原先的邦享有同等的权利吗？投机客的权利要求会得到尊重吗？许多投机客有钱有势，在本邦乃至全国政府担任官职，这些人几乎不可能轻易放弃自己的权利要求。还有，奴隶问题怎么办呢？人们认为，经
209 济上依赖奴隶制的新邦，在基本问题上会和南方站在一起；而不实行奴隶制的邦，会和北方站在一起。随着西部新邦加入联邦，联邦议会中南北之间的平衡无论如何会被打破。撇开所有其他问题不谈，新邦是否实行奴隶制这一问题，具有深刻的政治意蕴。

如果新邦可以实行奴隶制，南方诸邦的西部地区人口会迅猛增长，人口增长速度将高于俄亥俄河以北的西北领地。后来成为肯塔基和田纳西的区域，已做好建邦准备，建邦时间肯定会早于从西北领地分出来的新邦，所以，南方人赞成新邦以便捷平等的条件加入联邦，而北方人并不急于让新邦加入。

1784 年，弗吉尼亚将其占有的西北领地土地转让给全国政府，从那时开始，邦联议会就着手处理西部地区问题。当时成立了一个委员会，由托马斯·杰斐逊担

任主席，为俄亥俄河南北两岸的全部西部地区制定解决方案。方案很快就制定出来，主要是杰斐逊的功劳，提议将该地区分成 14 个邦，实行自治，禁止实行奴隶制度。

该方案未获议会通过。来自老邦的一些议员认为，西部民众不守规矩、难以控制，会挑起和印第安人的战争，那么，老邦就不得不参战。另一些议员担心，西部民众主要是农民，在全国政府里取得权力后，会对东部的商业课以重税。还有一些议员担心，这么多的新邦将使西部地区在政府里拥有太多权重，因为《邦联条例》规定，各邦在政府里拥有平等的投票权。

议员们尤其想要确保本邦居民的权利要求得到保证——这并不奇怪，许多议员来自土地匮乏的邦，他们本身就是土地投机客，他们想方设法保护自己的土地。在争辩过程中，杰斐逊的方案落空了。当时还提出了其他一些方案，在当时这种情 210
况下，虽然西部地区问题已成为议会的当务之急，但邦联议会还是未能通过任何方案。

到了 1786 年，出现了另外一个因素，使这个问题更趋复杂。事情是这样的，北方诸邦企图将密西西比河上的航行权转让给西班牙，以换取一项通商条约，因为北方人在密西西比河没什么利益可图。的确，它们认为，西部开放会导致它们的人口流失，不动产价值降低，产品销路变窄。封锁密西西比河将减慢西进运动，而且，与西班牙人签订的贸易协定中，也将会打开加勒比市场。

南方人被北方此举惊呆了。对南方各邦来说，西部地区地域广阔，西部地区的价值，很大程度上取决于密西西比河的通行权，有了密西西比河的通行权，就可以把它们的产品——玉米和其他谷物、毛皮、烟草，最主要是棉花——运向市场。弗吉尼亚人詹姆斯·门罗对此发表过很多言论，他指责东部一些议员企图终止西部定居，阻止建立新邦，从而“促使人口东移并留在那里”。

但在邦联议会上，北方拥有 8 比 5 的优势，1786 年，邦联议会通过了一项议案，授权外交部部长约翰·杰伊用密西西比河航行权，换取和西班牙签订贸易条约。而南方人则采取拖延行动，很多议员经常缺席，议会一直无法达到法定人数，最后该议案不了了之。有的时候，13 个邦中，只有 3 个邦的代表出席。在我们今天看来，这简直不可思议，居然有这么多的议员甚至不愿露面！问题的关键是，当时的 211

议员从未把议员当作专职工作。据推测，邦联议会每年开一到两次会，每次会为期几个星期，主要解决提交给议会的一些问题，然后就休会。议员们大都是重要人物，是大忙人，有自己的生意要打理，还要参与本邦的一些政治事务。事实上，由于全国政府发挥的作用有限，邦内事务往往来得更加重要。经常有议员简单收拾一下行李就回家去了，而且一去就达数月之久。

1787 年 5 月，制宪会议代表开始到费城集合，很多北方议员离开纽约市到费城，这样南方议员在议会中就暂时占据多数，邦联议会撤回了给杰伊的指令。虽然曾一度引起新英格兰人的严正抗议，威胁要解散联盟，但围绕此事的争吵总算告一段落。不久之后，邦联议会就完全失去法定人数，部分原因是，有 15 名议员同时也是制宪会议的代表。这就是制宪会议开始讨论西部地区问题时的背景。

我们记得，1787 年 7 月 2 日，就比例代表制的辩论进行到了关键时刻，会议濒临解散，乔治亚的威廉·费尤和威廉·皮尔斯以及北卡罗来纳的威廉·布朗特离开会议，北上前往纽约的邦联议会。据我们所知，费尤和皮尔斯的离会，使支持北方的亚伯拉罕·鲍德温得以分化乔治亚代表团，在参议院比例代表制问题进行投票时形成平局。实际上是否决了在参议院实施比例代表制，小邦取得了必要的胜利，从而挽救了大会。

这 3 名南方代表为何会在如此关键的时刻离开大会呢？答案是，他们到纽约有更重要的事情。我们来看一下北卡罗来纳威廉·布朗特的性格，就不难理解了。布朗特是制宪会议上最默默无名的代表之一，与高贵的华盛顿、可敬的麦迪逊、睿
212 智的谢尔曼相比，他是一个性格古怪的人。他是一个撒谎者，一个骗子，一个小偷，是合众国历史上第一个遭弹劾的人。但布朗特也是典型的美利坚人——纯粹出于对金钱的热爱而奋斗的人。像华盛顿那样的人物非常看重名声，但他毫不在乎，像汉密尔顿那样出身卑微的人特别看重社会地位，他也毫不关心。对他来说，金钱就是他所要的一切，其他都不重要。

威廉·布朗特是英国一支下层贵族的后裔，其祖先可追溯到诺曼征服时期。布朗特家族于 1664 年来到北卡罗来纳，由于精明强干，几年后就发展成为当地的大种植园主，在北卡罗来纳多地拥有资产。威廉生于 1749 年，当时他的家族已经十分富有且在当地受人尊敬，多名家族成员在殖民地政府担任公职。

但布朗特并没接受南方绅士通常应有的良好教育。据他的传记作者威廉·H.马斯特森(William H. Masterson)说，布朗特家地处偏僻，交通不便，教师不愿来此执教，威廉直到15岁才上学。而这个岁数，大多数男孩早就毕业了。

他的父亲雅各布·布朗特是种植园主，经营范围较广，生意做得很好。所以，威廉·布朗特成长过程中受到的启蒙不是西塞罗的道德演讲，也不是休谟的政治思想，而是如何赚钱。

他一心想要发大财。虽然他拥有种植园、磨坊、铁工厂和轮船，但他并不满足，他发现投机西部土地是发大财的最佳途径。他和抱有同样想法的家人一起，买下了特兰西瓦尼亚(Transylvania)的一块地，这块地位于后来成为肯塔基和田纳西的西部。经过多年的土地买卖，他的投机生意越做越大，最后规模达到几百万英亩。 213

布朗特通过撒谎、欺骗、贿赂得到他想要的一切，对此他从不避讳。举个例子，独立战争结束时，英国将萨凡纳(Savannah)交还给美利坚，英美双方达成协议，英国商人有6个月时间处置他们在萨凡纳的商品。布朗特在协议中发现了一个漏洞，他写信给弟弟，要他去找一位船长，让这位船长夺取停泊在那里的一艘英国商船。“……雇一个你想用的人”，他写道，“委任状用他的名字，所有业务以他的名义开展，但注意要保留好书面文件，这样可以获得一份可观的收益……你要借着其他生意的掩护亲自去萨凡纳，在幕后进行指挥，提供必要的指导……如果有可能，可通过当事人、贿赂或其他手段，在乔治亚对抢夺船只一事进行谴责，那就最好不过了”。

还有一个例子，法律限制个人购买土地的数量，但他不顾法律规定想买断土地，他向一位合伙人建议，“利用任何名字，假名也可以，如果没有，你可以用布朗特、威廉姆斯、约翰逊、艾伦、奥格登以及你乐意使用的任何姓名，在这些姓名前任意取个教名即可。你不必为此担惊受怕，我会找人将他们的权利转让给公司”。在这笔土地收购案中，他把土地专员拉下水，这些专员理应保护公共利益，但他们参与了这宗交易，据他推测，他们接受这个职位是为了捞取“外快，为了双方都能达到各自的目的，我们应该相互理解，这样做对我们双方都有利。……机不可失，时不再来，有一句古语说得好，‘晒草趁天晴’……祝你旅途愉快，好运连连”。在最后检 214
查布朗特的账目时，发现他的公司有“10万多英亩土地”是用伪造的认购证取得的。1797年，他因与英国密谋向西属佛罗里达发动进攻而被捕，为此他被参议院除名并受到众议院弹劾。

1776年，他担任北卡罗来纳军队的军需官，从那时开始到其过世，威廉·布朗特一直是政坛的风云人物。布朗特于1800年离世，时任田纳西众议院议长。但马斯特森说，布朗特“是在政界做生意的商人”。他担任过邦议会议员、国会议员、田纳西邦邦长，在担任这些职务期间，他唯一的兴趣是妥善处理好事务为自己谋利。到1787年时，他的利益主要集中在西部地区，他在西部拥有很多土地。

威廉·布朗特能来参加制宪会议，是北卡罗来纳出于经济和效率的考虑，北卡罗来纳在邦联议会的议员人数是制宪会议代表的两倍。顺便说一句，值得注意的是，布朗特在大会上一言未发。他是大会上的一个特例，从而证明一条规律：在这样一个具有重大历史意义的事件面前，即使这样一个卑鄙无耻的人也心存敬畏，不发一言，一改以往的无耻作风。不过，当其他地方有发财的机会时，他在那里就坐不住了。大概是1787年7月1日或是7月2日，布朗特与出席大会的南部腹地另两位议员费尤和皮尔斯以及另一位北卡罗来纳议员本杰明·霍金斯(Benjamin Hawkins)从邦联议会秘书查尔斯·汤普森(Charles Thompson)处获得消息，如果他们返回纽约，议会就可以达到法定人数，就能掌控一些重要的事务。他说的事务就是密西西比问题委员会的报告。该报告是南方人起草的，报告敦促对西班牙采
215 取强硬立场，支持在密西西比河上自由通航。该报告提交时，许多北方代表缺席——当时北方议员有6人在费城参加制宪会议——这样南方人在议会中就占了多数。这是一个机会，可以否决与西班牙签订的不得人心的贸易条约，重申美国取得密西西比河航行权和新奥尔良出海权的决心，这些权利对西部土地的最终价值具有重要意义。所以威廉·布朗特他们离会，事实上给了鲍德温挫败比例代表制的机会。

布朗特、费尤和皮尔斯的离会，是西部问题重重迷雾中的第一幕，历史学家斯托顿·林德(Staughton Lynd)在研究制宪会议对黑人权利的影响过程中，发现了一些端倪。在制宪会议投票(暂时)否决五分之三条款(允许南部各邦在席位分配问题上将奴隶计算在内)时，这3个人仍在纽约。后来，7月10日或11日，亚历山大·汉密尔顿好像从纽约来到费城，也可能是7月12日那天到达费城。就在那

天，梅纳塞·卡特勒，就是本杰明·富兰克林向其讲述双头蛇寓言小故事的那位，也来到了费城。卡特勒是俄亥俄公司的代言人和首席说客，这是一家新英格兰的公司，正寻求邦联议会承认其在西北领地六七百万英亩的土地。所以，卡特勒对涉及西北领地的立法特别感兴趣，并在其中发挥了重要作用。

7月11日当晚开了什么样的会议，我们已无从得知。不过，我们所知道的是，7月12日（星期四）上午第一件事就是，古弗尼尔·莫里斯站起来提交了一份决议，提议新政府里"征税应与各邦席位成比例"。也就是说，议员人数越多的邦交税应该更多。这是一个绝妙的主意，因为如果南部各邦得知随着议员人数增加其上缴的税收也会增加，就不太可能在按人口分配议员席位问题上大费周折了。这实际上是保护了北方。大会上的几位大佬，北方人和南方人都有，马上站起来对莫里 216
斯的提议进行辩论。接下来就整个奴隶制问题进行了坦率而直接的讨论，气氛非常热烈。北卡罗来纳的威廉·戴维首先发言，他说："现在已经到了关键时刻，非说出来不可了。看来有些先生的意思，是要剥夺南部各邦因黑人而分配的一切席位。可以有把握地说，若不把黑人至少按五分之三计算，北卡罗来纳绝不会按任何其他条件加入联邦。因此，如果东部各邦的意思就是如此，那么，会议至此就可以结束了。"

康涅狄格代表威廉·塞缪尔·约翰逊立即站起来，他不光在这个问题上支持南方，居然还提议把黑人算作人，和白人同等计算，他的话充分表明康涅狄格和南卡罗来纳已结成了联盟，两邦穿同一条裤子。古弗尼尔·莫里斯已经把这个问题解释清楚，大部分北方代表不可能接受这个观点。北方代表赞成强制性重新分配席位。南方人还想要到什么呢？他问道。

他们想要的是，查尔斯·科茨沃思·平克尼说，"一个政府既然是为保护固定资产而建立，就不能把奴隶体现的固定资产置于危险之中"。南部人的执拗可见一斑，大家都不再小心翼翼。南方人不能没有奴隶，他们必须要在议会中拥有足够分量，以防议会废除奴隶制。北方人知道他们只好在这一问题上作出让步，事实上他们也这样做了。最后达成了妥协：在当天会议的最后阶段，大会对征税与席位挂钩（莫里斯提议的）、一个黑人算五分之三个人、每隔10年举行一次人口普查并据此 217
重新分配议会席位进行投票表决，结果，新泽西和特拉华反对，乔治亚意见分化，因为代表团中有人坚持黑人算一个人。只有马萨诸塞有代表明确表态反对奴隶制：代表赞成反对各半，可能金和格里2人反对。

如果真的实行征税与席位挂钩，将会加重南方各邦的财政负担，作为交换，在政府里占据主导地位的北方各邦，必定会在3/5规则和强制人口普查上作出让步，随着南方各邦人口大幅增长，南方人将在议会占据多数席位。

但据斯托顿·林德文中所写，在这些问题上的角力远比这复杂得多。看来，现在出现了第二个妥协，这个妥协与第一个妥协是密切相关的。第二天(7月13日)，在纽约，邦联议会通过了《西北法令》，该法令解决了俄亥俄河以北的西部土地问题。值得一提的是，当时被南方控制的议会投票通过，西北领地今后成立的新邦均不得实行奴隶制。林德暗示，此时某种交易已经达成，并由汉密尔顿和卡特勒把消息带到费城。整宗交易，一半归功于纽约的议会，一半归功于费城的制宪会议。

整宗复杂的交易究竟有些什么条款呢？最为明显的是，北方各邦达到了目的，禁止在西北领地实行奴隶制。

还有一个因素，林德没有说出来，这个因素至少在说服南北双方几位成员支持这项妥协方案上发挥了重要作用。虽然像威廉·布朗特这般贪婪的南方土地投机客并不多，但确实有很多南方人在西北地区拥有巨额财产，他们需要议会和各邦合
218 力保护他们的权利。拥有这些土地的人担心，成千上万涌入西部的拓荒者会夺走他们的固定资产，在这些人的强烈敦促下，新的《西北法令》得以通过。

当然，议会需要卖地还债，俄亥俄公司不仅出钱购买西北领地的大片土地，而且可以有组织地开展活动。此外，在售地问题上，卡特勒向议会施加了巨大压力，他威胁说，如果他的条件得不到满足，他将中止谈判，转而为邦政府提供建议。他提供信息说，纽约、马萨诸塞和康涅狄格准备以半美元一英亩的价格出售土地。卡特勒及其新英格兰合伙人希望，土地出售条件和法令中的条款能够合他们的心意，这需要拉拢那些反对派系，那么反对派系将不许弗吉尼亚、北卡罗来纳和乔治亚与本邦投机客私下交易。南方投机客将与新英格兰的投机客达成一致。

7月27日，议会终于批准了卡特勒的条件，他欣喜若狂，“因为这个法令，我们取得了将近500万英亩土地”，其中50万英亩面向“私人投资，美利坚许多大人物都很关心”。因此，土地投机客之间相互订约，约定交换条件，默许俄亥俄河以南地

区由南方自行决定，新英格兰人为此出了相当大的力。

南方人也如愿以偿，在他们的坚持下，找到了《邦联条例》中最令他们头痛的一个邦际问题的解决办法：明文规定他们有权跨越邦界追捕逃亡奴隶。《1787 年法令》规定，从“劳役或服役为合法的”邦逃亡到另一邦的奴隶“可以依法收回”。1787 年宪法也规定，对于此类逃亡者，“应依照有权要求该项服役或劳役之当事一方的要求，把人交出”。这些关于逃亡奴隶的条款，成为马萨诸塞和宾夕法尼亚废奴运
动初期的症结所在，为人们所诟病，人们指控宪法是与魔鬼订立的契约。但这些条 219
款也是不得已而为之，为了获取对可能是史上最大的私人不动产交易的默许，这是其付出的主要代价，而且，据亚伯拉罕·林肯后来指出，它为北方的开路先锋扫清了道路，不再有任何障碍。而在南方人看来，按北卡罗来纳一位国会议员对邦长的话说，到西部定居的南方人的福祉，“最终取决于各种不同的条件，这些条件没有必然或适当的联系，不过，和过去相比，情况已经好了很多”。

很难想象，如果允许西北领地实行奴隶制，这块地方的奴隶制会发展到何等地步。有人认为，奴隶经济只适合于气候温暖的地方，北方气候寒冷，一般不会将奴隶输入到俄亥俄河以北区域。然而，当印第安纳和伊利诺斯建邦时，费了很大劲，好不容易才把奴隶制排除在外，但伊利诺斯还是假借契约劳工的名义，事实上允许奴隶制度存在。而俄亥俄河南岸的肯塔基，奴隶人数从 1770 年的 2 500 人上升到 1800 年的 4 万人。

没人能预测未来。但与会代表们知道，无论今后情况如何发展，禁止西北领地实行奴隶制度的决定，将起到立竿见影的效果，到各邦批准宪法的时候，有助于安抚本邦废奴主义者的情绪。而且，这样做形成了一个重要的先例，有助于将奴隶制度限定在南方区域，美利坚其他地方都不得实行奴隶制度。

这宗错综复杂的交易中，北方获得的第一大好处是西北领地禁止奴隶制度。它获得的第二个好处是西北领地将分成不超过 5 个邦，而不是早先的议会委员会提出的较大的数字——10 个或 14 个（最终，该领地分成俄亥俄、伊利诺斯、印第安
纳、密歇根、威斯康星和明尼苏达的一部分）。这个结果是北方人愿意看到的。他 220
们担心，一大批新邦的涌入，会使他们丧失在参议院的多数地位，他们指望参议院成为制衡南方的力量，因为随着南方各邦人口的增长，南方将在众议院中占据多数

席位。假设大多数新邦实行奴隶制度，南方各邦就不会反对建立大量新邦，因为实行奴隶制的邦越多，奴隶制越能在参议院占据多数。因此，在这个问题上的最终妥协方案对北方有利。

作为交换，没人再提及俄亥俄河以南地区是否实行奴隶制度的问题，也就是说，默许该地区存在奴隶制度。这块区域曾属于弗吉尼亚、南卡罗来纳和乔治亚，将继续实行奴隶制度。

南部也如愿拿到了“五分之三方案”，林德说，这个方案“在国家层面对奴隶制的认可比以往任何时候都明显”。对批准新邦的人口要求也相对降低了，这是南方想要的，因为它期望这些新邦加入南方阵营。在强制人口普查上它也如愿以偿，开始阶段被北方人占据多数的联邦议会，随着人口普查后各邦人口的变化，联邦议会将据此重新分配各邦席位。最后，南方在宪法和《西北法令》上拿到了对它有利的条款，两者都规定，逃亡到北方的奴隶必须交还给南方——而旧《邦联条例》对此并未作出规定。

位于纽约的议会和位于费城的制宪会议，先后通过了连环相扣的方案，这绝不仅仅是巧合。那有什么证据呢？首先，来自南方的议员居然一反常态，同意西北地区禁止奴隶制度。据美国最早的南方历史学家乌利希·菲利普斯(Ulrich Phillips)记载，《西北法令》是南北战争前“中央政府在反奴问题上取得的第一个也是最后一
221 个成就”。其次，林德找到了詹姆斯·麦迪逊的秘书爱德华·科尔斯(Edward Coles)几年以后所作的一个陈述。“奴隶问题错综复杂，容易使人分心，搅得双方(制宪会议和邦联议会)都不安宁，工作进展缓慢，与会代表们私下开小会和互相串联，最终达成了一个妥协方案，正因为这个妥协方案，北方和反奴阵营才同意接受《西北法令》和宪法，以及其中的归还逃亡奴隶的条款。”第三，制宪会议上超过1/4的代表同时也是邦联议会议员，包括那些有影响力的人物，如麦迪逊、查尔斯·平克尼、威廉·塞缪尔·约翰逊以及来自马萨诸塞的纳撒尼尔·戈勒姆、鲁弗斯·金。这些人不仅能够洞察双方在做些什么，而且还能充当调停人的角色，或许最重要的是，他们能够影响各自的进程。还有，梅纳塞·卡特勒和亚历山大·汉密尔顿在如此关键的时刻来到费城，肯定是事先预谋好的，否则无法解释他们的突然到来。最后，古文诺·莫里斯在7月11日休会前还言辞激烈地反对南方，但第二天

会议一开始，他就提议将征税与席位分配挂钩，从而化解了南北之间的冲突。态度突然来了个一百八十度大转弯，说明头天晚上已经达成了某种默契。

林德指出，这只是推测，没有确切的证据。然而，结局是不可避免的，一旦大邦与小邦之间就席位分配问题达成一致，制宪会议上的主要动作就剩下南北之间一系列错综复杂的交易行动，美国历史上一些最杰出的人物也在其中充当谈判者的角色。

我们有必要再次审慎看待这宗政治交易，不要过于冷嘲热讽。毫无疑问，南北之间互相提防，总是小心翼翼地看着对方；毫无疑问，从现代的观点来看，在对待黑人问题上，他们完全没有把黑人的利益考虑进去。但是，每件事的背后总有道理，
大多数与会代表认为，关键是要建立起一个新政府，他们希望，他们创建的这个新 222
政府，今后会成为一个伟大的美利坚国家。他们知道，为了实现这一目标，费城不能有派系之争，这宗交易不能有输家。他们的目标必须明确，就是让每个人都能满意而归，就是必须要在各种利益之间把握好平衡。他们心无旁骛，一心一意要实现时代赋予他们的这个伟大任务。

但讨价还价还未结束，还不是评估制宪会议处理奴隶问题效果的时候，我们有必要花点心思来看看南北之间的另一利益纠葛。

223 # 第十六章　又一个权衡

南北之间的讨价还价，现在看来已昭然若揭，在当时却是盘根错节，令人费解。已经定下来的事情，因一些小交易而不断更改，这些小交易又因别的谈判要作进一步调整。这个当然指的是又一项互相让步的交易，南方在某些贸易问题上作出让步，换取对奴隶制更多的保护。美国爆发独立战争的主要原因之一，是英国为了自己的利益对殖民地的贸易控制太严。总的来说，伦敦的英国人不希望殖民地单独与外国进行贸易，他们想强行让殖民地通过英国进行贸易，这样英国可以获得税收，也可以从中获利。他们还要求，必须使用英国或殖民地的船只运送殖民地货物。作为交换，美利坚殖民地获得贸易优先权，可优先于外国竞争对手与母国或其他殖民地进行贸易。

早在1650年，英国议会就开始批准所谓的《航运法》。事实上，该法案一直到
224 独立战争爆发时还未获批准。在美国人看来，这些法案并非都是负担，因为这些法案确实减轻了外来竞争压力，特别是在利润丰厚的西印度群岛贸易方面。但在独立战争爆发前几年里，人们越来越看不惯这些法案，想尽办法进行规避。许多美利坚人支持独立运动，主要是为了逃避英国对殖民地的贸易管制。

如此一来，“航运法”一词颇具象征意义，从殖民地实现自由的那一刻起，对外贸易管制问题，就成了棘手的权力。不同的邦有不同的商业利益，难以平衡，这个难题经常在邦联内出现。宾夕法尼亚、纽约、弗吉尼亚和马萨诸塞从外部大量进口货物，其中很大部分销往邻近的邦，如新罕布什尔、马里兰、新泽西和特拉华。对进口大邦来说，最好为自己征收高额进口税，因为这些税可以转嫁给其他邦的最终消

费者。

各大进口商也不反对征收出口税。18 世纪，征收出口税在商贸国家很普遍，已经实行了一段时间。事实上，征收出口税比进口税更普遍，因为出口税可以转嫁给其他国家的消费者，而进口税则要由本国消费者承担。诚然，所有贸易大邦都有出口，但出口税征收最多的是南方各邦的产品，因为这些邦的经济主要依赖于烟草、稻米和靛蓝染料的出口。出口税将提高南方各邦产品的价格，从而减少其市场份额。

进口大邦对从外国人手里获取贸易特许权也怀有浓厚兴趣。为了谈成贸易协定，它们迫切需要形成一个统一战线。但《邦联条例》把大部分商贸事务留给各邦处理，很难出台协调性的政策。因此，1785 年，新罕布什尔、马萨诸塞和罗得岛通 225
过立法抵制英国贸易，想要迫使英国在商业上作出让步，但康涅狄格拒不合作，它打算把英国贸易转到自己身上，最终未能如愿。各邦无法形成统一的贸易政策，一位英国观察家称之为“不团结的国家”。西印度群岛的贸易也无以为继，水手、造船工人和商人苦不堪言，而且，由于和西印度群岛的贸易以食品为主，包括牲畜和鱼类，所以，农民和渔民也跟着遭殃。

贸易大邦想要一个强有力的政府来管理对外贸易、商定贸易条约，小邦也想要一个稳固的国家来控制贸易，但其出发点却有所不同。小邦的想法是，建立一个有权管理贸易的政府，这个政府把原先属于各邦的进口税征收权拿走，把收来的税用于全体福利。

然而，南方人的利益并不在此。他们担心，一个可以自行管制商贸的全国政府会对与他们经济命脉紧密相关的产品征收出口税。他们也不想要一个规定他们使用美国货船的全国政府，这会让北方人事实上垄断航运业。由于北部各邦起初会在国会两院中占据多数，因此南方人认为，有必要在宪法里对全国政府在贸易或他们通常所称的“航运”上的权力作些限制。

现在，我们来对这一相当复杂的问题作个总结。南北双方都有非常充分的理由不想让对方控制商贸，但对北方来说，建立一个有能力管理贸易的全国政府尤为重要。

南北双方围绕《航运法》的斗争始于 7 月 24 日，那天制宪会议任命了一个委员 226

会，即所谓的细则委员会。该委员会的任务是审查大会通过的决议，整理前后顺序——解决前后不一致的地方，使语言更加精炼，通常是解决一些零星问题，完成收尾工作。任务似乎不是很重。代表们此刻都感到主要问题已基本解决，委员会只需做一些整理工作。

事实证明代表们错了。细则委员会负责处理的一些零星问题，不仅非常零散，而且牵涉到一些重大问题。委员会要对极其重要的问题作出决策。也就是说，委员会实际上要做的，是起草一部宪法初稿。

所以，这个委员会的成员组成就十分关键。其成员有5位，2位来自北方，2位来自南方，1位来自中部。其中一位北方代表是纳撒尼尔·戈勒姆，他来自马萨诸塞，是一位国家主义者，刚做过一任邦联议会议长，同时也是一名商人，通过做生意积累了一些财富。北方的另一位代表是奥利弗·埃尔斯沃思，他来自康涅狄格，是一名律师，喜欢吸鼻烟，罗杰·谢尔曼对他的影响很大。南方的2位代表是南卡罗来纳的约翰·拉特利奇和弗吉尼亚的埃德蒙·伦道夫，拉特利奇的政治嗅觉十分灵敏，而伦道夫在政治上十分谨慎，他最后拒绝在宪法上签字，因为他担心弗吉尼亚选民们不会批准这样一部宪法。中部的代表是詹姆斯·威尔逊，他来自宾夕法尼亚，是拉特利奇的商业盟友，制宪会议前三个星期和拉特利奇住在一起，是麦迪逊组建三大邦——南部腹地联盟的主要支持者。

在挑选委员会成员时，大会失策了。联邦议会控制商贸，符合南方的利益，但对北方是致命的——就像奴隶制对南方的情形一样。唐纳德·罗宾逊（Donald
227 Robinson）对此问题作过深入研究，他说："在这个关键时间节点上，大会没有产生一个代表不同利益的委员会，现在的这个委员会将让奴隶主的利益更加安全。"伦道夫和拉特利奇全力为奴隶制辩护，威尔逊以接受奴隶制为代价，换取南方腹地支持比例代表制，而埃尔斯沃思是康涅狄格—南卡罗来纳轴心中的一员。只有纳撒尼尔·戈勒姆有可能抵制奴隶制，但他一个人实难取胜。

事实的确如此。制宪会议于7月26日至8月6日休会，等待细则委员会整理出报告。8月6日星期一，细则委员会提交报告，至少有一部分北方人马上看出他们被出卖了。罗宾逊说道："细则委员会的报告，是南方人处心积虑和厚颜无耻的最好例证。"

该报告的主要内容如下：

> 联邦议会不得对任何一邦的出口征收税金和关税；对各邦认为适宜的人口（即黑奴）迁徙和输入，亦不得征收税金和关税；不得禁止此类迁徙和输入。……除了在人口普查之后按比例在各邦之间分配，联邦议会不得征收人头税。……未经两院分别以三分之二的多数议员认可，不得通过《航运法》。

细则委员会满足了南方各邦的一切要求，不会对南方的稻米和靛蓝染料征收出口税。宪法不许新政府结束那令人可憎的奴隶贸易。不会有“人头税”，也不会对奴隶征税，《航运法》须经三分之二多数通过，给了南方各邦在联邦议会中的有效否决权。

委员会中的北方人居然对南方的要求作了如此彻底的让步，的确令人费解。228
唯一的解释是，他们进行让步，是想把南部腹地各邦拉到联盟中来。更令人费解的是，他们居然认为，他们能够促使这些条款被会议上的其他北方代表通过。但他们无论如何做不到。宣读报告时，至少一些代表对处理奴隶问题这部分表示惊愕，他们试图让大会休会一天，好回去组织力量展开反击。弗吉尼亚和马里兰对报告尤其失望，因为报告没有对奴隶贸易进行限制，包括华盛顿、梅森和麦迪逊在内的很多代表对奴隶贸易深恶痛绝。但此时的代表们已疲惫不堪，都盼着赶紧完成任务早点回家。他们不同意休会，继续一步一步地讨论细则委员会提交的宪法草案。

正常讨论过程中，他们不会在奴隶条款上纠缠几天，但北方代表怒气冲冲，正在气头上，一有机会，就予以回击。8月8日，独立意识很强的马萨诸塞代表鲁弗斯·金终于逮到机会，站出来就核心问题发表意见。他宣布，承认奴隶制，最令人气恼。他说，他接受“五分之三算法”，因为他曾经希望，这一让步能引出一种欣然应允的态度，南方各邦会同意接受一个强有力的全国政府，引出对全国政府的充分信心，只要认为合理，全国政府就可以在其他事务上自行作主。但在这份报告中，“在两个重大问题上，联邦议会的手，已被绝对捆死。一、不得禁止奴隶输入，二、不得对出口产品征税”。随着黑人人口的增长，奴隶叛乱的危险就越大，而且肯定会被外国加以利用。北方将不得不帮助南方的白人平定叛乱，如果情况真是这样，难道不应该对南方出口的财富征税以支付平叛费用吗？“这一切之中，不平等和不合
229 理的成分实在太多，”金说，“北方各邦的人民，永远不会对此妥协……我曾经希望，在这个问题上会作些制度安排，至少，对输入奴隶要提出一个时间限制。我绝不允许对输入奴隶不加限制，然后，又让奴隶计入议员的席位分配……总之，不得把奴隶纳入议员席位分配，要么，就对出口产品征税。”

金坚持认为，交易就是交易，换句话说，必须照章办事。但显然已经达成了其他一些交易，因为金先生刚一坐下，罗杰·谢尔曼就站了起来，彬彬有礼地指出，金违反了会议规则，他提出的观点须在适当的场合进行辩论。在这个问题上，谢尔曼支持南方。

但北方其他代表可不能容忍。古弗尼尔·莫里斯立即站起来，作了大会迄今为止最强有力的反奴隶制演讲，他愤怒地慷慨陈词。他说：

> 奴隶制度是一种恶毒的制度。这是上天对奴隶制盛行的邦的诅咒。……把奴隶计入议员席位分配，算是什么原则呢？他们是人？那就承认他们是公民，让他们选举。……承认奴隶进入议员席位分配，即使合理解释，结果也是：乔治亚和南卡罗来纳的居民，跑到非洲海岸去，蔑视神圣的法律，把那里的同胞族类，从他们最亲爱的人身边拉走，流尽人间之泪，然后，把他们扔进最残忍的奴隶处境，要让奴隶主享有比宾夕法尼亚和新泽西公民更多的选举权，而建立全国政府的目标，却是保护人类的权利。宾夕法尼亚和新泽西的公民，以愤怒的悚然之心，看待这种穷凶极恶的做法。

为了增加雄辩性或仅仅为了展示华丽词藻，莫里斯未免太夸张了。他继续说
230 道，北方各邦愿意被征税，用于支付南方平定奴隶叛乱的费用。联邦议会将对进口产品征税，而北方各邦主要靠转手卖给南方的进口产品生存，但全国政府将不会对南方赖以生存的出口货物征税。“北方的自由人，为了饮用武夷茶而纳的税，比悲惨的奴隶的全部消费税还多。”最后他总结道，他“宁可尽早对联邦内的所有黑人征

税，使他们获得自由，免得把细则委员会提交的这部宪法中的问题遗留给我们的子孙后代”。

金和莫里斯是少数，只有新泽西的戴顿附议支持他们。谢尔曼站起来说，他看不出这有什么问题。委员会成员威尔逊则认为，现在讨论这个问题，时机还不成熟。大会继续就委员会报告中的其他部分进行讨论，直到两个星期以后，即8月21日，才对莫里斯、金和其他代表如此愤怒的关键问题，进行最后的讨论。

大会开始就委员会报告中关于禁止对出口产品征税的分句进行辩论，这个问题又被提了出来。北方的温和派认为，在某种情况下必须征收出口税，肯定不应该断然禁止。甚至詹姆斯·麦迪逊也认为，全国政府的手，不应该被捆住。华盛顿一般很少表态，在少数记录在案的华盛顿的表态中，他支持麦迪逊的这个观点。但南方各邦痛恨并担心征收出口税，它们抱成一团，绝不允许征收出口税。弗吉尼亚，虽然受麦迪逊和华盛顿的影响，但还是投票支持南方其他各邦。还有两个北方的邦也这样做。一个是马萨诸塞，即细则委员会成员戈勒姆所在的邦，可能是他把本邦同僚拉进了这个阵营。另一个当然是康涅狄格。禁止征收出口税的条款就这样敲定了。

然而，就在这时，路德·马丁站了起来，坚持要求修改决议，禁止输入奴隶，如
果允许奴隶输入，至少要对他们征税。奴隶制使联邦的一部分变弱，而另一部分却 231
受到约束要保护这一部分，因此，输入奴隶不合理。除此之外，“这种做法与革命的原则格格不入，把这样的特点保持在宪法中，使美利坚丢脸”。

马丁发言的唯一效果，就是使南方人变得更加顽固。拉特利奇说话直截了当，他说：“宗教和人道，与奴隶问题无关。利益是支配国家的唯一原则。目前的真正问题，在于南方各邦是否成为联邦的组成部分。”查尔斯·平克尼说得更加直白，他说：“如果宪法禁止奴隶贸易，南卡罗来纳绝不会接受宪法。”随后，为了稍稍安抚北方代表，他补充说，如果所有的邦在这个问题上都可以自由行事，南卡罗来纳或许会自愿废除奴隶输入，就像弗吉尼亚和马里兰已经做过的那样。

这次，又是康涅狄格人与其北方邻邦分道扬镳。8月21日，辩论进行到最后阶段，细则委员会成员奥利弗·埃尔斯沃思说道：“奴隶制是否符合道德和智慧原则，属于各邦自己考虑的问题。”第二天，即8月22日上午会议刚开始，罗杰·谢尔曼

第一个发言，他说，他不赞成奴隶贸易，可是，既然“公共利益”还不要求禁止奴隶贸易，为了不使南方脱离联邦，他认为，最好是保存现状。他补充说，解放奴隶的事正在联邦内展开，奴隶制度终将会逐渐消失。康涅狄格将继续支持南部腹地。

这次是弗吉尼亚人乔治·梅森站了起来，言辞激烈地反对奴隶贸易。梅森本
232 人也拥有大量奴隶，他并非要废除奴隶制。不过，弗吉尼亚人普遍反对奴隶贸易，一部分原因是，他们认为这不仅使仆人，而且也使主人蒙羞，还有一个原因是，停止输入奴隶，弗吉尼亚的奴隶会增值，他们反而占便宜。总之，大家都心怀鬼胎。

这次，又是康涅狄格人站起来支持南卡罗来纳。埃尔斯沃思指出，弗吉尼亚尽可以反对奴隶贸易，这样它的奴隶就会增值。“我们还是不要插嘴吧，”他说，“到时候，奴隶制就不再是我们国家的污点。”

谢尔曼站起来发言，他也支持让南部腹地继续输入奴隶。他说，“既然南方已经把输入奴隶作为加入联邦的死硬条件，与其和它们分手，不如让它们输入算了。”接着，特拉华的里德提议设立委员会，把这个问题提交委员会处理。谢尔曼回应说：“这一款已经达成一致，不用再提交委员会了。”

尽管获得了康涅狄格的支持，但来自南部腹地的代表们开始意识到，他们最好也作点让步。他们承认，按伦道夫的说法，输入奴隶“会激怒贵格教徒、长老会教徒和许多不蓄奴的邦”。也就是说，如果不对奴隶贸易作出规定，至少宾夕法尼亚，或许还有其他北部的邦，会拒绝批准宪法。所以，南方稍微后退了一点：查尔斯·科茨沃思·平克尼提议，设立委员会来处置，是否对进口奴隶，像对进口其他货物一样，征同等的进口税。“他认为，征税合理。把这个问题提交给委员会，让他们处置，就此移去这个已经开始出现的难题。”拉特利奇附议。莫里斯立即说道：“我希望把整个题目交给委员会，包括出口征税和《航运法》问题。北方各邦与南方各邦之间，可以针对这些问题，展开讨价还价。”埃尔斯沃思发言反对设立委员会，他“主
233 张保持原文不动。把观点越扩越大，具有危险的一面。如果我们不能在这个中间和温和的立场上达成一致，我们会失去两个邦——乔治亚和南卡罗来纳”。但会议表决，坚决同意把这些问题交给委员会。

委员会由每邦1人组成，称作11人委员会，成立这样的委员会，照例要处理相当重大的事情（7月10日，纽约的雅茨和兰辛离会；7月23日，新罕布什尔的约

翰·兰登和尼古拉斯·吉尔曼到会)。委员会的成员基本上是善于调和的人,一些人在这个问题上说话不多,从各方面来看都不是那种具有强烈情绪的人,他们是新泽西的威廉·利文斯顿,宾夕法尼亚的乔治·克莱默,北卡罗来纳的休·威廉逊。成员还包括那几个早已表明准备进行讨价还价的人——查尔斯·科茨沃思·平克尼和新罕布什尔的约翰·兰登。

8月24日星期五,11人委员会提交报告,有如下4条内容:

> 联邦议会在1800年以前不得立法禁止输入奴隶。
>
> 输入奴隶应该征税。
>
> 不得对出口征税。
>
> 经联邦议会简单多数议员认可,可通过《航运法》。

经过复杂激烈的讨价还价,11人委员会修订了细则委员会的报告,原来的报告明显有利于南方,这个问题就这样解决了。其实,为了保住禁止征收出口税这一条,南方已经在《航运法》等其他问题上对北方作了让步,这样,因为北方在联邦议会中占据多数,联邦议会就可以按照北方的意愿通过《航运法》。南方也接受了一个限制性条款,在当时看来对奴隶贸易的限制非常小——即,新政府在1800年前不得干涉奴隶贸易。多年以后,大卫·戴维斯(David Davis)指出,在奴隶制问题开始困扰这个国家之时,查尔斯·平克尼将这一条款称作"带有肯定意味的否定"。 234
它规定一段时间后可以禁止输入奴隶,但并没有规定"之后"是哪一年,给奴隶人口增长和膨胀留有无限可能。当然,可以预见,随着南方人口增加,到1800年,南方早已在众议院占据多数,它就有能力阻止联邦议会对奴隶贸易采取行动。

8月25日,继续对该报告进行辩论。查尔斯·科茨沃思·平克尼马上站起来,他提议,不应把允许继续进行奴隶贸易的时间限定在1800年以前,应该满20年。有多少北方代表抓住了这句话的重点,我们无从得知,只有詹姆斯·麦迪逊发言反对延长奴隶贸易年限。8月25日,他说:"自由进口奴隶20年,足以造成严重恶果。这么长的时间,对国家的名声不利,更不用说对宪法名声的影响。"麦迪逊头脑清晰,洞若观火,这是他的一贯作风,他精确地预言:南方绝不会在联邦议会中占据多数,1808 年就禁止奴隶贸易,但到那个时候,奴隶制已在合众国的下半区落地生根,并扩展到新买的路易斯安那地区。1803 年至 1808 年间,光是南卡罗来纳一个邦就输入了 4 万名奴隶。19 世纪 60 年代爆发的南北战争,就是这引起的可怕后果。

但其他人并不认为这是一件很严重的事情。戈勒姆对平克尼的动议附议,在新英格兰和南部腹地联盟的助推下,动议通过。会议表决后,中部州的代表立刻予以反击。宾夕法尼亚的古弗尼尔·莫里斯提议,把奴隶制明确限定在南部腹地各邦。这是一个很好的主意,如果成功地把奴隶制限制在现代的东南地区,就可以阻止内战发生,因为这样一来,蓄奴的邦就没有几个,就不会对国家的其他地方造成影响。但是,没人喜欢这样的主意:除其他因素之外,他们担心,如果在宪法条款中
235 明确允许奴隶制,只会使不喜欢奴隶制的人对宪法终稿更加反感。随后,约翰·迪金森,特拉华代表团的主要成员,一位在国内广受尊敬的人物,提交了一个折中方案:或许可以禁止输入奴隶到已经停止奴隶贸易的邦,这样至少可以确保这些邦不会重新开始输入奴隶。但他的动议失败了。

大会接着讨论第二部分:输入奴隶应该征税。马上有很多人发言反对这一条,包括罗杰·谢尔曼,他说,他反对"对进口奴隶进行征税,这等于承认人是财产"。但马萨诸塞的金和新罕布什尔的兰登指出,必须照章办事,对奴隶征税是允许奴隶贸易继续延长这么长时间的"代价"。南卡罗来纳的查尔斯·科茨沃思·平克尼承认:"的确如此。"尽管如此,南方代表还是设法达成,每输入一个奴隶,课税不得超过 10 银元。事实是,一个健康的奴隶值几百银元,所以这点税算不了什么。不过,北方代表表示接受。

第三条,不得对出口征税,基本上没怎么辩论,因为北方代表都明白,为了给奴隶贸易设定时间期限,这是必须作出的让步。

对第四条简单多数通过《航运法》的讨论被推迟了,具体原因我们无从得知。但显然是,有些人想要争取时间作点沟通。3 天之后,8 月 28 日,大会开始讨论将罪犯从一邦引渡到另一邦的问题。讨论过程中,南卡罗来纳的巴特勒和平克尼提议,在这个分句之后增加一个分句:"要求将逃跑的奴隶和佣人作为罪犯送回。"这个提议遭到了抵制——威尔逊说,这等于用公款去做这样的事情,会增加纳税人的

负担，谢尔曼说："要政府包围和捕捉奴隶和佣人，像追马一样，实在不恰当。" 236

南方代表暂且收回动议，希望在这一条之外再提主张。第二天，大会重新讨论航运法问题，11人委员会的决议认为应该经简单多数通过，这是北方希望看到的。这时，一向特立独行的查尔斯·平克尼提议，重新采用三分之二多数通过《航运法》的要求，这样南方就可以有效地行使否决权。他的堂兄查尔斯·科茨沃思·平克尼马上站起来说：

> 南部的真正利益，是不要贸易规则；但是，考虑到革命给东部各邦造成的损失，考虑到东部对南卡罗来纳的慷慨行动，以及当时微弱的南部与强大的东部联合而获得的利益，他认为，在贸易问题上，不应该再（由联邦议会）来增加桎梏；他的选民虽然对东部存有偏见，在这方面还是愿意折中。他说，来到这里之前，他本人对东部也存有偏见，不过要承认，他发现，东部人的观念很新，同样直率。

从以上发言可以明显看出，康涅狄格和南卡罗来纳非常默契，而且也可以看出，小平克尼并不赞同本邦代表团领导——其堂兄查尔斯·科茨沃思·平克尼以及政治上精明老练的约翰·拉特利奇的意见。

几名北方代表接着发言，强调《航运法》对北方的重要性，反对2/3多数的要求。南卡罗来纳的皮尔斯·巴特勒支持他们的意见，他也希望维持报告原来的提法。他宣布，虽然他对《航运法》也很反感，但还是"想让东部高兴"，还是要投票反 237
对要求2/3。这传递了一个信号：在投票表决时，南卡罗来纳是唯一一个支持北方否决2/3要求的南方邦。

接着，南卡罗来纳的巴特勒站起来提议："任何受契约约束在联邦内的某一邦服劳役的人，如果逃往另一邦，他或她不得就此解脱劳役……均应递解到对他或她享有劳役权利的邦。"

这与位于纽约的邦联议会7月制定的《西北法令》关于逃亡奴隶的条款如出一辙，《西北法令》作此规定，是为了换取在俄亥俄河以北禁止实行奴隶制度。为了换取简单多数即可通过《航运法》，8月29日，在费城，这条被写入了宪法。这像事先安排好的一样，演员们按照剧本一路演下来。先是查尔斯·平克尼要求 2/3 多数；接着，另几个南卡罗来纳人提出反对意见，说他们“想让新英格兰人高兴”，因为“他们对南卡罗来纳的慷慨行动”。平克尼关于 2/3 多数的动议，未经辩论和投票就被适时否决了。皮尔斯·巴特勒立即提出逃亡奴隶条款，未经辩论和投票，会议一致同意巴特勒的动议。7 月初构建起的康涅狄格—南卡罗来纳同盟，到 8 月底时，一切运转顺利。

这给我们带来一个问题，对制宪会议的思考，一直萦绕在我们心头：北方代表是否能够对奴隶制作出更严格的限制，这样或许可使国家免受内战之苦，也可以消
238 除一直延续至今的种族仇恨呢？

首先，无论北方还是南方，都没人提出要立即废除奴隶制；其次，事实上，也不存在用几十年时间分阶段废除奴隶制的可能性。南部腹地的白人选民绝不会批准一部要求废除奴隶制的宪法，这样一部宪法也不可能在弗吉尼亚获得通过。纽约和罗得岛本来就反对制定新宪法，它们就会以南方诸邦脱离联邦为由，不加入联邦——罗得岛最后迫不得已才加入了联邦，纽约仅以微弱优势批准了宪法。总之，如果北方迫切要求废除奴隶制的话，宪法就不可能成文，制宪会议上的每个人都清楚这一点。

不过，如果脱离联邦的话，南部腹地各邦的日子也不好过。乔治亚人口严重不足，根本无力对抗西班牙人、印第安人和当地的黑人，许多黑人向佛罗里达的印第安人寻求庇护。北卡罗来纳人口也不多，而南卡罗来纳，虽然比较富裕，人口也多，但在革命期间却不堪一击，很快被英国人击溃。难以想象，南部腹地这三个邦，在外敌环峙的情况下，如何能够长久维持——北方各邦；船坚炮利、对南方富庶的土地虎视眈眈的外国；印第安人；自己拥有的奴隶。南部腹地大部分代表比别人都清楚，他们是多么地不堪一击：其中一些人刚从英国战俘集中营出来没几年。

我们相信，如果能利用好南方这样非常真实的忧虑，北方代表就可以迫使宪法对奴隶制作出更严格的限制，南方或许就会接受 11 人委员会提出的建议，即到 1800 年终止奴隶贸易。这样的话，至少后来就不会有成千上万名奴隶源源不断地
239 输入，也可以减缓奴隶制度的蔓延。而且，北方或许可以争取到，无论北方还是南方新建的邦，都禁止实行奴隶制。1784 年，托马斯·杰斐逊及其委员会向邦联议

会提出这一观点时，并没有遭到太多反对。这种意见，在南方并不受欢迎，但如果北方结成联盟，坚持这一观点，南方人迫不得已，慢慢就会接受。事实上，不少南方人是愿意限制奴隶制蔓延的，这样就不会对其大麻、烟草及其他作物构成竞争。只要这两条措施能够实行，就可以将奴隶制严格限定在东南地区，或许就可以避免南北战争。

最后，北方差一点就可以成功抵制逃亡奴隶条款。事实上，这一条款的作用的象征意义大于实际意义。经常发生的情况是，乔治亚或弗吉尼亚的种植园主，难以追回逃到马萨诸塞或纽约北部的奴隶。逃亡奴隶条款主要对俄亥俄河边界上的奴隶主有用，他们可以追捕跳河逃跑的奴隶。如果这条得以实施，逃亡奴隶条款的实际效果是，人贩子就可以进入北方各邦，以追捕逃亡奴隶为由诱拐自由黑人。不幸的是，黑人自由民通常只能向朋友和家人寻求帮助，逃亡奴隶条款生效后，有成千上万自由民被诱拐成为奴隶。如果没有别的办法，否决这一条款，就可以拯救无数生灵免遭如此悲惨的境地。

但是，北方代表并没有争取。他们没有这样做，是因为大部分代表打心底里认为黑人低人一等，即使成为自由民，也只能干些卑贱的工作。另外，他们认为，随着奴隶贸易似乎可能终结，奴隶制必定会逐步消亡。尽管大多数北方代表认为奴隶制在理论上是站不住脚的，但他们并没有把它当成眼下的中心议题，就像我们今天 240
看待种族摩擦问题一样。正如麦迪逊的秘书所言，这是一个“使人分心的问题”，会“迟滞会议的进程”。因此，北方代表不打算为黑人的福祉作斗争，以免危及联邦。北方真正关心的事情是，它们担心南方在新政府里占据主导地位。结果，黑人成了讨价还价的筹码，牺牲黑人利益达成一个又一个妥协，使南方和北方在新政府中形成微妙的平衡。

从代表们做的和搁置不做的事情可以看出，制宪会议的代表们反映了大多数美利坚人的呼声。在后来的批准大会上，代表们对奴隶制作出的决议基本上没有遭受争议。这个国家有20%的人口是黑人，他们像卒子一样令人摆布，得不到白人应有的尊重，这只能说明，这些开国元勋生活的时代是18世纪，而不是20世纪。他们犯下美国历史上最严重的一个错误，但从20世纪的眼光来看，在当时18世纪的思想形态下，他们做得已经很不错了。我们回过头再看，建国之父们应该已做好准备，打算在相对较长的期限内分阶段废止奴隶制，主要是要把奴隶制限定在某些区域内。但他们看待事物也有自己的局限性，像我们所有人一样，都是从自己的角度出发思考问题。

当然，最具讽刺意味的是，南方把权力让给北方，因为南方料定它们反正很快就能在联邦议会中占据主导地位，而北方在奴隶制问题上对南方作出让步，因为北方认为奴隶制必然会逐渐消亡，但它们都错了。最终的教训是，制度一旦建立，不容易改变。

第四部分

权力问题

第十七章　平衡的艺术 243

制宪会议的代表们来费城时，很少有人能预料到，大邦与小邦之间的问题，在会议初期阶段就成为焦点。一些代表或许已意识到，南北之间的利益冲突可能会制造麻烦，但大多数人不大可能预料到，南北之间的利益分野最后会引起这么大的冲突。总的来说，来自南方与北方、大邦与小邦的这55位代表，都认为自己对这些问题看法公允，反对者很快会站到自己这边来。结果却是，大部分人惊讶地发现，大家对这两大问题，意见是如此地不统一。

他们原以为争议最大的问题是权力分配问题：哪些权力留给邦，哪些权力给新（全国）政府，政府不同部门之间如何分配权力，谁最后掌握权力。这个问题的实质，是每个民主政体都必须回答的一个基本问题：如何在不侵犯人民自由的前提下，保障政府高效运转？

会议刚开始，代表们就围绕这一基本问题展开讨论。但直到大邦与小邦、南北 244
之间棘手的利益冲突得到解决之后，他们才真正聚焦到这一问题上来。现在我们来讨论制宪会议上的这个关键问题。

我们来回顾一下麦迪逊在《联邦论》第51篇中的名言：

> 倘若人人都是天使，就用不着政府。倘若组成政府的人都是天使，对政府的外部控制和内部控制，也都成为多余。设计人管理人的政府时，最大难处在于此：你必须使治人者先具备控制被治者的能力；然后，使治人者有责任控制他们自己。

大部分代表同意这个看法。威廉·佩特森(1787年6月9日)说:“男人心里都喜欢权力。”汉密尔顿说:“男人总是喜欢权力。”历史学家伯纳德·贝林(Bernard Bailyn)写道,这些人认为,社会是“一分为二的……一半是权力,一半是自由或权利。一半是残忍、不留情面、持续活跃的;另一半是脆弱、敏感、被动的”。

而问题是:倘若没有政府,社会就处于无政府状态,在无政府状态下必然会冒出蛊惑民心的政客,他会独揽一切权力。所以,必须组建可靠而稳定的政府。也就是说,将权力授予一群人,由他们组成政府。但由于人人都喜欢权力,这些人会尽自己所能攫取权力,这就会危及被治者的自由。因此,组成政府的人必须受到制约——但不要像《邦联条例》下邦联议会那样软弱无力的政府。

245 摆在代表们面前的问题很突出。由谁来制约反复无常的立法机构?是否应该设立某种审查委员会?行政部门是否有否决权?如果有否决权,由谁——或用什么——来制约行政部门?这些都是环环相扣的:你尽可以广泛地设置制约权,可是,由谁来制约审查者呢?

在这个漫长而又褥热的夏季,权力控制问题被一而再、再而三地提出,在艰难的、有时不乏激烈辩论的过程中,这些开国元勋们在会议厅里,为实施伟大的政府纲领制定出一套制度,它就是美国宪法的核心:三权分立。要想了解它的产生过程,我们必须再次回到会议开幕之初,去看看围绕这个议题开展的辩论。

制宪者面临着一个最根本的问题,5月31日,对“弗吉尼亚方案”展开讨论的第二天提出了这个问题,那就是,应该授予新组成的全国政府哪些权力。旧政府缺少必要的权力,正是为了解决这个问题,他们才聚集到了费城。

宪法制定者们面对的是一个新奇的问题。一般而言,若非受宪法限制,政府享有一切权力——有权想做什么就做什么。即使在现代民主国家,中央政府掌握一切政治权力,地方政府仅仅是行政单位,这也是理所当然的事情。但我们知道,美利坚合众国要成为联邦制国家,倘若各邦拥有职权,就要明确划分,哪些领域由各邦来管,全国政府不得插手。事实上,在会上,即使最热衷于建立强有力的全国政府的人也意识到,遇到实际问题时,由于这个国家地广人稀,交通和通信不便,许多
246 事情还得由各邦来决定。这套制度能否施行,在很大程度上取决于人们是否能自觉遵守法律,而只有当法律满足零散分布的地方社会的需要时,人们才会自觉遵守

法律。罗杰·谢尔曼等许多人都认为，当地人最了解本地情况，知道该怎么做，所以，应该尽可能留给他们自己来决定。

所以，必须分配好各邦与全国政府之间的权力。会议之初，代表们看到，赋予全国政府权力，有两种方式。一种是全面授权，即为了“国家的幸福”或其他此类措辞，授予全国政府充分的权力。另一种是局部授权，列出全国政府可以控制的具体领域——也就是说，它可以对邦际商务、国防、全国岁入等进行立法，或履行它应该行使的职能。

两种方式各有缺陷。许多代表认为，充分授权，不管措辞多么谨慎，都会过于宽泛，太不可靠。而列举具体权力——后来被称作权力清单——会把全国政府排除在它本应作为的领域之外。随着时间的推移，建国之父们逐渐意识到，虽然怀着世界上最美好的愿望，但他们根本无法预见所有可能遇到的问题。在这点上，他们无疑是对的：比如，他们怎么能预料到工会与大型企业会发生冲突，而且这种冲突在美国历史上起到如此重要的作用呢？他们怎么可能猜测到，今天的我们会在污染治理或电波使用上争斗不已呢？

抉择势在必行。一开始，詹姆斯·麦迪逊及其弗吉尼亚同事选择全面授权。“弗吉尼亚方案”中写道，新的联邦议会拥有旧邦联议会具有的一切权力，而且，“对各邦单独无能为力立法的所有事务，对执行各邦议会立法可能干扰联邦和谐的情况，都具有立法权”。这是广泛的授权，但并非无限广泛：从当时的情况来看，它没 247
有让全国政府对民兵，对各邦的出版管制，具有立法权。不过，“弗吉尼亚方案”草案中曾有规定，全国政府对各邦议会的立法具有否决权，按麦迪逊的想法，这种否决权可以照顾到全面授权没有覆盖到的紧急事件。

可是，全面授权从一开始就受到大量抵制。5 月 31 日，会议首次对“弗吉尼亚方案”进行讨论时，查尔斯·平克尼和拉特利奇马上站出来反对“无能为力一词的模棱两可”，他们说，他们想搞清楚，方案里用这个词到底是什么意思。或许，这两个南卡罗来纳人对全面授权有更深层的忧虑：担心全面授权会赋予全国政府干涉奴隶制的权力。埃德蒙·伦道夫虽然帮忙起草了这份方案，并且提交给大会讨论，但他说，他否认“这是企图授予全国议会无限的权力……无论别人怎么说，都不会改变他的这种想法”。事实上，他倒是一直主张能有一份权力清单。随后，麦迪逊站起来说，他来开会时脑子里有一种强烈的愿望，主张一一列举全国议会的各项必要权力和这些权力的具体定义，不过他也怀疑，这种做法是否切实可行。现在他的愿望依然存在，而怀疑则有增无减。这正是我们讨论的问题：列出权力清单当然最好不过，因为这样可以对全国政府的权力作出明确界定，但要草拟一份权力清单，
248 其包含的权力不多又不少，真的可行吗？代表们被说服，接受了“弗吉尼亚方案”中的全面授权。根据会议记录，罗杰·谢尔曼果然是唯一一个投反对票的代表。

但疑虑依然存在。我们一再看到，宪法制定过程瞬息万变，一个地方的变化经常会带来其他似乎毫不相干的地方的修改。其中有一个重大变化，发生在7月16日，当时参议院实行席位平等制最终得以通过，而以前已经达成一致的总体设计又遭遇意外变故。在小邦的极力争取下，现在它们的权益得到了保障，虽然不会在参议院形成多数，但已经非常接近，能够在某些重大问题上行使否决权。它们的权益一经得到保障，就有兴趣推动建立一个强有力的全国政府，这样一个全国政府，举例来说，它会收走纽约、马萨诸塞和宾夕法尼亚的进口税，用于所有邦的共同利益，或者，它会接管西部土地，在全联邦范围内推行福利。麦迪逊后来指出，“在确保全国政府不实行比例代表制后，小邦就立即支持扩大全国政府的权力”。

但并非所有小邦代表都支持：言辞激烈的路德·马丁决心为小邦的权利抗争到底，而罗杰·谢尔曼依然认为，各邦最了解自己人民的想法。不过，总的来说，参议院平等席位制一经确立，小邦的代表像新泽西的佩特森、特拉华的里德和马里兰的詹尼弗就开始为组建全国政府作准备。

与此同时，参议院实行平等表决制，并没有动摇国家主义者组建强有力的中央政府的决心。允许参议院席位平等的最终效果是，更多的代表愿意支持建立强大的全国政府。

249 然而，5月31日轻松通过的全面授权，依然存在很大的不确定性。7月16日，比例代表制问题最终尘埃落定，大会开始讨论政府架构，全面授权问题再次被提起。

南卡罗来纳的巴特勒首先发难，反对“无能为力”这一提法，认为其过于含糊其辞，他的同事拉特利奇附议，要求设立一个委员会，把这一权力的含义具体化。毫无疑问，这些南方人还是担心新政府会限制奴隶制，他们希望把政府能做什么和不

能做什么固定下来。大会对设立委员会的动议进行表决,结果反对和赞成各半,这一动议未能通过:代表们又一次选择全面授权,而不是权力清单。

第二天上午,罗杰·谢尔曼提出这个问题,他还在为限制全国政府的权力而奋斗,他提出全国政府不得干预各邦事务。他提议,应授权全国政府“立法约束联邦人民,立法范围为涉及联邦共同利益的一切事务;但不得干扰各邦政府的内部事务(即自治)。各邦自治范围只涉及本邦利益,不影响联邦的整体利益”。

古弗尼尔·莫里斯反对谢尔曼的动议,他说,有时候全国政府应当干预各邦事务,“如发行纸币和其他种种伎俩,都会影响到其他邦的公民”。大会一直被寄予厚望,希望它对发行纸币的呼声作出回应,因此大会不同意谢尔曼的动议。

这时,特拉华的代表、身材肥胖、容易冲动的冈宁·贝德福德站起来说话,他提议全国议会“有权为联邦的总体利益立法,也有权对各邦单独无能为力的事务立法;有权对联邦和谐可能受到个别邦立法干扰的事务立法”。 250

贝德福德来自小邦,他的提议比“弗吉尼亚方案”提出的全面授权还要宽泛。埃德蒙·伦道夫马上站起来抨击贝德福德的动议:“真是令人可怕的想法。这项授权侵犯了各邦所有的立法权和制宪权,而且会干预各邦的自治。”他对贝德福德提议的判断相当正确。全国议会的立法,几乎都可被理解成“为了联邦的总体利益”。

到了这个时候,我们有必要好好研究一下埃德蒙·伦道夫的性格。他是实力强大的弗吉尼亚邦的邦长,詹姆斯·麦迪逊的朋友兼盟友,乔治·华盛顿的法律顾问,这个国家第一任司法部部长,在整个南部地区拥有举足轻重的地位。奇怪的是,虽然他与麦迪逊和华盛顿是政治上的盟友,都致力于建立强大的全国政府,但从内心来讲,伦道夫却是一个十足的邦权派。

伦道夫的经历几乎是开国元勋们的一个缩影。他生于1753年,积极投身反英斗争,经受革命斗争的洗礼,成为“革命青年”之一。他曾说过:“我是一名革命小将。”他出身于世家,一些家族成员是当时弗吉尼亚政坛上的风云人物。他的祖父曾任弗吉尼亚总检察长,叔父和父亲在弗吉尼亚下议院担任职务。他和华盛顿、梅森、麦迪逊以及制宪会议上的许多南方人不一样,他并不是在种植园里,而是在弗吉尼亚首府威廉斯堡长大的。伦道夫家族与弗吉尼亚政坛关系密切,埃德蒙·伦

道夫正是在这种政治氛围极其浓厚的环境中成长起来的。他学习法律，起初在父
251 亲的律所实习，后来自己开业，他的律所据说是弗吉尼亚当地最大的律师事务所。伦道夫身材高大壮硕，威风凛凛。波士顿之围期间，他在华盛顿帐下当过一段时间的差，后因家中有事回家处理，开始步入政坛，事业可谓一帆风顺，在弗吉尼亚政府和大陆会议中都担任要职，1786年当选为弗吉尼亚邦邦长。

埃德蒙·伦道夫对宪法的贡献，历史学家对其评价不高。他既没有麦迪逊的睿智，也没有华盛顿的沉稳，他试图左右逢源，经常采取权宜之计。他渴望担任要职，但野心不是很大，他的行为并不出格，制宪会议上有许多代表也和他一样雄心勃勃。得罪弗吉尼亚选民的事情，他一件也不愿做。到会议结束时，有三位代表拒绝在宪法上签名，埃德蒙·伦道夫就是其中之一。在其传记作家约翰·J.里尔顿(John J. Reardon)看来，他这样做是为了将自己置身事外，因为宪法将弗吉尼亚的许多权力让渡给了全国政府，他担心弗吉尼亚选民不接受这部宪法。

人们常误以为伦道夫和其他几个弗吉尼亚人一样，致力于建立强大的全国政府，主要原因是他提出了“弗吉尼亚方案”，这个方案有时也被称作“伦道夫方案”，虽然这个方案肯定不是他主笔的。而实际情况是，虽然他与麦迪逊和华盛顿是朋友兼盟友关系，他还是始终反对给全国政府太多权力。

所以，当贝德福德提议扩大全面授权时，伦道夫马上站出来强烈反对，这一点也不奇怪；如果有机会用权力清单替代全面授权，他会马上抓住机会加以利用，这也很正常。

252 他的机会出现在7月23日，那天大会设立了细则委员会。委员会的任务是用规范的法律术语将宪法整理成文，除此之外不用做其他事情，所以代表们选举有丰富法律实务经验的人担任委员会成员。康涅狄格的埃尔斯沃思、马萨诸塞的戈勒姆和南卡罗来纳的拉特利奇都是法官，詹姆斯·威尔逊是全美数一数二的法理学家，而埃德蒙·伦道夫是一位成功的律师，而且是本邦的总检察长。这5位成员中，只有威尔逊来自麦迪逊—华盛顿—莫里斯阵营，具有强烈的国家主义思想。埃尔斯沃思采取中间立场；戈勒姆和拉特利奇是国家主义者，但并不强烈。这下，在这个委员会中，伦道夫就不必面对怀有强烈国家主义立场的反对派了。

细则委员会的会议记录没有留存下来。不过，从委员会流出的伦道夫、拉特利

奇和威尔逊的手稿可以看出，对于委员会置大会明确表达的全面授权意愿于不顾，伦道夫负有主要责任。大会曾两次对全面授权与权力清单的优缺点进行辩论，两次都投票赞成全面授权。对已经表达得如此清楚的意愿，委员会为何轻率地置之不理呢？

答案是，首先，会议开到这个阶段，委员会成员对代表们的思维方式有了清晰的认识，他们认为，无论代表们怎么投票，对全面授权都有很多疑虑。第二，伦道夫、拉特利奇、戈勒姆和埃尔斯沃思几乎肯定支持一一列举各项权力：那为什么不试一下，也许会有奇迹发生呢？

细则委员会草拟的权力清单包括了许多治世良方，这些方案对今天的我们来
说似乎很明显。细则委员会的报告说，全国政府有权征税，管理与外国的贸易，铸 253
造货币，借款，宣战，募兵，设立邮局，召集民兵协助，以及执行其他一些事务。其中一些会引发争议，而另一些则不会。但目前来说，我们务必先来讨论一下细则委员会不动声色地加到权力清单中的一个分句：

> 为行使上述各项权力，以及宪法授予联邦政府、各个部门或部门官员的各项权力，制定一切必要和适当的法律。

似乎没有一位代表看出这个分句有什么异常。在他们看来，这个分句的意思仅仅是，为行使其权力，政府必须能够制定必要的法律。那这个分句有什么用呢？比如，授予政府募兵的权力，却不许它制定法律来规定服役期限、军饷等诸如此类的事项吗？"必要"一词用在这个分句里太随意，这是一个火药桶，新政府一组建，就会被引爆。

8 月 16 日，大会开始讨论细则委员会制定的权力清单，居然没人质疑为何抛弃全面授权原则。细则委员会猜得没错，代表们的确想要一份权力清单。不过，在接下来的几天里，代表们对权力清单的具体内容进行了激烈的辩论。8 月 18 日，麦迪逊和查尔斯·平克尼都列出了长长的权力清单，提交细则委员会考虑，希望补充到这份清单中。两天后，平克尼又补充了他的主张，古弗尼尔·莫里斯也提出了一份清单。最后，大会进展到了"必要和适当的"这个耐人寻味的分句。几乎未经辩论，

254 也没有投票，大会一致通过了这一分句，没有一个人看出可能产生的深远影响。事实上，麦迪逊和平克尼曾提议强化这个分句，全国议会不仅有权“制定一切必要和适当的法律”，而且有权“设立一切必要和适当的部”。但大会认为没有必要加上这个内容，没有接受这项动议。对这个分句的辩论就此结束。

如今，这份权力清单位于美利坚合众国宪法第1条第8款。尽管其中一半的授权可追溯到《邦联条例》，与《邦联条例》授予全国政府的权力相比，这17条具体权力有很大扩充，但离现代政府所要行使的权力仍相去甚远。就是这第18个分句，在过去的两个世纪里，为全国议会应对社会和技术的变革提供了灵活性。否则，很难让人明白，举例来说，仅凭这份权力清单，联邦政府如何可以对艺术、文学和学术提供补贴；对大学提供资助；为建造国家公园获取大片荒野（更不用说辽阔的路易斯安那购置地）；为控制空气、土地和水体污染而立法，为建立社会保障体系、为穷人提供福利金、为老年人提供医疗福利而征税，为建造巨大的高速公路网提供补贴；管制航空和铁路部门，为管理整个行业系统设立独立的行政部门；为农业提供补贴；实行生产标准以保护消费者；而且还不止这些。

正是权力清单末尾随意附加的“必要和适当的”寥寥数语，才使联邦政府得以施行所有这些事情。现在这几个词位于宪法第1条第8款第18项，它就像一盏有
255 着巨大光束的灯盏，光线所及，万物生辉。被宽泛解读的，并非只有这一项。确切地说，全国政府有权为国家的“普通福利”立法以及管理贸易这两条，也被解读为暗含广泛权力。但对这两条的解读都没有像这条那样大大超出开国元勋们当初的预料。

究竟如何用“必要和适当的”这个分句，如此宽泛地解释宪法，此事说来话长，我们在此不必深究，简单举个事例就够了。1790年，亚历山大·汉密尔顿，华盛顿的财政部部长，长期致力于建立强大中央政府的人，提议政府建立一家国家银行。他的提议遭到反对，反对者直截了当地说，宪法没有授予全国议会这项权力。对此，汉密尔顿说道，这要看你怎么来定义“必要”。他选择将其定义为“有助于”的意思，也就是说，只要*有助于*实现某个目标，就可视作必要。不论是对外贸易还是邦际贸易，全国政府都有管理贸易的特定权力。汉密尔顿驳斥道，倘若建立国家银行“有助于”管理贸易，政府就有权建立国家银行。在汉密尔顿看来，建立银行并不是

达成目标的*必要*手段，仅仅是*有助于*达成目标。

汉密尔顿对“必要”一词的定义，大多数人和大部分字典都不会赞同，但却被广为接受，因为这样一来，政府就可以做许多事情——比如建立国家银行——诸如此类人们希望政府做的事情。1819 年，在最高法院首席大法官约翰·马歇尔审理著名的麦克洛克诉马里兰案时，这项提议变成了法律。约翰·马歇尔在裁判中说道：

> 如果目的是合法的，如果它又是在宪法所规定的范围内，那么，一切手段只要是适当的，只要是明显适合于这一目的，只要从未被禁止过，并且是与宪法的文字和精神相一致，就都是合乎宪法的。

制宪会议上的许多代表不会赞同马歇尔的观点，这话如果放在批准宪法时说 256
出来，全国也会有许多人不同意。“必要和适当的”这个条款过于含糊和宽泛，对宪法反对的声音大多集中在这点上。从麦克洛克诉马里兰案可以看出，人们的担心是有道理的。该案的最终影响是，权力清单中的 17 项具体权力，每一项权力都可以无限扩充——宪法学权威人士爱德华·S.考文（Edward S. Corwin）称这些权力有了“第二维度”。如此一来，“必要和适当”条款就与列举的国会权力形成配合，和该条款配合使用最频繁，从而扩大全国议会权力的条款即所谓的贸易条款，细则委员会将其列入权力清单。

我们都应该知道，政府控制贸易和工业并不是现代才有。在 1787 年之前的几个世纪里，政府——大体是君主制政府——在必要的时候，会规定工资和价格，对贵金属开采等行业实行政府垄断，想对什么领域征税就征税，这些都是理所应当的。

在 18 世纪的美国，这种观念也很盛行。殖民地政府和邦政府都规定通行费、轮渡费、公共马车费，都对“独占”——即垄断加以限制。遇到干旱时，各邦会固定小麦的价格，当某类熟练工——比如木工——短缺时，他们会限定工资。独立战争期间，召开了多次区域价格稳定会议，对多种商品和服务设定价格。当然，也有各邦立法机构随意颁布各种臭名昭著的价格限定法，对私人合约强加干涉。总体而言，18 世纪的美国人想当然地认为，政府之手可以伸到贸易的各个领域。那时对贸易采取的控制绝不会比今天少。

257 这些开国元勋们来到费城，大多怀着这样的期待，为美利坚成就一部宪法，给中央政府大量管理贸易的权力。连谢尔曼这样的邦权派也承认，全国政府在处理贸易事务方面应该可以做得更好。

所以，会上并没有对经济政策问题发生太多争执，而且辩论也最少，这也就不足为奇了。在细则委员会整理出的权力清单上，经济事务赫然列于首位，就更不足为奇了。这份权力清单终稿上写道，全国议会有权：

> 制定对外贸易、邦际贸易及与印第安人贸易的规则。

这是相当笼统的陈述，但另一个条款对其进行了必要的补充，该条款规定，各邦政府不得“废止合同义务”；这条针对的是那些价格限定法，因为这些法律“废止了”债权人和债务人之间订立的合同。从书面文字看，贸易条款可作广泛的解释，当它和规定联邦法律位于各邦法律之上的条款放在一起时，可作的解释还要广泛。

实际效果是，它把美国变成了一个巨大的自由贸易区，成为当时西方世界中最大的自由贸易区。其影响巨大而深远，它废除了各邦之间的贸易限制，推动了美国经济体系的发展，使其成为 20 世纪主导世界秩序的国家。如果没有自由贸易政
258 策，没有几个邦会允许其他邦的企业家在其地界上修筑铁路线，不缴纳一分钱就在其城镇销售蒸汽机、收割机、布料和餐具。正是因为制宪会议把这个国家变成了自由贸易区，美国的工业机器才得以蓬勃发展。

很有意思的是，马歇尔对“必要和适当”条款所作的广泛解释，如果放在 1787 年，与会代表大多会极力反对，而到 1791 年汉密尔顿提出他的宽泛解释论，1819 年马歇尔将其变成法律时，仍健在的人，看到了此后几十年国家经济的飞速发展，就没有提出反对意见，因为他们想要的充满活力、不断增长的经济已经实现了（但麦迪逊是个例外，在 18 世纪 90 年代，麦迪逊一直反对汉密尔顿的中央集权化）。其实，这个解释并非无限宽泛，还是对联邦议会可以通过的法律作了一些限制。考文

指出，总的来说，最高法院将联邦议会限定在宪法列举的权力范围内。它通过宪法修正案来抑制邦权，例如废除奴隶制，赋予奴隶选举权等。然而，“必要和适当”条款依然是联邦宪法中最为关键的授权之一——也有人说是最富有成效的授权。马歇尔的解释影响深远，它使宪法可以灵活适应社会思想的变革、科技的进步、中央政府与各邦政府权力平衡观念的转变以及美国政治所处的国际环境。

259 # 第十八章　治疗共和病

人们普遍认为，根据《邦联条例》组建起来的全国政府软弱无力，效率低下，正是基于这个原因，才决定召开制宪会议。大部分代表都认同，效率低下的根本原因，是各邦已习惯于漠视全国政府的要求，只管通过违反全国法律的本邦立法。在许多代表看来，更糟糕的是，各邦频频通过立法蚕食本邦公民的权利——最为严重的情况是强迫债权人接受纸币。詹姆斯·麦迪逊对这种公然掠夺财产的行为尤为深恶痛绝。他说："罪恶源于这些邦的行径，增加了人们的不安感，从而促成了此次大会，也为全面改革提供了民众基础，却无助于我们国民性格的养成。"麦迪逊并非孤身奋战。伦道夫在开场白中就坚决表明，邦联政府"没有能力捍卫自己，无法使自己的权力不被各邦政府蚕食"。古弗尼尔·莫里斯说："民众自由随时有被立法
260 剥夺的危险。"特拉华的迪金森说："大家都承认，有必要建立一个总体政府，摆脱各邦立法机构的偏见、欲望和错误认识。"马里兰的约翰·弗朗西斯·默瑟（John Francis Mercer）说道，"各邦立法委员会的腐败和变化无常"是大会召开的首要因素。

最令麦迪逊及其他代表头痛不已的是罗得岛，该邦断然拒绝派代表出席制宪会议，而且直到华盛顿当选总统后才加入联邦。罗得岛的立法机构被一群小农场主把控，这些小农场主总是债务缠身，所以才创制了纸币。债权人意识到纸币会迅速贬值，拒绝接受用纸币偿还债务，而立法机构却强制其接受纸币。为避免接收纸币，许多债权人逃往罗得岛的邻邦。为此，该邦立法机构通过立法，允许债务人把钱付给法院，由法院为债权人托管这笔钱，从而合法地取消了债务。但是，许多法

官选择站在债权人这一边，拒不执行法律，立法机构就把他们开除公职。毋庸置疑，这出闹剧把罗得岛的经济搞得一塌糊涂。

其他邦的立法机构还不至于那么糟糕，不过，在还未发行纸币的地方，仍有发行纸币的迫切需求，这始终是个威胁。因此，存在的问题不仅是各邦立法机构经常藐视全国政府的权威，而且它们经常通过一些在制宪者们看来对其公民不明智、不公正的法律。

对詹姆斯·麦迪逊而言，新政府成立之后的头等大事，是要对这种流氓式的立法机构有所压制。在“弗吉尼亚方案”中，他设计了一个条款，授予全国政府权力，
“各邦通过的立法，若全国议会认为违背联邦条款，可以否定”。这个表述与授权全 261
国政府可以否决各邦立法的表述稍有不同，但这条的意义更为深远。

据对此深有研究的查尔斯·霍布森(Charles Hobson)说：“在提交大会讨论的改革事项中……在麦迪逊看来，没有一条比授权全国议会可以否定各邦立法更为重要。”

尽管麦迪逊和其他一些代表强烈感受到，必须纠正各邦的坏习惯，但提议“否定”各邦立法仍是一件风险很大的事情。“驳回”是有先例的——当时英王就有权否决殖民地的立法。不消说，美利坚人民非常痛恨这种权力。

另外，麦迪逊提出的否决权又带出了邦权问题。再明显不过，与会的每一位代表，即使是争强好斗的路德·马丁也承认，各邦通过的立法不得违背全国政府的法律。但国家至上到什么程度，好多人的心里还存有疑问，是值得思考的问题。显然，南部腹地的代表不希望授权全国政府可以推翻其奴隶制方面的法律，而其他代表，像罗杰·谢尔曼，则希望全国政府对地方事务的“干涉”越少越好。最终，很多意见认为，在否决各邦立法方面，不应该授予全国政府太大的权力。

结果出人意料。5月31日，该项否决权作为“弗吉尼亚方案”的一个部分被提出时，居然没人提反对意见就通过了——按麦迪逊的说法，“未经辩论，也未出现异议”。这是为什么？答案是，代表们对各邦失控的立法机构已深恶痛绝，希望采取某些措施进行压制。历史学家查尔斯·沃伦(Charles Warren)写道：“我们必须理解，人们对各邦不明智不公正的立法的忧虑有多严重，它在多大程度上促成了此次
大会的召开。”不过，这项决议通过得如此顺利，也有可能是因为它的表述方式：表 262

面上看来，这似乎只适用于各邦通过的立法违背宪法的情况。

这个问题直到6月7日被再次提出，当时查尔斯·平克尼提出动议：第二天再议全国议会有权否定各邦议会立法的问题。他提出了彻底的解决方案，他说："全国议会应该有权否定一切他们认为不适当的各邦议会立法。"在南卡罗来纳代表团中，平克尼为争取建立强大的全国政府，孤身一人至少奋斗了4年之久。根据他的方案，毫无疑问，全国议会有权推翻各邦的任何立法。这正是平克尼的意图所在。他说："各邦必须适当服从全国……这种统一的否定权，仍是一个有效的全国政府的基石。"

尽管从内心来讲非常不喜欢平克尼这个人，但麦迪逊还是立即起身附议，他说：

> 他认为，对完善的政府体系来说，否定各邦立法的无限权力，绝对必要。经验已经证明，各邦总有一种趋势，不断地蚕食联邦的权力；违反国家的条约；各邦彼此侵入对方的权利和利益；在各自的势力范围内，压迫较弱的一方。要避免这些错误的行为，否定各邦立法，是最温和、最适度的办法。

这个观点完全符合麦迪逊的权力制约原则，我们有理由怀疑，麦迪逊原先在"弗吉尼亚方案"中就提出了全面否定各邦立法，但后来被弗吉尼亚其他代表修改
263 了。特别是埃德蒙·伦道夫，他不愿得罪弗吉尼亚选民，不可能喜欢这样的提法。

詹姆斯·威尔逊也是坚定的国家主义者，他也支持平克尼的动议。他说，第一次大陆会议召开时，各邦彼此之间表现出好感，彼此之间互称"兄弟"。"时间一长，语气就变了。各邦政府建立不久，它们彼此的嫉妒和雄心便显现出来。每个邦都努力从公共的面包上多切一块，放进自己的篮子里，最后，邦联被撕得支离破碎，落到今天这种软弱无能的模样。"

但平克尼的动议走得太远，不能为大多数代表接受。首先，南部腹地的一些代表觉得，把否定权的范围弄得如此广延，会被北方加以利用，危及南方的奴隶制度。其次，邦权派从原则上就提出反对。第三，很多代表担心，这样做对邦权的打击太

大，本邦的选民会反对宪法。北卡罗来纳的威廉逊、马萨诸塞的格里、康涅狄格的谢尔曼、特拉华的贝德福德以及南卡罗来纳的巴特勒发言表示反对。冈宁·贝德福德的反对尤为激烈。他指出，按现在仍留在方案里的比例代表制，大邦就会利用这种否定权，把小邦挤垮。"一旦大邦发觉小邦挡住了自己的野心和利益的道路，岂不是要把小邦挤垮？……看起来，宾夕法尼亚和弗吉尼亚通过它们代表的行为，似乎就是希望提出一种体制，使它们在这个体制中具有巨大的、妖怪般的影响力。"

不论贝德福德对大邦的看法是否正确，事实上只有三大邦投票赞成平克尼的动议，其他代表都投票反对，包括两位弗吉尼亚代表伦道夫和梅森。所以，大会不
同意把全国立法机构对各邦立法的否定权扩展到所有的情况，仍维持原状，即全国 264
议会仅对违背联邦条款的各邦立法具有否定权。

在接下来的几个星期里，全体委员会继续围绕"弗吉尼亚方案"展开辩论，在讨论到各邦权力问题时，否定各邦立法这个问题被不时提及。例如，6月11日，大会讨论各邦官员是否应该宣誓效忠联邦及本邦，在整个讨论过程中，其实就隐含着否定各邦立法的问题。谢尔曼、格里和路德·马丁发言反对这一条，但他们的动议未得到会议同意，三大邦和南部腹地联盟挫败了小邦集团。

6月20日，纽约的约翰·兰辛再次提出各邦权力问题，这次他专门提到对各邦立法的否定权。他指出，全国议会几乎没有空闲时间来审查全部13个邦议会通过的各种法案；除此之外，"乔治亚的议员，能判断新罕布什尔议会通过的立法吗？"他提出了一个彻底的解决方案，即继续维持带有强烈邦权偏见的邦联议会。

罗杰·谢尔曼附议，支持兰辛的动议。他说："每个邦也和每个人一样，有自己独特的习惯和作风，他的幸福寓于其中。因此，他们不会把权力授予别人，来控制他们自己的幸福。只要能避免，各邦就会像各人一样，尽量避免。"邦权派的动议以微弱的差距落败，三大邦和南部腹地联盟再次获胜。

7月7日，古弗尼尔·莫里斯发表长篇大论，支持建立强有力的全国政府。他说："国家的崇高目标，总是在为地方观念作出牺牲，这是我们最大的不幸之一……为了多数人的利益，就应该让某些邦承担损失，如果它们的行为该当如此。"看起来，这似乎也是大多数代表的想法。

但到了7月17日上午，参议院席位平等制获得通过后，大会即着手解决全国 265

政府的全面授权问题,话题又一次回到了否定各邦立法上。莫里斯发言表示反对,"因为,这可能使各邦觉得可怕"。马丁说这种授权"不当,也得不到批准"。罗杰·谢尔曼的话切中要害。他说,立法否决权没有必要,"因为各邦法院不会认为与联邦立法抵触的任何法律还有效力,不需要联邦议会再去否定"。

现在,代表们面临格里6月初提到的事情,这件事将成为美国政府体系的核心部分:法院有权废除它们认为违宪的各邦立法。旧邦联政府没有常设法庭,除海事案件——即在公海上犯罪的案件外,对各邦及联邦的法律都没有司法审查权。不过,情况正在发生变化,各邦法院已开始试探性地拒绝执行它们认为违反本邦宪法的法律,大多数与会代表都知晓司法审查这一概念。所以,谢尔曼提议,由各邦法院进行违宪审查,全国政府没有必要再去否定各邦立法。

但詹姆斯·麦迪逊态度坚决,否定各邦议会立法的权力,全国政府非要不可。他发表长篇大论,力陈其好处。他说:"否定各邦议会立法的权力,是全国政府有效和安全的基础。之所以需要建立全国政府,就是因为各邦追求自己的具体利益时,有违背总体利益的倾向。这种倾向,将继续干扰整个体制,只有加以控制,才能消除。如果没有这种否定权,则要想控制各邦议会的立法,别无门路。"接着,他驳斥
266 了谢尔曼提出的各邦法院会弥补空白的观点。"不能把信心建立在各邦法院身上,不能指望它们捍卫国家的权威和利益。所有各邦法官不同程度地都依赖于邦议会。……在罗得岛,拒绝执行该邦立法的法官被解除职务,虽然这些立法违反该邦宪法。邦议会任命的新法官,愿意接受老板交给他们的邪恶的、任性的做法。"

莫里斯——也是一位坚定的国家主义者——对他的话作出了回应,重申全国议会对各邦立法的否定权,"会叫各邦作呕",其言下之意就是,宪法很难获得批准。谢尔曼坚持认为,对各邦立法的否定权会引发出"一种错误原则:如果邦议会通过了一项违背联邦条款的立法,若没有被否定,就依然有效,可以施行"。他还是想依赖各邦法院废除此类法案。不出人们所料,平克尼发言支持麦迪逊。但在会议表决时,会议没有同意这种否定权,只有弗吉尼亚和北卡罗来纳投了赞成票。

大会对此问题的态度为何突然转向了呢?和大会作出的许多其他决定一样,这是各种压力施加于一点的结果。但最根本的原因是,比例代表制问题已尘埃落定。7月17日上午,人们突然有这样一种感觉,觉得最糟糕的阶段已经过去了。会

议即将取得成功，大会产生的宪法文本将交给本邦选民批准。有种感觉日益强烈，即古弗尼尔·莫里斯的提议是正确的：麦迪逊提出的否定权肯定会成为批准大会上众多反对意见的矛头所指。另外，小邦占据多数席位的参议院，将承载更多的邦权情结，不会急于废除各邦立法。那些坚定的国家主义者意识到，否决权并非像他们起初料想的那样行之有效，现在他们中大多数人已不再强烈坚持将其写入宪法。

而且，蓄奴的邦有足够理由反对这种否定权，因为从一开始，它们就一直担心， 267
这种否定权会而且将会被用作反对奴隶制的武器。参议院席位平等，加强的不仅是小邦对大邦的力量，而且是北方对南方的力量，因为大多数小邦位于北方，这一点人们还没有普遍觉察到。北方将控制参议院很长一段时间，对这一点，南部腹地牢记在心。最后，谢尔曼和莫里斯提出建议，各邦法律和联邦法律发生冲突时，可交给法院来解决，他们的提议得到了代表们的认同。冲突肯定会出现，这是必然的，但或许可以给司法部门设置某种机制来解决此类问题。

否定各邦立法未能获得通过，宪法失去了调解全国政府与各邦政府之间争议的机制。争议肯定会出现；无法调解争议正是旧邦联政府为人诟病的主要原因之一。必须有人来解决这个问题，倘若不是由全国议会通过否决权来解决，那必然是由法院来解决。

不过，没人能料到，会上最强烈反对国家主义的人——路德·马丁——提出了一个解决方案。7 月 17 日，就在否定各邦立法的提议被否决之后，他马上站起来提出如下决议，这个决议似乎可作为全国政府控制各邦立法的手段："由联邦作出的立法以及所有联邦授权缔结的条约，为联邦的最高法律……各邦司法部门作出裁决时，受到上述最高法律的约束，在各邦单独通过的立法中，任何内容不得违背最高法律。"这个分句与"新泽西方案"中的一个分句几乎完全相同，会议未经投票，一致通过了马丁的动议。邦权派路德·马丁为何会提出全国政府"高于"各邦的决议呢？ 268

事实上，正如马丁后来解释的那样，他企图通过大会塞点私货进去。他的决议使联邦立法高于各邦立法，但并没有使联邦立法高于各邦宪法。这是一个很大的漏洞，大到足以让一辆牛车通过。各邦立法受限于本邦宪法，如果无权评估各邦宪法是否违背联邦宪法，法院就无力废除各邦立法。马丁的这套制度在实践中会如何运作，我们永远无法知晓，因为他最终没能得逞。细则委员会在处理这个分句时，修改为如下表述：

> 联邦议会为实施这部宪法而制定的立法，联邦授权缔结的所有条约，为各邦及其公民和居民的最高法律；各邦法官判案时，受最高法律约束；各邦宪法和法律，不得违背最高法律。

后来对这个分句的用语又稍作了修改，但基本部分未变，成为美国宪法的一部分，就是我们今天熟知的“最高条款”。可是，当各邦立法与全国法律发生冲突时，到底由谁来推翻各邦法律？这个问题仍没有解决。制宪会议上，许多保守的共和党人坚信，主权属于人民，任何人不得凌驾于立法机构中的人民代表之上。

而事实上，就这点而论，大会从未真正作出过清晰的决定。最接近的一个决议
269 是在 8 月 27 日对法院系统的组织结构进行讨论时作出的。当时讨论一个分句，即最高法院的司法范围，“延伸到联邦议会立法引起的一切案件”。康涅狄格法官威廉·塞缪尔·约翰逊提议把这一句改为：“最高法院的司法范围，延伸到本宪法和联邦议会立法引起的所有案件。”

麦迪逊是唯一一个发言反对作此修改的人。他提示这种措辞的用意是他认为这个决议走得太远，应该把司法权限制在“司法性质以内的案件。在并非司法性质的案件中，解释宪法的权力不应授予法官”。

这话比较含糊，没有我们所想的那样明确。这句话的意思是，在麦迪逊看来，法院的裁决不应该普遍适用，应该只适用于涉案各方。例如，在著名的布朗诉教育委员会案中，最高法院废除了各邦建立种族隔离学校的法律。麦迪逊认为，法院的这种裁决不能普遍适用，应该只在引起案件的特定学区有效。

代表们接受了约翰逊的措辞。但他们之所以这样做，根据麦迪逊的记录，仅仅是因为“他们都认为，授予的这种司法权，会限制在司法性质以内的案件”。这只是麦迪逊的辩论记录记载的代表们的想法，而研究宪法的历史学家普遍认为，麦迪逊是对的。“如果这段话录入无误的话”，艾尔弗雷德·凯利(Alfred Kelly)和温弗雷德·哈比森(Winfred Harbison)在教科书中写道，“代表们普遍同意，联邦法官不应

拥有解释宪法的权力。也就是说，宣布违反宪法的联邦立法无效的权力，不应等同 270
于解释契约的普遍权力”。

事实已经很清楚，制宪会议上的代表们主张，全国政府务必有权废除与联邦立法相抵触的各邦法律，对他们来说，这点很清楚，各邦不得通过违背联邦立法的法律。但很难说，这些人希望最高法院有权推翻全国议会通过的立法。大多数代表打心底里认为，倘若政府必得拥有某种终极权力，那也必定在立法机构。立法机构代表着人民，理应不会违背广大人民的最大利益。而总统抑或最高法院的法官，就很难说了。

然而事实却是，制宪会议从未真正领会违背宪法的全国立法的问题所在。宪法最后成文时，这句话的措辞是：“司法权的适用范围，延伸到宪法、联邦立法、已经缔结和将要缔结的条约引起的一切案件，包括法律案件和衡平法案件。”宪法继续写道：“最高法院具有对上诉案的审理权，包括法律和事实两方面。”从某种意义上讲，与会代表想要达到的效果是，铁路官员在得知火车上最危险的一节车厢是最后一节车厢时，他提出的建议应该是：把最后一节车厢抛弃。

但总会有最后一节车厢：总要有人来对宪法进行解释。如果没有这样的人，国会就会不顾宪法随心所欲地通过立法，宪法就会成为一纸空文。诚然，总统有义务否决他认为违反宪法的法案。但因此而授予总统绝对否决权，会带来专制的危险，
这是制宪者们极力要避免的。应该让国会议员投票反对他们认为违宪的法案，但 271
在近代历史上，最经常的情况往往是由法院来做这件事情。最高法院成了宪法的最终解释者，到现在依然如此。

没过多久，最高法院的最高地位就确立起来了。在新政府组建后不久，人们就意识到，必须有人来作最后决定，康涅狄格代表奥利弗·埃尔斯沃思法官起草了《1789年司法条例》，该条例明确授予最高法院宣布各邦法律违宪的权力，暗示最高法院有权解释宪法。1803年，最高法院确立了有权推翻国会立法的制度，从而成为19世纪下半叶通行的惯例。1803年这个至关重要的决定是在著名的马伯里诉麦迪逊案中作出的，当时约翰·马歇尔判定：“应该强调的是，确定法律是什么是司法部门的权限和职责。那些把规则适用于具体案件的人们，必定需要对规则进行阐释和解释。”到20世纪初，首席大法官查尔斯·埃文斯·休斯（Charles Evans

Hughes)宣称——虽然不可否认有点夸张——“最高法院说宪法是什么，它就是什么”。

尽管从道理上说，最高法院必然会掌握大权，但毫无疑问，大多数开国元勋看到联邦法院也可以管理城市学校系统、决定城市消防部门的聘用政策、决定哪个阶
272 段妊娠流产为非法、具有无数其他立法和行政职能时，肯定会目瞪口呆。最高法院是否攫取了太多的权力——其本身是否违宪——是一个值得讨论的问题。

但是，应该强调的是，在实践中，对各邦立法进行司法审查已经取代了国会或总统对此类立法的否决权。既然麦迪逊希望否决权主要是保护被立法机构压迫的少数民族和个人，用司法否决取而代之，运转相对良好。是最高法院，而不是国会，站出来救济了遭受迫害的少数民族和个人。

对于国家主义者来说，最高条款是伟大的胜利，不仅仅是因为它成为对各邦立法进行司法审查的依据。更为根本的是，最高条款使联邦宪法不仅成为组建政府的文件依据，而且成为可适用于个人的法律主体。这样，联邦司法部门和行政部门可以逮捕、审理和监禁违反国会立法以及违反宪法确立的规则的人。此外，宪法规定，各邦法官应宣誓支持宪法和根据宪法制定的法律，即使这些法律高于本邦宪法。

关键的措辞，最终出现在宪法第6条，内容如下：

> 宪法、为实现宪法而制定的联邦立法、根据联邦授权已经缔结和将要缔结的条约，为联邦最高法律；各邦宪法和立法若与联邦最高法律抵触，各邦法官应受最高法律约束。

国家主义者津津乐道的否定各邦立法没能实现，在当时看来，邦权主义者似乎取得了胜利。但实际情况是，通过后来对宪法第6条的解释，国家主义者赢得了胜
273 利，这是他们始料不及的，他们中大部分人不会喜欢这种结果。不过，正是因为后人在宪法第6条中找到了弹性，最高法院有权宣布各邦贸易和工业法规无效，结束学校隔离，保护犯罪嫌疑人的权利，扩大言论和新闻自由的含义，才带来美国人如今无比珍视的各种变化。

第十九章　詹姆斯·威尔逊,民主国家主义者 274

大会面临的所有难题中,代表们认为最难解决的是“行政官”问题,即我们今天称作总统的政府部门。困难在于,代表们对新政府应该任用什么样的行政官,心情十分矛盾复杂。他们希望有一位强人为政府提供所谓的“能量”,对立法机构扮演某种监督者的角色。同时,他们想要的行政官,其权力应受到充分限制,无法成为暴君。

对行政官的这种矛盾心理,是合众国近代历史的直接产物。在英国统治时期,大多数殖民地由英王任命的总督统治,有一个在当地选举产生的下议院和一个偶尔也是选举产生但通常由总督委任的上议院。总督掌握大权,通常可以否决立法,从理论上讲,他至少可以实施休会,随心所欲地解散议会,而且试图用公告进行管理。几十年来,殖民地议会想方设法找到一条控制总督的措施,那就是,拒不批准 275
政府运行所必需的税收,拒绝募兵,以及诸如此类措施。特别是在 18 世纪 50 年代法国与印第安战争期间,总督需要从殖民地征收大量税金和兵士,殖民地议会斩获颇丰,获得了对总督更大的控制权。

尽管权力受限,御准总督仍处于支配地位,如果无法根据法律获得他们想要的东西,他们经常会采取阴谋诡计,通过提供法官职位、政府合约以及其他形式的资助,腐蚀拉拢有影响力的议员。

母国的情况也相似。英王乔治三世惟恐失去自己的权力,也通过提供政府合约、内阁职位、有利可图的工作等方法,规避国会的监督。这样做的腐化作用十分明显:议员对总督安排给他的工作,如收税员,心存感激,因背负很大的压力,就会按总督的意愿进行投票；而且在处理缴税问题时，他几乎不可能做到公平公正。美利坚人独立战争前的全部政治经验和历史知识教会他们，一定要谨防暴君——国王和总督，他们会凭借武力和诡计，蹿升为专制的统治者。此外，只有来自人民、由人民选举产生的立法机构才能保护人民，水能载舟，亦能覆舟。

因此，1776 年《独立宣言》发布后，美利坚人开始制定自己的宪法，他们创设的政府基本都由议会主导，只是程度不同而已。戈登·伍德（Gordon Wood）在对此问题进行的一项重要研究中说，邦长“只不过是执行委员会主席而已”。虽然各邦
276 的模式各不相同，但基本上，各邦议会都有权任命包括法官在内的各主要职位，选举行政长官，乃至在本院审理某类案件。政府权力集于一家，我们已看到其后果：各邦议会总是任意妄为，爱走极端，它们发行纸币，出台固定价格的法律，而且变化无常，经常是少数人说了算。至少制宪会议上的大部分代表是这么认为的。

尽管如此，但脱离英王乔治及其御准总督的统治毕竟只有 12 年，制宪会议上的许多代表对总督的暴虐仍记忆犹新，他们在其统治下的时间可比在变化无常的议会统治下的时间要长。他们可不打算用一种暴政去代替另一种暴政。因此，大部分代表对行政官这个问题一直举棋不定，他们把这种矛盾心理带到了大会上：他们受过强势行政部门之苦，也受过弱势行政部门之害，这样的行政部门他们都不想要。所以，势必要找到一种平衡。他们一直在苦苦追寻，在制宪会议上，他们终于找到了一个办法，就是把“三权分立”学说应用于实践，成为美国宪法的核心部分。这方面的权威戈登·伍德写道：“美国宪政原则中，或许，三权分立原则最引人注目，其实，这正是美国政治制度的本质所在。”

建国之父们终于明白，三权分立学说，就是要求政府分成几个部分或部门，各有各的权利和特权，任何一个人或一群人都不能采取强制性法令来统治。建国之父们在孟德斯鸠《论法的精神》一段著名的话里获得了灵感，他们对这部著作都很熟悉。这段话值得在此详细引述。

277 公民的政治自由是一种心境的平静状态，它源自人人都享有安全这一想法。为了享有这种自由，就必须有这样一个政府，在它的治理下，一个公民不惧怕另一个公民。

> 立法权和行政权如果集中在一个人或一个机构的手中，自由便不复存在。因为人们担心君主或议会可能会制定一些暴虐的法律并暴虐地执行。
>
> 司法权如果不与立法权和行政权分置，自由也就不复存在。司法权如果与立法权合并，公民的生命和自由就将由专断的权力处置，因为法官就是立法者。司法权如果与行政权合并，法官就将拥有压迫者的力量。
>
> 如果由同一个人，或由权贵、贵族或平民组成的同一个机构行使这三种权力，即制定法律的权力、执行国家决议的权力以及裁决罪行或个人争端的权力，那就一切都完了。

这个观点并非全是孟德斯鸠的原创，约翰·洛克以及另外的人也提过类似的观点。但孟德斯鸠的话是代表们最为熟知的。

然而，1787年5月召开制宪会议时，三权分立学说还未深入人心，有些代表甚至讨厌这种学说（虽然在4个邦的宪法中直接提到了三权分立，但后来并没有真正实行）。

罗杰·谢尔曼特别信奉所有权力属于立法机构，毕竟立法机构代表人民。6月1日，在他到会后第三天，他就说，他认为“行政官不过是一种设制，只是把立法
机构的意志付诸实施，这一人或数人，只有议会才能委任，并且只对议会负责，议会 278
才是社会最高意志的宝库”。同一天晚些时候，他又说道，“我认为，世上若有所谓的暴政，其实质就是行政独立于最高立法部门”。第二天，他又重申了自己的观点：“全国议会应当有权按自己的意愿罢免行政官。”谢尔曼坚信，应当由人民选派的代表来管理政府，行政官绝对不能监督议会，他只是议会的仆从。

会上还有一个人更加持久和坚定地相信，应该由人民选举产生一个独立而负责的行政官，就是这个人，在詹姆斯·麦迪逊和古弗尼尔·莫里斯的支持下，率先争取建立强有力的行政官。

如果没有乔治·华盛顿和詹姆斯·麦迪逊的赫赫地位，詹姆斯·威尔逊只不过是一个默默无闻的人物。这个名字对大多数美国人来说毫无意义，即使对美国历史怀有兴趣的人也是如此；事实上，撇开那些宪法专家不谈，大多数历史学家都

不清楚他在费城发挥了什么作用。

但仍有少数伟大的人物，他们的名字萦绕在我们心中，他们的作为成就了今天的美国。据近代的一位传记作家讲，威尔逊“被公认为他这个时代杰出的法学家”。他出任首届联邦最高法院大法官，差点成为美国第一任首席大法官，因卷入一些不光彩的债务纠纷而未能如愿。他签署过《独立宣言》，参加过《邦联条例》的起草，代表宾夕法尼亚参加过制宪会议，是会议上的活跃分子，其发言次数和作用仅次于美
279 国宪法之父麦迪逊。他在费城的影响可谓独一无二。威廉·皮尔斯在其微型自传中说，“威尔逊先生是制宪时期最著名的政治家、法学家之一”，乔治·华盛顿也认为他“和制宪会议上的其他代表一样，能干、正直、诚实”。可在其身后，威尔逊的重要历史地位却没有得到足够重视。如果美国历史上有人配得上无名英雄这个称号的话，这个人就是詹姆斯·威尔逊。

威尔逊的个人背景中有两个因素值得注意。第一，他是苏格兰移民，来美洲时间较晚，1765年，已年满24岁才来到美洲。第二，他出身卑微，制宪会议上像他这种出身的人不多。

但在这个群体中，詹姆斯·威尔逊是个异类。我们都知道，上流社会的人往往看不起“人民”。汉密尔顿公开承认主张君主政体，佩特森对私通者不受约束的激情和偏远地区反叛的暴徒存有戒心，谢尔曼和马丁不相信平民的智慧，甚至怀疑他们的判断力。但詹姆斯·威尔逊不同于会上的其他人，他相信民众的善良本性，为建立一个真正民主的政府而奋斗，他提出的政治制度远比会上其他人提出的更接近现代美国制度。

詹姆斯·威尔逊1742年出生于苏格兰低地一个叫法夫(Fife)的地方。法夫的地形是一个半岛，三面濒北海，巨石遍布，沿海多风，有冷雾。在东部低地，人民生活艰难，主要以农业和捕鱼业为生，那里的人生活俭朴，吃苦耐劳。而在北部高地，还是一些未开化的部族，他们的首领是酋长，酋长们在自己的领地上野蛮粗暴，独断专行，他们一半靠农业为生，一半靠抢劫掠夺为生。与地理和气候环境一样，苏格兰教会的加尔文教派也非常严酷，土地上的回报很少，其他地方的回报也不多。有一个由领主和女主人组成的贵族阶级，但这些人多半很穷，人们经常看到领地的
280 女主人挎着篮子到市场去卖鸡蛋。北部的部族不受南部各类政府控制，教会绝不

会容忍世俗权力的干扰。大多数人认为自己和别人一样好，其理由非常充分，整个社会从上到下只有一条路可走。在这种文化的影响下，逐渐形成了不屈、坚强的民主精神。

到詹姆斯·威尔逊出生时，苏格兰无论是在经济还是智力上都正在经历一场启蒙运动。伟大的大卫·休谟正在奋笔疾书，出版许多著述，这些著作对麦迪逊及制宪会议上其他代表产生了极大的影响，还有与休谟同时代的其他人，如亚当·斯密以及一些不太知名的人，“使爱丁堡成为基督教世界最好的大学，影响了一代或几代人”。

威尔逊出生于一个典型的小农场，全家人靠一小块土地艰难度日。他是家中的长子，上面有3个姐姐，父母对他非常器重。和他们的邻居一样，他们都是虔诚的信徒，决定送詹姆斯接受教育，长大后当牧师。

苏格兰和其他地方不一样，穷人家的孩子上大学不算稀奇，但对詹姆斯来说，却是不寻常的。作为家里的男孩，詹姆斯不用干农活，所以他可以到当地的文法学校上学。14岁那年，他以优异的成绩通过了离家不远的圣安德鲁斯大学的奖学金考试，他在那里学习拉丁语、希腊语、数学以及逻辑学、哲学方面的常规课程，包括我们今天称作社会科学的学科。据他的传记作家查尔斯·P.史密斯(Charles P. Smith)讲，詹姆斯还如饥似渴地钻研休谟及其他学者的人文主义新思想，这些新思想认为，人类生活的目的是快乐，这与威尔逊在家里学到的加尔文教派的许多思想相抵触。史密斯写道，詹姆斯受托马斯·里德(Thomas Reid)的思想影响较深，在 281
今天看来，里德只不过是一位不太重要的苏格兰人道主义者，但在当时很有名气。里德学说的基本原理是，真理对我们来说只是“常识”，实际上是“上帝，或至少是自然之手，灌输在我们意识中的直觉”。常识就是普通人的直觉，人同此心、心同此理，所有人几乎都具备同样的直觉。他的学说无疑深具民主思想：无论高矮，如果在上帝面前人人平等，那么，牧羊人就和乡绅一样有选举权。所以，在威尔逊成长的过程中，他深受政治民主是上帝意志的体现这种哲学思想影响，逐渐具有了朴素的民主精神。詹姆斯·威尔逊长大后，无论在心灵上还是在思想上，都是一位坚定的民主主义者。

大约在詹姆斯·威尔逊大学毕业的时候，他的父亲去世了，留下一位遗孀和6

个孩子。威尔逊决定放弃做牧师,改当家庭教师。在经历了短暂的教学生涯后,他又去爱丁堡学习记账,还顺便学会了高尔夫,打得一手好球。需要注意的是,大多数出身卑微的人——威尔逊、汉密尔顿、佩特森、谢尔曼——都有经商经历,要么做过店主,要么做过一般贸易。

可是威尔逊雄心勃勃,他从小就被父母认定会成大事,与曾在圣克罗伊(St. Croix)的店里做店员的汉密尔顿一样,对自己卑微的出身颇为不满。他决定移民到美洲,1765年秋天,威尔逊抵达纽约。

威尔逊身材高大,健壮结实,脸色红润。他年轻时就近视,戴一副黑框眼镜。他受过良好教育,远比大部分美洲人的教育程度高,而且,他直接接触到了苏格兰哲学家的思想,而麦迪逊等人只是远距离领会这些思想。

282 但必须要说的是,詹姆斯·威尔逊的民主理念更多地体现在理论上,而不是体现在他的亲身实践中。在他同时代的美国人看来,他冷漠、矜持甚至有些傲慢——是个典型的势利眼,普通人在地里干活,他却提着裙子,生怕沾上泥巴。他的一位朋友承认,威尔逊"拘谨含蓄,笨手笨脚"。看上去很明显,虽然威尔逊推崇民主政治,热衷于把权力交给人民,自己却凌驾于人民之上,而且和会上的大部分代表一样,坚定地认为,人民必须把他们之中更好的人选出来管理政府。

但是,他的朋友们提到他时都充满喜爱之情,记得在他家晚宴上度过的愉快夜晚,晚宴上有美酒有音乐,他们又跳又唱,热闹极了(威尔逊经常用手去扶正滑落的眼镜,一位朋友说这是威尔逊的贵族风度)。

抵达纽约后,威尔逊立即前往费城,很快就在新落成的费城学院谋得一份教职。但这对他来说还不够,他决定学习法律。

18世纪末期,律师在美洲的地位举足轻重,涉及美洲事务的方方面面。应该说,今天的法律界在人们日常生活的各个方面所扮演的仲裁者角色,在革命年代就已经打下基础。威尔逊的传记作家指出,当清教徒首次来到新大陆时,他们就决定按上帝的指引建造一个社会。在很大程度上,他们拒绝采用英国的法律制度,打算根据《圣经》拟订自己的法律,如果不行的话,通过社区宗教领袖的共识产生自己的法律(除新英格兰外,其他地区还是较多地依赖英国的制度,不过在独立战争以前,各地民众普遍对律师持怀疑态度)。律师只不过是令人憎恨的英国制度的代理人,

“地位不如诚实的工匠,甚至被殖民者视作贱民”。对美国律师界深有研究的历史学家劳伦斯·弗里德曼(Lawrence Friedman)指出,殖民地统治阶级对律师不信
任,害怕他们的影响力;而下层阶级把律师等同于贵族阶层。“敌意肯定存在”,他 283
说,并引用了丹尼尔·布尔斯廷(Daniel Boorstin)的话,“英国向来对律师存有偏见,到了美洲更是变本加厉”,在那里,“对律师不信任成了惯例”。

但随着形势的发展,社会复杂性加剧,原先的宗教寡头已控制不了民众,律师的地位开始凸显。美国社会处于动荡之中,各邦之间的法律存在冲突,大片大片的土地归属不明,航运纠纷不断,债务和信贷结构迅速扩张,自和英国决裂之后,没有健全的通货可以支撑贸易,债务和信贷成了空中楼阁。美利坚人不断地跑到法庭,提出他们的要求和反诉,可以肯定地说,世界上没有一个地方的普通民众在法官和陪审团面前可以这样无拘无束。法律职业的重要性势必不断上升,到独立战争年代,律师已经是美利坚权力集团的一个主要部分——或许是主体,他们以官方身份担任要职,或者以非官方身份在法庭辩论过程中成为法律制定者。制宪会议 55 位代表中,有 31 人接受过法律训练。在历史学家中已形成一个共识,那就是,美国的革命是一次“律师的革命”,是律师们把对自由的诉求建立在了法律理论化基础之上。

到美洲后,詹姆斯·威尔逊迅速意识到,最热门的职业就在法律领域,可以使他出人头地。在宾夕法尼亚一位表兄的经济资助下,威尔逊拜约翰·迪金森为师。迪金森是当时享有盛名的律师,一位热忱的爱国志士,后来是制宪会议的代表之一。威尔逊在宾夕法尼亚开始他的个人职业生涯,后来到费城开设律所。跟路
德·马丁、威廉·佩特森一样,在独立战争期间,通过律师这个职业,他变得有钱 284
了,也出名了。他攀了一门好亲事,娶了富有而显赫的伯德家族的女儿为妻,在宾夕法尼亚从政,并担任大陆会议代表。

不幸的是,就在他声名鹊起、赚得盆满钵满之际,他的野心开始一点一点膨胀,热衷于投机生意,导致破产,毁了他的名声,最后悲惨地死去。他和许许多多美国人一样,狂热地投入土地投机生意中。他长在土地极其匮乏的旧世界,宾夕法尼亚成片成片的空置土地就在身边,令人垂涎,冲昏了他一向清醒的头脑。他开始借款购买土地,后来胃口越来越大,大肆购买土地,债台高筑。他之所以有这个能力,是

因为通过婚姻关系，他结识了一个好朋友——罗伯特·莫里斯。莫里斯是一个金融奇才，他建立的信托基金是当时美洲非常大的一家信托基金。莫里斯交往很广，跟谁都熟，威尔逊很快就结识了金融界的最高层，这却是他的不幸，他获得的贷款已远远超出了他的承受范围。最后，他至少购买了400万英亩土地，面积比康涅狄格或马里兰都要大，名义上的价值不可估量，但在当时的情况下，也可能一觉醒来，一切烟消云散。不过，他暂时还没碰到麻烦。到1787年时，詹姆斯·威尔逊已是宾夕法尼亚有头有脸的人物，虽不怎么招人喜欢，但其学识和法律素养令人肃然起敬。

威尔逊没有狂热地维护本邦利益，他在其他地方长大，他的思想更倾向于国家主义。所以，他是坚定的国家主义者，与麦迪逊、汉密尔顿、罗伯特·莫里斯、华盛顿、古弗尼尔·莫里斯、平克尼等人一道，被归入同一阵营，就不足为怪了。

285 但他的思想与其他人还有一点细微的差别。总的来说，其他国家主义者认为，政府必须建立在“人民”的基础之上，但“人民”对他们来说是一个抽象的概念，是一个哲学理念。事实上，鲜有代表——不管是国家主义者还是邦权主义者——真正相信人民有能力管理自己。人民喜欢无政府状态，喜欢听煽动政治家的花言巧语，喜欢驱使立法机关通过过激的法律，而不顾这些法律与其他立法相抵触。但詹姆斯·威尔逊确实相信人民可以管好自己的政府。

威尔逊把人民视作主权的宝库，他们拥有全部权力，可以按自己的意愿分配权力，在他们认为应当设立的政府部门之间划分这些权力。起初，其他代表并不清楚威尔逊这方面的观点，慢慢地，他们的思想有所转变，逐渐支持一个有所不同的政府原则，即社会契约论。这一观点认为，政府是统治者与被统治者之间订立的契约。人民，从本质上来说，同意接受国王和地方长官的统治权，作为回报，统治者也同意尊重人民的某些权利。

但随着讨论的深入，一个全新的政府理念开始形成，代表们对此一遍又一遍地讨论。这种理念摒弃了把统治者与被统治者订立契约作为政府哲学基础的整体思想，取而代之的是，由于权力只属于人民，他们想授予多少权力就授予多少权力，而且可以在他们认为适当的时候收回委托的权力。政府部门的所有成员，不仅仅是议员，都代表人民。因此，宪法并不是人民与新政府统治者之间的契约，而是人民签署的给予新政府的授权委托书，人民可以随时修改这些权力。威尔逊在宾夕法尼亚批准大会上极力为新宪法辩护，在一次重要演讲中，他说，“联邦议会的权力，来自联邦宪法明确授予的权力”。他补充说，社会契约论很危险，因为契约一旦订 286
立，“除非双方同意，否则很难更改”。而新的观念认为，统治者不是合作伙伴，而是被统治者的仆人。人民委托给代表的权力，随时可以修改，而政府却不能。

戈登·伍德说：“对联邦派来说，统治者与人民、地方长官与代表之间具有历史意义的区别已不复存在，政府所有部门同时变成了人民的统治者和代表。”

在威尔逊看来，这个新理论要求尽可能多的官员由人民直接选举产生，在制宪会议上，他始终坚持让人民尽可能全面参与政府体制。所以，他强烈要求行政长官由人民而不是由议员选举产生，从而开了总统选举制度的先河。

詹姆斯·威尔逊的历史地位为何在当时没有得到足够重视呢？答案很简单，他死得太不光彩了。制宪会议结束后的几年里，威尔逊声名如日中天。1788 年，他受邀在费城作国庆致辞，这是这个城市所能给予的最高礼遇。费城学院请他讲授法律基本原则，华盛顿任命他为首届联邦最高法院大法官。到 1790 年，他已经成为全美最杰出的人物之一。

但不幸的是，也就大约在这个时候，流言开始四处传播，说他在西部土地上过度投机。威尔逊的土地投资计划，在他们看来有点不切实际的成分。他解释说，旧世界充斥着大量没有土地的穷人，而新大陆到处是闲置的土地，把过剩的人口引入到过剩的土地上来，对双方都有好处。他提出建议，提供干净宽敞的船只，把移民带进来，在荒蛮之地上为他们建立社区。这是一个大胆，甚至宏伟的计划，不但会 287
给威尔逊带来财富，也会造福人类。

所以，他的债务越积越多，到 18 世纪 90 年代中期，债务结构已不堪重负。接下来的崩溃，不能全怪威尔逊。还有很多人也在做威尔逊做的事情，他们同样也遇到了麻烦。独立战争的资助人罗伯特·莫里斯就被投入负债人监狱，1796 年，在投机客中出现了覆盖全美的大恐慌。但威尔逊的麻烦大部分是他自己造成的。

他的第一任妻子去世后，他和一个叫汉娜·格雷(Hannah Gray)的波士顿女孩恋爱，1793 年结婚，当时汉娜才 19 岁，比他年轻了 32 岁。在他们举行婚礼的时候，财务状况正在恶化。威尔逊采取借钱填补缺口、骗取信贷、拖延等方式，但都无济于事。1796—1797年冬，仅费城一地，就有150家企业破产，64人因债务问题入狱。到1797年春，当时他正在主持最高法院巡回上诉法院，是当地最高法官之一，经常随时留意治安官有没有跟来找他麻烦。最后，到那年夏天，他和他忠贞的汉娜被迫四处躲债，躲在伯利恒(Bethlehem)“一家肮脏简陋的小旅馆里”。在费城的家中，“食品柜早已空空如也……孩子们穿得破破烂烂”。最后，汉娜实在受不了了，到波士顿去找亲戚帮忙，而威尔逊偷偷溜到了新泽西的伯灵顿(Burlington)。治安官追到那里，逮捕了他，因欠债不还将他收监。他设法提出保释，然后不顾一切逃到南方。你知道，他可是联邦最高法院的大法官，美国宪法的制定者啊！他忠诚的妻子汉娜回到了费城，但此时威尔逊显然已不可能回家，她决定和他会合。她在北卡罗来纳的伊登顿(Edenton)找到他时，他又一次成功地逃过了治安官的追捕，正躲在当地一家阴暗的小酒馆里。

288 和她上次见面时相比，他像完全变了个人。他面容憔悴，无精打采，衣衫褴褛，浑身脏兮兮，默默地坐着，两眼呆滞地望着窗外阿尔伯马尔湾的海水。

总之，一切都完了。1798年7月，威尔逊感染上了疟疾，差点要了他的命。身体康复后，情况似乎有所好转，几个月来第一次表现出一点乐观情结，他表示他会设法解决自己的问题。然后，到了8月，他中风了。汉娜对他细心照料，他“精神错乱，语无伦次地说着他被逮捕、坏账、破产”。不久，他就去世了，享年56岁。他被葬在一位朋友拥有的一小块不起眼的空地上，葬礼非常简单。詹姆斯·威尔逊的死令其朋友们感到难堪，尤其令约翰·亚当斯总统领导下的联邦党十分难堪。因他的恶名和怪状，他很快被人遗忘，退出了历史舞台。

在威尔逊去世150多年后，他的第一部传记才问世，对他进行研究的仅有一部杰弗里·锡德(Geoffrey Seed)写的关于威尔逊政治思想的长篇论著。之所以出现这种情况，部分原因在于他的早期生活缺乏亮点：他早年在苏格兰的经历没有太多记录，这段时间将近占了他人生的一半，他生性矜持沉默，往来书信中也没有对自己的个人私事说长道短。除此之外，他也没几个要好的朋友，在他晚年，没人站出来维护他的声誉，而当时仍健在的会议代表正享受着无上的荣耀。尽管如此，他仍是美国第一批伟大的民主主义理论家之一，他理应得到民众更多的尊重，因为詹姆斯·威尔逊曾经为了民众的利益极力辩护。

第二十章　华盛顿的影响 289

与制宪会议上的其他代表不同，詹姆斯·威尔逊看到了今天的美国人习以为常的事情：总体而言，总统是“人民”的代表，和议会一样，会极力保护人民的自由。但只有当人民不喜欢这个总统就可以把他赶下台时，这一天才会真正到来，也就是说，总统必须由人民直接选举产生。为了实现这一目标，威尔逊进行了不懈奋斗。

但是，起初他的观点只是少数人的观点——最初只有他一个人。三权分立学说并不要求直接选举总统，它只是要求总统在关键点上能对议会形成某种制约，而不管总统是怎么产生的。代表们在谈到行政长官总体问题时，发现遇到了三个各自独立的问题。第一个问题是行政部门采取何种架构。是一个人，还是一个委员会呢？如果是一个人，他会受到顾问委员会或某种形式的内阁约束吗？

第二个问题是，总统如何选举产生：是由人民，联邦议会，各邦邦长，各邦议会， 290
还是其他形式选举产生？

第三个问题是，总统拥有哪些权力。是总统还是国会控制军队？总统对立法有否决权吗？是由总统来任命大使、法官、各部门长官，还是效仿旧邦联议会，仍由议会来做这些事情？

通过对辩论进行深入分析，分别沿着每个人的思路，我们又一次深刻领会到“总统”这个主意的形成过程。首先，詹姆斯·麦迪逊在“弗吉尼亚方案”中提出的行政官还是一个朦胧的、不惹人注意的人物。这不仅是因为麦迪逊惧怕强有力的行政官，还因为他尚未想好采取哪种形式。在制宪会议召开前，麦迪逊致信华盛顿：“到目前为止，对行政官的组成形式及其权力范围，我仍不敢贸然形成自己的看法。”“弗吉尼亚方案”没有列明行政官的任期,也没有说行政官是由一人还是数人担任,而且对行政官的权力含糊其词。但是,行政官由全国议会选举,应由行政官和最高法院大法官组成一个复决会议,共同对立法行使绝对否决权。在此,我们可以充分看出詹姆斯·麦迪逊的思想倾向:有权力的地方,就应该有制约。

关于行政官的辩论始于1787年6月1日。形势很快就明朗了,多数代表强烈支持行政官由一人担任,不同意由一个小型委员会担任。旧邦联议会就设有行政委员会,与会大多数代表都承认,这种制度不行。最大的一个问题是,邦联议会实际上是自己在处理事务——也就是说,不仅授权政府购买这么多步枪,而且自己挑
291 选枪械生产商、讨价还价并监管质量。托马斯·杰斐逊写道:“具体的执行事务是最令人头疼的事情。鸡毛蒜皮的小事……耗费的时间与最重要的立法事务不相上下,无法顾及其他所有事情。”旧邦联议会很快意识到了这一点,它任命战争部部长、财政部部长和外交部部长接管一些具体事务。但对委员会制度的不满还是普遍存在。

詹姆斯·威尔逊提议行政官应由一人担任,这一点也不奇怪,罗杰·谢尔曼提出反对,也在预料之中。谢尔曼的反对理由是,行政官不过是一种设制,只是把立法机构的意志付诸实施,这一人或数人,只有议会才能委任,并且只对议会负责。显然,如果谢尔曼的意见胜出,我们今天的政府将是完全不同的模样。

但威尔逊马上回答说,由一人担任行政官,将“赋予这一职务以当机立断的能量和责任”。随后,伦道夫说道,他“坚决反对”把行政权集于一人,他认为这是“君主制的胚胎”。威尔逊立即予以回击,“行政权集于一人,不仅不是君主制的胚胎,反而是防止暴政的最佳安全保障”。

战线正在拉开。关于行政官的设置,纵观整个辩论过程,从广义上讲,邦权主义者,像谢尔曼、马丁和伦道夫,主张设立一个受议会控制的软弱的行政官;而主张建立强有力的全国政府者,像麦迪逊、华盛顿、威尔逊和莫里斯,则希望设立一个强而有力的行政官,或多或少独立于议会。不过,关于行政官的各种论点,常常含混不清、迂回曲折,很难一言以蔽之。总之,在6月1日的会议上,对一元首脑制还是多元首脑制这一问题,没有达成一致意见,威尔逊的动议被推迟讨论。

第二天,就是6月2日,星期六,代表们重新讨论这个问题。南卡罗来纳的拉

特利奇和查尔斯·平克尼提议行政官由一人担任。伦道夫再次“真心实意反对这 292
种做法。他虽然不是这个国家的最后裁判,既然身为国事代表,绝不能沉默忍受这种把行政部门集于一人的建制”。伦道夫,身为弗吉尼亚邦长,本身就是一位“单一行政长官”,几乎不可能相信这种观点根本是错误的。看上去很明显,他主要是想在会议记录中留下自己的反对意见,以防他家乡的选民不喜欢这种建制。他的理由是,和一群人组成委员会相比,独选一人为行政官更容易产生暴君,他主张从“全国的不同地区”挑选3人组成行政部门。

会议决定推迟讨论这项动议,6月4日,威尔逊提议继续讨论。他说,伦道夫所说的理由,要点“不在反对这种做法,而是强调这样做不得人心”。随后,他指出,所有的13个邦,在设立一人担任政府首脑这一点上,是一致的。更重要的是,由一人担任行政官不仅可实现政府的“生机勃勃”,还可避免行政委员会必然会出现的互相敌视。“在大法官组成的合议庭上,双方只争论一个问题。在立法和行政部门,许多问题通常会有许多方面。因此,每个成员只能拥护一个方面,任何两个人都不会完全一致。”

这个理由至少说服了罗杰·谢尔曼,他说,他支持设立一人担任政府首脑,不过,应该有一个某种形式的委员会,没有委员会的同意,行政官不得采取行动。但威尔逊不想要一个委员会,“委员会起的作用,更多的是掩盖违法,而不是避免违法”。大会随后对设立一人为行政官投票表决,7邦赞成,3邦反对,新泽西的投票
没有记录。这次记录里有华盛顿的投票,据我们所知,华盛顿的投票记录为数不 293
多,不出所料,他投票赞成设立一人为全国行政官。

还剩下委员会的问题没有解决。所有的邦都有一个委员会,或多或少控制着各自的行政长官。各邦政府组建时,全美上下都有一种强烈的感觉,就是要抑制行政长官的权力,而这些委员会正是控制行政长官的一种手段。在“弗吉尼亚方案”中,行政官应该有一个复决会议,由“行政官和全国司法部门适当数量的成员”组成,对立法法案具有否决权。但埃尔布里奇·格里提出了一个关键论点。他对司法部门的成员是否应该进入这个会议持有疑虑,因为法官已经拥有判断立法是符合宪法还是违宪的权力。格里的同事、同样来自马萨诸塞的鲁弗斯·金附议。他说:“把法律放在法官面前之后,不同于在此之前,不应该给予法官指责立法的能

力,他们应该超脱参与制定法律过程中的偏见。”

他们没有真正把三权分立这一理念当回事,现在不可能知道会上有多少人真正相信这一理念所贡献的非凡智慧。有一点是显而易见的,那就是罗杰·谢尔曼对此毫无兴趣,对他来说,立法者掌管其他政府事务,早已司空见惯,康涅狄格一直是这样做的。

但对许多代表来说,三权分立的理念还是非常有吸引力的,因为——倘若有人认为这确实奏效的话——它不失为解决他们面临的两难境地的一种方式。他们面临的其中一个困境是:如何既不让立法机构又不让行政官接管政府。从这点上我们可以看出,三权分立的诉求是得到代表们认可的。

这就是关于行政委员会的辩论经过。代表们投票表决推迟决议,实际上是否
294 决了这个委员会。但并非完全没有希望,一直到大会快结束时,还有代表时不时提出这个问题。不过,代表们基本形成了一个决议,那就是设立委员会太束缚行政官的手脚,打乱行政官与议会之间的平衡。这是一个重要的决议:不设行政委员会,建国之父们抛弃了一个在美国行之有效的做法,为我们今天熟悉的内阁的发展打开了空间,而宪法里并没有提到这种制度。

这样,在大会刚开始不久,没费多少周折,代表们就决定放弃委员会制度,设立一人为行政官,至少拥有自由行动的权力。但关于行政官的问题,没有一样是容易解决的。代表们现在必须作出决定,行政官的任期多长、由谁来选举、是否可以连任。这些问题互相关联,密不可分,必须进行周密安排,否则牵一发而动全身。

问题的关键是:如果行政官由全国议会选举产生,行政官就可能成为全国议会的附庸。这会造成一种后果,为了当官连任,行政官会与议员相互勾结,议员从行政官那里得到许诺、投票选他,行政官以批准他们最中意的议案或者给他们的朋友和亲戚委以官职,作为回报。所以,必须限定行政官不得连任。这样,行政官的任期应该相对较长,不然的话,政府更替就太频繁。但是,如果行政官的任期较长,他就应该可以被弹劾,这样的话,假使行政官接受外国的贿赂被抓,议会可以罢免他的职务。

另一方面,如果行政官以其他方式选举产生,特别是如果由人民集体选举产生,那么危险就在于,行政官无法受到充分制约。这样的话,他的任期应该较短,可

再次当选,以便人民相对频繁地审视他的资格。如果具备这些条件,弹劾也就没有必要了,因为他的任期不长,在这个职位上无论如何也待不了多久。这可能就是代表们的想法。我们沿着关于总统一职的辩论可以看出,这些问题是多么紧密地互相交织在一起。 295

在“弗吉尼亚方案”中,麦迪逊所构想的行政官,很可能是代表们期望的那种,即由议会选举产生的软弱无力的行政官。不过,为了对立法机构形成制约,和各邦邦长相比,他多少还有些独立性。麦迪逊构想的行政官,由全国议会选举,任期为7年,不得连任,这样就不会受诱惑,不会与议员相互勾结。

6月1日中午,关于行政官的辩论,讨论到了行政官的产生办法这个问题。詹姆斯·威尔逊第一个发言。他说:

> 他简直不想把他的想法说出来,因为他已经意识到,这种产生办法或许会被视为幻想甚至妄想。不过,他至少要表达一下,就理论而言,他主张行政官由人民选举,实际经验,尤其是纽约和马萨诸塞的实际经验已经表明:由人民选举第一行政官,既方便可行,又能取得成功。在以上几个邦的选举中,当选的都是德才兼备、得到普遍承认的人物。

威尔逊之所以不愿把他的想法说出来,是因为这种产生办法在实践中行不通。建国之父们还没有预想到两党提名制度。他们讨厌政党,他们已受够英国政党的所作所为,辉格党和托利党似乎总是在为自己的利益互相攻讦,损害的是国家的整体利益。旧邦联议会没有分成几个政党,在我们今天看来是有道理的。当时的议员只是由本邦议会或选民选举产生,并没有政党组织。在制宪会议上也没有预想 296
到国会党团会议,后来,美国前6位总统都是国会党团会议提名的。所以,直接选举的想法可谓出师不利,选民们分散在乔治亚到新罕布什尔的广大地域上,他们一开始怎么知道把票投给谁呢?总统选举须由一个小团体来操作,他们会把提名人数控制在合理范围内,并且高效快捷地组织一系列投票。威尔逊当然知道问题出在哪里,但他坚信政府应该建立在人民基础上,他决心打一场硬仗:困难是明摆着的,但总能找到解决困难的办法。

但其他代表认为这个想法不可行，都没有进行讨论。谢尔曼坚持其一贯作风，发言主张由全国议会选举，并且要行政官“绝对依赖议会”。威尔逊仍希望进行普选，他提议行政官任期为3年，并且可再次当选。谢尔曼也赞成3年任期和可再次当选，免得对议会忠心耿耿的好人，只担任一届行政官就被冷落到一边。梅森希望任期至少为7年，但禁止连任。贝德福德认为7年任期太长。弹劾只有出现犯罪时才能使用，如果行政官只是无能，还真拿他没办法，国家不得不忍受那么久。最好是3年任期，最多当选2次。会议对7年任期表决，票数非常接近——5个邦赞成，4个邦反对，马萨诸塞代表赞成反对各半。马里兰没有投票。投票的构成很有意思：康涅狄格和南部腹地各邦反对，中部各邦和弗吉尼亚赞成。其实，早在康涅狄格—南卡罗来纳轴心形成之前就是这样，很明显，代表们对这个问题犹疑不决，他们抱着自己的信念自主投票，想把权力放到最安全的地方。

后来，在6月1日会议快结束时，威尔逊再次重申他的主张：由人民选举行政
297 官。他希望“不仅议会两院议员由人民选举，不受各邦议会干扰，行政官的产生也应该如此；这样，行政部门既能与立法部门彼此独立，又能独立于各邦”。这时，威尔逊已经直截了当地提出了三权分立的想法，他的话再次引起了代表们的兴趣。梅森说，他赞同这个想法，只是觉得不容易办到。尽管如此，他还是提议推迟表决，看看威尔逊能否想出解决这个问题的办法。

当天，威尔逊回家思考这个问题，第二天，6月2日星期六，他提出一个由人民选举总统的方案。威尔逊的想法是，把各邦分为若干相对较大的选区，每个选区选出一个总统选举人；总统选举人在指定时间、地点集合，由他们选举总统，总统选举人不得担任总统。抛开小细节不论，这是首次提出总统选举团制度，美国至今仍在用这种方法选举总统。但是，对大会来说，这个想法太新奇，他们投票否决了这项动议，只有马里兰和威尔逊所在的宾夕法尼亚投了赞成票。随后，会议投票同意行政官由全国议会选举，当天晚些时候，会议继续讨论行政官不得连任，以及在确证违法和渎职的情况下，可以被弹劾。

可是代表们仍感到不安。三权分立的话题被一遍又一遍地提起。会上两位最有影响力的人物詹姆斯·麦迪逊和詹姆斯·威尔逊，已将其定为他们讨论宪法的基本原则。三权分立是有道理的，很明显，如果由全国议会选举总统，而且可以用

"渎职"来弹劾他,而"渎职"的根本意思是没有做好全国议会吩咐他做的事情,那总统就失去了独立性,无法成为强有力的政府部门。

6月初就行政官进行投票表决后,在接下来的几个星期里,大会围绕各邦权 298
力、奴隶制、比例代表制等问题展开激烈辩论,代表们疲惫不堪。行政官问题被暂行搁置,直到7月17日比例代表制问题最终得以解决,其他许多事情也尘埃落定之后,会议才又重新开始讨论行政官问题。代表们再次很快同意由一人担任行政官,但对行政官的产生方式意见有分歧,没那么快达成一致。古弗尼尔·莫里斯第一个发言,他说,他"断然反对"行政官由全国议会选举。"既由议会选举,又由议会罢免,行政官不过是议会的造物。"继而,他提议,行政官应该由"美利坚广大人民"选举。谢尔曼提出反对:人民"永远无法对有人格的人物得到足够的信息",从而作出正确的选择,"永远不会把多数票同时投给一个人"。

威尔逊回答说,多数人无法在一位候选人身上达成一致时,可由全国议会投票,在候选人中作出决定,马萨诸塞的邦长选举就采用了这个办法。"这至少可以让人民保持提名权,选出一位比较好的候选人。"平克尼和梅森发言反对行政官由人民选举,莫里斯和威尔逊予以回击。但实行普选的提议失败了,会议不同意由人民选举行政官,只有宾夕法尼亚投了赞成票。会议再次同意由全国议会选举总统。随后,代表们提议删去不得连任条款,其理论依据是:不得连任,会摧毁促成良好表现的伟大动力,如果表现良好可再次当选,总统就有动力好好表现。这正好与6月提出的理论相反,当时提出,总统为了连任,会与议员相互勾结,用委以官职来贿赂议员。来自弗吉尼亚的詹姆斯·麦克勒格博士在最后时刻代替帕特里克·亨利出席会议,他指出,行政官由全国议会一次又一次地重新选举,等于把行政官"置于永远依赖议会的处境"。他提议,行政官"行为良好",可以继续任职——也就是说,只 299
有在渎职的情况下,才可以经由弹劾程序将其罢免。古弗尼尔·莫里斯一直想要设立一位强而有力的行政官,他对这个想法表示高兴。"这才是通向好政府的途径……现在好了,他对行政官的选举办法已经不在乎了,只要行政官成为终身职就好办。"特拉华的雅各布·布鲁姆(Jacob Broom)也和麦克勒格一样,在会上很少发言,这时他发言说,他高度赞赏这一动议。这一下子,他脑子里的疑云一扫而光。

大会实际上并没有对总统终身制这一观点进行认真考虑——确实有非常多的

代表害怕君主制。但相对而言，那些谨小慎微的代表倒不惧怕君主制。谢尔曼说，他认为，“终身制丝毫没有安全可言，丝毫没有被批准的可能……如果行政官表现良好，他就会连任；如果不约束自己，那么下次选举就叫他下台”。谢尔曼当然极力主张行政官完全依赖议会，就目前的情况而言，要是他能挫败行政官终身制的提议，就极有可能获得成功。

谢尔曼说完后，詹姆斯·麦迪逊马上发言，呼吁有必要实行三权分立，他直接引用了孟德斯鸠的权威理论。行政官行为良好可以连任，就等于议会想让谁上台就上台，想让谁下台就下台，他坚决反对这种观点。

乔治·梅森，也是弗吉尼亚人，他也反对行为良好得以连任的终身任职制，但其理由正好相反：行为良好、继续任职必然会导致行政官的终身制，实现了终身制，“再往下轻而易举地走一步，就是世袭君主制”。但麦克勒格依然坚持自己的意见：只有让行政官在行为良好的情况下继续任职，才能使行政官充分独立于议会。这说明代表们在行政官这个问题上有些混淆，一些人的意见虽一致，但理由却相反。

会议表决，不同意麦克勒格的动议。会议接着投票，同意再议行政官的任期
300 问题。

所以，此事仍悬而未决，如果大会改变任期，同样也会改变其他事情。接下来的辩论如同爱丽丝漫游仙境。代表们似乎在极力争取设立一位行政官，他强而有力但又不能太强。几个星期来，大会一遍又一遍地修正方向。到7月17日，大会设计了一位由全国议会控制的软弱无力的行政官。而到7月19日和20日，大会设计了一位独立于议会的强而有力的行政官。7月24日，大会又重回老路，由全国议会选举行政官。不同时期，对行政官任期的提议各有不同，有8年，有15年，还有更滑稽的，说要30年。行政官的产生办法也是千奇百怪。但应该注意的是，在短短2天时间内，大会就接受了威尔逊的观点，即通过选举人制度，由人民选举行政官，而就在几个星期前，他们甚至拒绝讨论这个观点。这是一个好兆头。

最后，7月26日，梅森又把会议带回到起点，他提出一项动议：行政官由全国议会选举，任期为7年，不得连任，可以弹劾。梅森的动议获全体委员会6票对3票通过，弗吉尼亚代表赞成反对各半，马萨诸塞代表不在场——如果是出于厌恶，没人会责备他们。然后，会议决定，把全部事务提交给细则委员会处理。细则委员会

一定想知道它的任务到底是什么。

我们记得，细则委员会的任务应该只是草拟宪法初稿，但它自作主张，作出了许多重要的决议。细则委员会由法律专家组成，除詹姆斯·威尔逊外，这个团体的
成员都不太赞成建立一个强而有力的全国政府。而威尔逊借鉴平克尼提出的办 301
法，以纽约邦长为行政官原型，拟写了关于总统的那个部分。

8月6日，细则委员会提交报告。关于行政官的内容如下：

> 联邦的行政权授权单独一人。他的职位为“美利坚联邦总统”，他的称呼为“阁下”。总统由议会书面投票产生。总统任期为7年，但不得第二次当选。
>
> 此外，总统可由众议院弹劾，经最高法院审判。

从文字上可以看出，总统在一定程度上独立于全国议会，但不完全独立。虽然代表们对三权分立的观点饶有兴趣，但依然有相当多的代表认为议会应该掌握更多权力。

直到8月24日，大会才讨论到细则委员会报告中的这个部分。当时，代表们已是疲惫不堪，迫切想回家与家人团聚，但在行政官选举问题上，他们依然找不出好的解决办法。细则委员会的决议只是轻描淡写地说，行政官“由议会书面投票”产生。这段话故意写得含糊不清，因为这是一个烫手山芋。如果由众议院来选举总统，那么，三大邦就或多或少有能力将他们中意的人推上总统宝座，小邦没什么发言权。相反，如果由参议院选举总统，小邦就会拥有与它们人口完全不成比例的发言权。是采取联邦议会两院分别投票的方式吗？要是它们未能就候选人达成一致意见，接下来该怎么做呢？针对上述问题，拉特利奇提议修正决议，在“书面投票”前面加上“联合”一词。他的想法是，由议会两院一起投票选举，两院议员不分
开。这样做的结果是，人数众多的众议院会占有优势，而大邦在众议院中占据主导 302
地位。但小邦的代表可以做加减法。罗杰·谢尔曼立即提出抗议，新泽西的戴顿和布里尔利附议。但会议投票同意两院联合投票选举总统，7个邦赞成，4个邦反对。

随后，莫里斯、威尔逊等人试图更进一步，提议由人民选举总统。他们的企图未能得逞，但票数很接近，5 个邦赞成，6 个邦反对，表明仍有相当多的代表赞成行政官由人民选举产生。但不明朗的事情也同样多：这一次，大会又没能解决行政官任期以及可否再次当选的问题，大会推迟讨论这两个问题。

但这些问题不能没完没了地延期。8 月 31 日，罗杰·谢尔曼提议，将这些重大问题及其他未决问题，一并交给另一个委员会处理，由每邦一人组成。大会无疑松了一口气，接受了谢尔曼的动议。这个委员会阵容强大，包括金、谢尔曼、古弗尼尔·莫里斯、麦迪逊、迪金森和鲍德温——据历史学家查尔斯·沃伦说，“几乎都是各邦最能干之人”。同时，这个委员会也集中了国家主义者：除谢尔曼和布里尔利之外，其他人都支持建立一个强而有力的中央政府。

这个委员会把行政官称为我们大家现在都已熟知的“总统”。这个词曾被用作旧邦联议会主席的称呼，是一种熟悉的叫法。他们建议，总统由各邦议会指定一定数量的选举人选举产生，选举人人数“等于联邦参议员和联邦众议员之和”。这是谢尔曼等邦权派乐意看到的结果。这将使各邦实际上把总统，甚至是邦长（如果它
303 们愿意的话）的选举权交给各邦议会，而不是由人民来选举。但詹姆斯·威尔逊推崇的全民选举的大门并没有关闭——在接下来的另一场争锋中，我们可以看到，大家都没有吃亏。

根据该委员会设计的制度，每个选举人投票选举 2 人，其中至少 1 人不是本邦居民。如果得票相等，或没人过半数，则由参议院作最后的决定。我们必须明白，代表们都希望乔治·华盛顿当选总统，全体一致同意他想当几届就几届。当然，他们没有预见到两党制的出现，他们想当然地认为，继华盛顿之后，极少有人能在第一轮投票中就确定无疑地过半数。于是他们就主张，由选举人向参议院提出一组提名（实际上，由于我们不久就看到的原因，最后选举权从参议院落到了众议院手中）。

选举人并不按各邦人口比例分配，当然，参议院的最后选举权也不反映各邦人口。这套制度设计得非常巧妙，维持了大邦和小邦之间利益的平衡。如果直接选举，大邦的选票会大大多于小邦的选票，小邦绝不允许这种情况发生；而在行政长官选举上，大邦也不可能允许小邦拥有与其人口不成比例的发言权。而现在提出

的这套制度，大邦在选举人选票上占有最大分量；而小邦也有优势，只要最终选择权落在参议院手里。

我们必须清楚，美国的总统选举人团制度是一套过于复杂的机制。它容易被议会里的阴谋家操纵，产生幕后交易问题。所以，是否应该废除选举人团制度呢？这个问题必然会被提出。

当天很晚才作出决定，总统由选举人团而不是由联邦议会选举产生。这一决 304
定直接反映出，越来越多的代表开始接受三权分立学说。来费城开会的代表，除詹姆斯·威尔逊外，恐怕没人相信，由人民选举总统是明智之举，或者是行得通的。绝大多数代表主张，政府的权力应该在议会，而议员，不管他们犯过哪些错，都代表着人民，因此不会违背人民的最佳利益行事。

但恣意任性的立法机构一直是许多代表关注的焦点，从一开始就有一股暗流，认为总统或许应该对联邦议会动不动就仓促通过立法进行控制。在那个闷热的夏季，代表们逐渐意识到，三权分立学说提供了答案。所以，有代表提出一项广泛的动议，增加总统的力量，使他能够对联邦议会形成制约。到8月底，他们得出结论，由人民选举总统是明智而又可行的。

但设立一位力量如此强大的总统，却是代表们始料未及的，唤醒了他们旧日对暴君的恐惧。因此，必须对总统的权力作出明确定义，使他没有机会发展到能够控制议会的程度，只需对议会形成制衡就行。

总统的权力是美国政治制度的核心所在，我们有必要重新回到5月的最后几天，即埃德蒙·伦道夫提出“弗吉尼亚方案”时，好好审视一下总统权力的演化过程。首要的问题是，总统和联邦议会的权力如何划分。出现在“弗吉尼亚方案”中的行政长官，只享有“邦联条例赋予邦联议会的既得行政权”，这项权力微乎其微，
还可以和最高法院一起，对全国议会的法案具有否决权。这是一个非常弱势的总 305
统，一点都不像我们今天的总统。委任权、制定外交政策权、指挥军队权，行政官一概没有。所有这些权力都由全国议会行使，与《邦联条例》的规定没什么两样。

在讨论“弗吉尼亚方案”过程中，行政官的力量稍有加强。他有权否决全国议会的法案，但议会两院三分之二的多数议员再次通过法案，可以压倒他的否决；他还可以“任命本宪法未作规定的其他官员”，事实上几乎没有这种情况。最高法院

大法官和下级法院法官也由议会任命。

我们记得，代表们都非常清楚，英国国王乔治是如何操纵国会、总督和殖民地议会的，他用有利可图的职位贿赂有影响力的政客。为防止这种情况发生，“弗吉尼亚方案”明确规定，议员不得担任其他任何官职。不过，总统很容易就能避开这条规定，他可以为议员的家人或朋友提供肥缺；对代表们来说，最好的办法是尽可能多地限制总统的任命权。

所以，这些问题被暂行搁置，直到关键的 7 月 17 日，大会又重新讨论行政官设立问题。就是在这一天，大会作出决定，按“弗吉尼亚方案”，行政官由全国议会选举。这一次，行政官的权力又只有“执行全国性立法”、“任命本宪法未另作规定的其他官员”和单独否决立法。

但到了 7 月 19 日和 20 日，代表们又变卦了，设立了更加强有力的行政官，让其独立于议会之外。虽然有些气馁，他们现在又回过头来重新通盘考虑行政官的设制，将行政官的权力加以约束，设立某种形式的委员会来批准他的否决——他们
306 将其称为复决会议。从这个点上的讨论可以看出，在行政官设制问题上，代表们的思想分歧有多大。有些代表发言支持复决会议，因为他们觉得，行政官和法官联手，会加强行政官对付议会的力量；另一些代表发言支持，因为他们相信，复决会议将对行政官起到制约作用；有些代表发言反对，因为这会给行政官过多的力量，而另一些代表发言反对，因为这与三权分立基本原理背道而驰。在整个辩论过程中，一个无法回答的问题一直悬在代表们头上：本邦的老百姓会如何看待设立强有力的行政官这一想法。代表们知道，有些思想独立的农民，一开始就不喜欢强有力的政府，他们愿意把信任寄予立法机构，因为他们可以对其稍加控制。会议对设立一个委员会与总统共同采取行动进行表决，结果表明代表们对此问题的看法相当矛盾：宾夕法尼亚和乔治亚赞成反对各半，其他邦中，4 个邦反对，3 个邦赞成，马萨诸塞、特拉华和南北卡罗来纳反对，康涅狄格、马里兰和弗吉尼亚赞成，新泽西不在场。与行政官问题上的许多投票一样，会上并没有形成天然联盟：对是否设立强而有力的总统，代表们一直在凭自己的直觉进行投票。

这样，行政官就一人独享否决权，只有全国议会两院以三分之二多数再次通过，才能压倒这种否决。但在这个时候，行政官的权力依然相当弱。大会随后将全

部事情交给细则委员会处理。我们都记得，这个委员会曾提出行政官由议会选举产生，和"弗吉尼亚方案"的提法并无二致。他们也扩大了行政官的权力。总统"定期向议会提供信息，提交国情咨文"，还可以就立法提供建议。总统拥有否决权。在紧急情况下，他可以召集议会开会，两院对开会时间看法不一致时，可以在他认为适宜的时间召集这种会议。他可以任命所有"美利坚官员"，任命本宪法未作规定的其他官员，接见大使，与各国最高行政官交流。总统为武装部队总司令。而 307
且，没有任何委员会对总统进行制约。但是由参议院任命法官和大使、缔结条约，这实际上将外交政策权从总统手里剥夺了。全国议会有权募兵，建立和装备舰队，宣战，召集民兵，还有权"管理与外国的贸易"，设立下级法院，任命司库。

在接下来的几个星期里，总统的权力一再被修改。压倒总统否决的议员人数提高到四分之三多数，这几乎不可能发生。他有权接见大使以及"其他公使"，但特拉华的里德提出总统有权任命司库的动议被否决了。会议希望一切与钱财有关的事务务必掌握在联邦议会手里。总统的任命权更加精确了，规定总统"应当任命本宪法规定的所有官员(宪法另有规定的除外)，以及今后立法设立的所有官员"。

然后，8 月 31 日，会议把总统问题交给新成立的 11 人委员会处理。至此，会议接近尾声，大部分代表认为他们的任务即将完成。此时，写在宪法里的总统还极其弱势——不过是议会的造物，他不能制定外交政策，不能任命法官、大使，甚至自己的财政部部长。如果财政部部长由联邦议会控制，外交事务由参议院自己任命的"国务院"掌管，美国政府将会完全不同，这是毋庸置疑的。

但是，这个委员会中有几个人坚信分权的必要性，其中两位重要人物是古弗尼
尔·莫里斯和詹姆斯·麦迪逊。会议开到这个阶段，意见交换得已经非常充分。 308
小邦的权力当然在参议院，委员会坚持，参议院应该在政府中发挥重要作用。正如我们所看到的，通过复杂的总统选举人团制度，小邦如愿以偿，由参议院最后决定总统人选。

小邦代表现在感觉到，在总统选举上，他们拥有很大的话语权，所以，他们愿意以牺牲联邦议会，尤其是其力量所在的参议院为代价，赞同加强总统权力的提法。正因为这样，委员会才能够把三权分立原理植入宪法中，已经有相当多的代表开始赞同三权分立原理。

在这种情况下，委员们着手加强行政官的权力。他们作出决定，总统任命最高法院法官、大使、公使以及已作出规定的其他官员——但要咨询参议院并取得其同意。总统咨询参议院并取得出席议员三分之二多数的同意，有权缔结条约。反过来，参议院而不是最高法院有权启动弹劾程序。总的来说，总统权力得到加强是以牺牲参议院为代价，但就目前来说，参议院在总统选举中起着主要作用，要是总统行为不良，可以罢免他。

继委员会扩大总统权力之后，制宪会议上的辩论主要集中于两点。一个焦点是詹姆斯·威尔逊长期坚持想要取消的“咨询和同意”条款，该条款使参议院可以否决总统缔结的条约和各项任命。赋予参议院这项权力，其实比它以前拥有的权力还要小，也被认为具有“危险的贵族政治倾向”。参议院拥有“任命总统的权力，
309 而且总统依赖于参议院，参议院事实上拥有任命官员的权力”。在威尔逊看来，小邦仍拥有太多权力。但威尔逊提出的理由无人认同。

辩论的另一个焦点是缔结条约的权力。我们记得，整个春季和夏季，北方一直吵嚷，要和西班牙做交易，用贸易条约换取密西西比河的通行权。代表们最关心的问题是，要保证缔约权牢牢掌握在手里。但交易已经达成：为了设立一位强而有力的总统，作为交换，小邦拥有很强影响力的参议院要对总统形成某些控制，交易就这样达成了。

令人奇怪的是，此次辩论对设立如此强而有力的总统的新机制却没有太多的抱怨。主要反对派是埃德蒙·伦道夫和乔治·梅森，两人都来自弗吉尼亚，这两人都拒绝在宪法上签字。大部分代表现在已经接受更强势的总统这一制度安排，尽管对委员会设计的这一机制还存有很大争论，并且提出了许多修正意见，但大会几乎全盘接受了委员会对总统设制的安排。最终文本只作了一处修改。一些大邦代表对由参议院控制总统表示不满。为平息对报告的反对意见，伟大的妥协家罗杰·谢尔曼提议，总统候选人得票都不过半数时，由众议院进行选举，每邦各有一票。这就是谢尔曼的聪明之处：小邦依然拥有不成比例的发言权，但起码选举总统的权力不在参议院了。

总统设制问题的辩论迂回曲折，环环相扣，最后还有几件事情值得一说。第一个要说的是集团投票，在设立总统这一职位时多次提到，很明显被多次否决了。在

这个问题上，代表们流露出自己内心对君主制、对任性的立法机构——对权力和自 310
由交互冲突的恐惧。事情该怎么做，每个代表都有自己的想法，结果必然是，代表团意见分化，票数非常接近，临场变卦，发言支持某个提议，但理由却截然相反。围绕总统设制问题的辩论表明，代表们所持的态度根深蒂固，完全发自内心。举例来说，谢尔曼和马丁，虽然他俩来自人民，但并不信任人民，只是想让人民通过选出的议员执掌权力，对付可能出现的暴君。麦迪逊和莫里斯，出身富贵，不可能像谢尔曼和马丁那样了解普罗大众，但他们相信人民；他们希望设立一位强而有力的总统，防止议员们响应人民的每一项要求。代表们可以思考和推理，也可以凭感觉。最后感觉占了上风。

他们想要的其实是三权分立。一开始他们并没有意识到，随着时间的推移，他们慢慢开始了解三权分立，后来又慢慢明白其用处。随着会议的深入，代表们逐渐弄清楚，三权分立，作为制约和制衡大系统中的一部分，可以确保政府部门没人能轻易获得权力。这是今天美国民主政治的核心所在。如果这些防火墙瘫痪，整个系统就会有危险。特别是在今天，面临的风险是，有民意基础的总统会独揽原本属于联邦议会的权力，近代有几位总统就是这样做的。正如我们不久就看到的，在宣战权方面，这种可能性特别大。但是，顺应民意的联邦议会，迫使被总统否决的不明智的立法获得通过时，风险也可能朝另一个方向发展。例如，1867 年，专横傲慢
的联邦议会强行通过立法，对安德鲁·约翰逊发起弹劾，并减少最高法院法官人 311
数，使他没机会用自己人填补空缺。任何一个政府部门，一旦能够自治，民主就会面临威胁。这是制宪会议集体智慧的结晶，制宪先贤们富有远见，不仅阐明了一个重要的政治学原理，并且有勇气将其付诸实施。

312 第二十一章　埃尔布里奇·格里反对组建军队

权力，无论在何处，最终要由武力支撑。国家需要军队维护领土完整，抵抗入侵，国家还需要一支内部警察部队制止骚乱、维护法制。制宪先贤们认为这是理所当然的。人类在放任的状态下，不可能和平相处，情同手足。他们确信，如果没有实力，这个新国家不会长久。

的确，在1787年的美国，存在一定程度的受围心态。大部分代表都亲身经历了英国为让他们臣服而采取的行动，他们中许多人也实际参与了反抗斗争。很多人都还记得，大约25年前，法国试图侵入俄亥俄河区域。1787年，英国置《巴黎条约》于不顾，仍然占据着纽约北部边界上的4个军事要塞，其中2个位于现在的密歇根。英国狂妄地禁止美国船只使用五大湖，并在纽约的奥斯维戈(Oswego)设立海关。

313 西班牙人在佛罗里达以及墨西哥湾沿岸地区经营多年，根基很深。他们怂恿克里克印第安人据守并反抗美国人，甚至收买一位美国将军詹姆斯·威尔金森(James Wilkinson)，在现在成为田纳西、密西西比和阿拉巴马的地方开展分裂活动。西班牙人那时还控制着路易斯安那，并且切断了密西西比河通往美国的交通。一有机会，英国人和西班牙人都会发起攻击，一个从北方，另一个从南方，迅速瓜分这个新兴国家。法国和荷兰，盘踞在加勒比地区，虎视眈眈，一有风吹草动，它们也会迫不及待来分一杯羹。

印第安人的威胁依然无处不在，不仅南部腹地有，美国整个广大的边境地区到处都有。1787年，两种文化在边境地区冲突频起，几乎一直处于战争状态。印第安人很难穿越阿勒格尼山脉突袭纽约或波士顿,但他们可以侵袭到距费城不到30英里的地方,烧毁那里的定居点,杀死定居者。总而言之,按美国军事学权威理查德·H.科恩(Richard H. Kohn)的说法,"美国从建国之初就是一个富有的大国,具有巨大的军事潜力,而且海岸线绵长,海上贸易频繁,疆域辽阔,敌对的欧洲国家把持的领土近在咫尺,是一个极易遭受突然袭击和侵略的国家"。

而且,敌人不仅来自外部。费城的代表们都清楚,这个国家至少面临三股内部敌人的威胁。其中,威胁最小的是生活在美国各个保留地上人数众多的印第安人,一旦发生战争,他们可能会加入敌军。约60万名黑奴的威胁性肯定要大得多,他们大部分集中在南部腹地,在不少地方,黑人人数甚至超过白人。奴隶们不容易驯
服。自17世纪弗吉尼亚建立奴隶制度以来,奴隶造反和关于奴隶造反的传言此起 314
彼伏,从未间断。奴隶的威胁到底有多大,很难判断。1800年、1822年、1831年几次严重的叛乱都被迅速平定了,但1831年那次双方的伤亡都很大。白人潜意识里对黑人怀有敌对情绪,因而更加担心发生奴隶暴动。不过,在整个美利坚,奴隶起义是持续的危险,这种感受很真实。

最后,正当制宪会议召开之时,丹尼尔·谢斯还躲藏在纽约北部。谢斯党人逼近法院,与民兵交战,全国政府几乎插不上手。曾任军官的爱德华·卡灵顿(Edward Carrington)是谢斯叛乱时的全国议会议员,他从纽约来信,他的话代表了很多人的心声,"联邦政府软弱无能,效率低下,毫无权力可言;美国没有军队,也不敢调动各邦民兵,民兵被称为自由政府仅有的安全保障,其成员恰恰是武装力量的镇压对象"。虽然谢斯党人最终被击败,但美国各地到处都是不安定因素——城市街头的暴民和流氓、山那边不愿听命于东部首府的西部人、被各邦治安官追捕的债务人,他们有能力发起叛乱。

与组建军队有关的所有问题都与新政府如何执行法律息息相关。我们务必记住,1787年的美国并没有一支名副其实的常备军,相反,美国当时是全民皆兵。这是这个国家的独特之处。在其他国家,政府都有常备军,由贵族世袭统治阶级的成员指挥,装备精良,训练有素。他们凭借武力镇压暴乱,用武力征税,冲进不守规矩
的村庄,强行拘捕村长、议员、普通公民。 315

美国只有区区几百名士兵,驻扎在边防哨所,服役期限也很短,当然,各邦都拥

有民兵,可以征召民兵镇压叛乱,在对付谢斯叛乱时就是这样做的。

美国公民都有武器,其武装程度令欧洲人,无论是贵族还是平民都感到吃惊,这也造成了美国执法难这一事实。并不是说每家都有枪支,而是说在边疆地区,为了对付印第安人的袭击,每个农民肯定都有枪。即使在人口较多的定居区,农民一般也都有火枪或来复枪,用于打猎,猎杀捕食牲畜的狼和狐狸。美国普通百姓轻而易举就能组建一支自己的军队,如果其中相当大的部分决定对付民兵,完全可能击败民兵。美利坚人,和其他地方大多数人不同,未经他们同意,无法进行统治。

代表们切实感受到国家的脆弱性:敌人环峙左右,随时准备突袭。我们应该知道,就像雷金纳德·C.斯图尔特(Reginald C. Stuart)说的,“革命年代的人对战争与和平没有绝对的概念”。国家之间经常因这件或那件事情闹不愉快而动辄派出军队。国家简直要时刻做好战斗准备,而美国却不行。

显然,这个新兴的国家必须具备自卫能力。但代表们——甚至整个国家,对此看法并不一致。有人对国家平时保持的随时准备战斗的军队深恶痛绝。科恩直言不讳地说,“和平时期保留常备军的危险,得到美国建国那代人的广泛认同和全盘
316 接受,没有一项政府原则,可以享此殊荣”。的确,英国有着反对军队的悠久传统。由职业军人组成的常备军产生于17世纪的欧洲,通常以社会渣滓为主,管理规范,纪律严明。在殖民地时期,英国偶尔也动用军队维持秩序,在军营还没有得到广泛使用的年代,老百姓常常被迫腾出屋子给士兵们住。1770年,发生了波士顿惨案,英军向美利坚民众开枪。事件恶化,导致后来的美国独立战争,英国的常备军成了敌人。

即便是大力倡导建立强有力全国政府的麦迪逊,也有他的担忧。他说:“发生战争时,地方行政长官经常被赋予很大的自由裁量权。对战争的持续忧虑,致使行政长官的权力过大。长官权力过大的常备武装力量,必然会对自由形成冲击……纵观欧洲各国,无不是以防卫之名行奴役人民之实。”美利坚人认为常备军不是一支保护他们的力量,而是一旦被暴君控制,就会被加以利用,成为一支反对他们的力量。很多人相信,平民部队——由各地身体强壮的男性组成的民兵——有能力保卫自己的国家,民兵编成连和旅,由本邦政府任命或由士兵选举的军官指挥。民兵永远不会奴役人民,因为他们本身就是人民。

不过，并非人人都赞同民兵在战争中能有效发挥作用。事实证明，独立战争期间，各邦民兵发挥的作用有限。华盛顿就对民兵非常反感。他说：“他们想来就来，想走就走，打仗时不晓得打哪里，他们挥霍你的供给，耗尽你的库存，在关键时刻弃你而去。”华盛顿最终不再依靠民兵，在施托伊本男爵(Baron Steuben)的帮助下，打
造了一支纪律严明的正规军，最后赢得了战争。许多代表也当过民兵，他们和华盛 317
顿的看法一致，都认为危急时刻民兵根本派不上用场。此外，让民兵去镇压他们的亲朋邻居发起的叛乱会有什么用呢？在平定谢斯起义中，确实是民兵打败了谢斯的军队，即便如此，制宪会议上的许多代表——他们中有三分之一的人担任过大陆军军官——还是不信任民兵。

因此，在经历了许多事情之后，来参加会议的代表，面对需要建立一支常备军，可以说是百感交集。一方面，他们害怕军权落到暴君手里，或者更糟，军队有可能接管政府，纽堡(Newburgh)危机中，华盛顿的一些部下就想这样做。另一方面，他们也拿不出一个好的替代方案。这已经是老生常谈的问题了：如何在不丧失太多权力的情况下建立必要的权力？他们的担心肯定是有道理的。在刚刚过去的几十年里，世界上有多少自称民主的政府被本国的军队接管了？

关于美国军队和宣战权的争论主要集中在几个相关问题上。是否应该建立一支常备军？在国家防御上是否用民兵就够了？全国政府对各邦民兵要实行哪些控制？比如，委任军官，还是全面接管民兵？全国议会在宣战方面扮演什么角色？由谁来担任总司令？怎样进行宣战？代表们对这些问题并没有清晰的概念。但有一个人心中有数，这个人就是马萨诸塞的埃尔布里奇·格里。

在围绕美国战争决策权的辩论过程中，格里发挥了重要作用。格里是这样一
个人，他不为自己或小团体的利益所动，而是秉持自己一贯的个人风格和坚定信 318
念，最后他们不让他在宪法上签字。

总的来说，历史学家对埃尔布里奇·格里评价不高。著名的历史学家查尔斯·比尔德(Charles Beard)坚持认为，格里是制宪会议上持有政府债券最多的人，他致力于建立全国政府，主要是因为这样的政府可以偿付他持有的债券。塞缪尔·埃利奥特·莫里森(Samuel Eliot Morison)注意到，他的立场摇摆不定，称他是“精神分裂症患者”。人们至今还记得他，是因为“格里蛇”(gerrymander)一词用了

他的名字。

不过，近期有一位传记作家乔治·A.比利亚斯(George A. Billias)给他刻画了一幅完全不同的形象。格里家族并不是古老的新英格兰家族，格里的父亲托马斯是一名水手，1730年来到马萨诸塞。他定居于马布尔黑德(Marblehead)，这是一个以航海业为主的港口小镇，位于一块狭长的石岬上，一直延伸向大西洋。该镇土地贫瘠，岩石遍布，游客经常困惑于马布尔黑德人如何埋葬死者。马布尔黑德人以捕捞鳕鱼为生，由于常年在海上捕鱼或贸易，日晒雨淋，风吹浪打，男人们就像他们生活的这块石岬一样，皮肤粗糙，饱经风霜。由于生活在狭小的半岛上，有些与世隔离，整天面对大海而不是内陆城镇，他们生性多疑而排外。据说，陌生人来到镇上时，他们会拿石块扔陌生人。

正是在这种背景下，托马斯·格里经过奋斗，成为一名商人和船长，到1744年，家中第3个成活的儿子埃尔布里奇出生时，托马斯已是镇上有头有脸的人物了。当时，马布尔黑德的鳕鱼卖到加勒比海地区，甚至远销西班牙，小镇因贸易和鳕鱼而繁荣起来。和制宪会议上多数代表一样，埃尔布里奇·格里也在舒适的环境中长大。不知出于什么原因，这么多子女中，他的父亲单单让他接受教育。他到
319 哈佛学院求学，取得学士和硕士学位。他对研究政治哲学，或者我们现在所称的政治学特别感兴趣。

尽管托马斯·格里愿意送埃尔布里奇上学，但他并不是那种纵容子女的父亲。他有着坚定的甚至是清教徒式的信仰，据比利亚斯描述，格里家虔诚而又简朴。可能是因为父亲的要求，埃尔布里奇毕业后就继承了家族事业，而不是像许多大学毕业生那样去从事某一种职业。埃尔布里奇成年后，性格古怪，矛盾纠结。一方面，他性格强硬，直言不讳。一次，格里家与马布尔黑德的另一家人发生争执。一天夜里，对方家里两个人闯进格里家，威胁他的父亲，当时托马斯已经68岁了。埃尔布里奇和另外一个兄弟把对方和他的妻子暴打了一顿，然后“欣然支付了罚款”。而且，他足智多谋，经营有方，到参加制宪会议时，已经相当富有。

但另一方面，据比利亚斯记载，“他是一个胆小、有点神经质的人，说话结巴，养成了‘用力挤眼的奇特习惯’，给人的印象是他不苟言笑”。威廉·皮尔斯也描述了他这种互相矛盾的形象：

> 格里先生的性格特点，是直言不讳，不屈不挠。他是一个翻来覆去、说话费劲的演讲者，说话时信心十足，话题广延，无所不及，不讲究文采，不挑选字眼。他的思想连贯，议论有时清晰，悟性良好，而他的第一美德，则是热爱自己的国家(即马萨诸塞)。

在某些方面，格里让我们想起了麦迪逊：说话时害羞、紧张，但思想独立，做事干净利落。

不过，尽管在有些场合，格里态度生硬、顽固不化，但他睿智的头脑和正直的品 320
格，还是获得了同时代人的赞赏和尊重。他担任国会议员，出使法国，最后当选美国副总统，当时的总统是麦迪逊。他和托马斯·杰斐逊、约翰·亚当斯都是好朋友，这两人绝不会与自私自利的蠢蛋交朋友。亚当斯曾与格里一起在邦联议会共事，说他是“一个无与伦比的人。如果人人都能做到格里那样，那么美国人民的自由就永远不会遭到践踏”。

有人说格里是“精神分裂症患者”，或者说他参加制宪会议仅仅是为了保障自己的投资不受损害，对于这种过于简单化的定论，我们无法接受。他可没那么简单。比利亚斯认为，格里性格中的一个基本要素是，他对美国精神——即格里所说的人民的“才能”，发自内心地信任。美国人民与腐朽的旧世界人民不一样，那里的人们早已堕落了，而美国人民具有明智的判断力，品行端正——尽管美国人民也需要才智更加突出的人来领导他们。

但比利亚斯认为，超乎一切之上的，是对权力的极大敬畏。“不光在革命战争期间，而且终其一生，从格里的思想和行为上都可以看出，他极度怀疑中央集权，害怕权力失控……格里的‘自由邦’理念，其中一个核心思想是，应该想办法削弱或减轻政治权力。”格里认为，有两种办法可以抑制政治权力。一是通过三权分立体制。二是将政府建立在尽可能小的单位之上，在这样的单位中，“统治者及其代表与被统治者之间拥有共同的利益：统治者几乎不可能通过不公正的法律，因为他们的利益是捆绑在一起的，他们会立法反对私利”。

然而，作为马萨诸塞议会议员，在镇压谢斯叛乱时，格里是直接参与人之一。 321
这件事让他很困惑，至少在当时，他的民主思想不再那么激进了。一定要在某些方面加强权力，防止此类骚乱再次发生。5 月 31 日，抵达会场后不久，他就向各位代表明确表明了自己的态度。他“过去是太共和主义了，虽然现在还是主张共和，不过经验已经告诉他，这种一味拉平的共和精神是多么危险”。因此，他的态度具有双重性：一方面，他一心要阻止政府干涉个人自由；但另一方面，他希望谢斯叛乱这样的事情绝不应该再发生。

大会在处理军队、防务以及内部警察等问题上进展缓慢。“弗吉尼亚方案”只字未提常备军问题，但提到了全国政府可以“征召联盟的武装力量，对付任何一个不履行联邦条款规定义务的成员”。代表们希望讨论这样的条款，因为旧邦联的一个主要问题，就是邦联议会无力执行法律。毫无疑问，在必要的时候，它应该有能力派驻军队到各邦，迫使各邦政府遵守法律。

不过，在大会开幕前几天，麦迪逊已经对这个问题进行了深入思考，并且得出结论，认为这种想法是错误的。你尽可以派军队到乔治亚或康涅狄格，然后干什么呢？用刺刀逼迫立法机构交出税金，这样做真的可行吗？5 月 31 日，大会开始辩论时，麦迪逊说：“使用武力对付一个邦，听起来倒更像是宣战，而不是处罚，而在被攻击的一方眼中看来，很可能认为过去的一切盟约就此全部解除，而它本来倒是受到盟约的约束的。”他心里已经想到了贯彻执行全国法律的另一个办法，这个办法不
322 仅更加有效，而且从哲理上来说更加合理，只是他当时没有说出来而已。政府的权力来自人民，它应该直接对人民采取行动。美国政府可以直接处罚个人，而不应该因不遵守法律而处罚一个邦，毕竟，邦是一个抽象的概念。对于未缴纳税款，某些人——邦长、收税员、邦司库——要承担责任。同样，全国政府不会处罚一个邦的政府，例如它允许与印第安人进行西部土地非法交易，但全国政府会直接处罚从事非法交易的人。大会似乎对所有这些问题都心知肚明，在刚开始对“弗吉尼亚方案”展开辩论时，全国政府有权“征召联盟的武装力量”对付不听话的邦，这一提法就被放弃了。因此，大会也就不再提政府可以强迫各邦服从这一观点。鉴于召开此次大会的目的主要是限制各邦的自主性，就这样轻易放弃，还是相当令人吃惊。一部分原因是，那些邦权主义者乐意看到这种局面，还有一部分原因是，麦迪逊的逻辑很有说服力：很难去拘捕一个抽象的概念。

大会把主要精力放在比例代表制、奴隶制和其他一些事情上，间或花点时间回

过来探讨军队和国防问题。8 月 6 日，细则委员会提交报告，这个问题总算又引起了大会的注意。毫无疑问，细则委员会放弃了“全面授权”思想，即全国政府“对各邦单独无能为力立法的所有事务具有立法权”——这当然也包括为国家防务进行募兵的权力。现在，在赋予全国政府的权力清单上包括了发动战争的权力。这样，联邦议会就有权“根据任何一邦议会的申请，镇压该邦的叛乱；宣战；募兵；建立和装备舰队；召集民兵协助，执行联盟法律，执行条约，弹压暴动，抵御入侵”。 323

这个条款只字未提常备军，但也没有将其排除在外。我们记得，细则委员会里有埃德蒙·伦道夫，这个委员会颇有几分邦权色彩，它的报告措辞谨慎，既没有认可常备军也没有禁止，这是典型的伦道夫风格。8 月 18 日，乔治·梅森提出抗议，这个脾气暴躁的弗吉尼亚贵族向来惧怕全国权力，他说：“我希望，除少数要塞和警备队外，和平时期不要设立常备军。”他进而提出建议，军事拨款应该仅限于特定时期，必要时联邦议会可中断拨款。大会很快同意了梅森的动议。

不久之后，格里就发起攻击。他指出，“宪法对和平时期保持常备军没有提出制约。……人民不喜欢军队，宪法不提这个问题，会引起反对。……他认为，和平时期保留常备军是危险的，绝不同意授权联邦议会维持不受限制的军队”。他提议，和平时期保留的常备军，人数限制在 2 000 人到 3 000 人之间。

麦迪逊的记录看不出有谁对格里的发言作了回应，但据传说，华盛顿有意用让别人听得见的低语说，宪法应该也要作出规定，将侵略军限制在相同数量。不管怎样，大会有意忽略格里的发言，开始讨论有权建立舰队的问题，但格里不会受到忽视。他和路德·马丁，这位激进的邦权派一起明确提议，在和平时期，军队人数应限制在几千人之内。查尔斯·科茨沃思·平克尼作出了清晰的回答，国家不能等到遭到进攻才招募军队。但格里非常固执。历史学家塞缪尔·埃利奥特·莫里森 324
认为，格里说过的一句话透露出他强烈反对设立常备军。格里说，常备军就像常务委员：是国内安宁的良好保障，但也有对外采取军事冒险行动的危险。如果对常备军不加限制，他对大会说，少数邦“可能建立军政府”。但大会没有同意他的动议，威廉逊提醒格里，梅森提出对每年拨款加以限制的动议是这方面的最佳保障。大会达成明确共识，反对限制常备军，一致否定格里和马丁的动议。

那么，常备军的问题解决了，在这种情况下，民兵该怎么办呢？代表们都知道，不可能废除各邦的民兵，有太多的人将这些平民部队看作对抗暴政的屏障。而且，战争时期，民兵必不可少。不过，民兵的作用还不明显，必须让他们发挥更大作用。这个问题由梅森在8月18日首次提出，“他认为，在联邦范围内，对民兵实行统一管理，是必要的”，他希望由全国政府控制民兵。但会议意见有分歧。有人担心，要各邦交出民兵管辖权，各邦会激烈对抗。在这点上，格里态度强硬。他一直对权力抱审慎态度，不信任全国政府，不希望由全国政府管理民兵。“如果制宪会议对这一点也达成一致，这个方案就会被打上该隐的烙印。有些人相信总体政府，但他不那么信任总体政府。他相信，各邦也一样不那么信任总体政府。”事实上，格里是有预见性的，他预想到某个时期，各邦可能需要用民兵对抗暴虐的全国政府。他一如既往地希望，权力应该分散，而且尽可能多地留在地方手里。

325 这次，他得到了邦权阵营代表的支持。谢尔曼指出，各邦可能需要民兵“防止入侵和内乱，用强制办法行使法律”。梅森这时也说，他认为，“谢尔曼先生的意见很有道理”，他提议，各邦保留一部分民兵自用。大会决定将此事交给一个11人委员会，有几个11人委员会正在重复细则委员会的许多工作。

在对民兵管理问题简短的辩论过程中，会议触及了一个核心问题，这个问题从开幕之初就一直存在。格里说，“有些人相信总体政府”，他不那么信任总体政府。他的反对者的意见截然相反。新罕布什尔的约翰·兰登说，“没有理由担心总体政府，要担心的是各邦政府”。平克尼附议。麦迪逊说，“既然各邦能把管理共同钱财的事信托给总体政府，出于同样的考虑，也会授权总体政府指挥共同的武装”。

这就是问题的实质所在。以书面形式授予政府某些权力是一回事，为其装备武力是另一回事。即使他们如此煞费苦心地在宪法里规定一些防护措施，但政府真的可以信任吗？真的不会奴役人民吗？在这个重大问题上，各方的观点没有考虑部门、经济或阶级利益：制宪会议上每位代表的回答都出于个人的直觉。

我们来看一下约翰·兰登，他对格里和大会说，没有理由担心授予全国政府武力。兰登是新罕布什尔代表，新罕布什尔一共来了2位代表，到达时间很晚。新罕
326 布什尔代表能够到会，全靠兰登。当时，小气的新罕布什尔议会怀疑费城会议要搞什么名堂，迟迟不肯拨付代表的差旅费，兰登自己慷慨解囊，支付了另一位代表尼古拉斯·吉尔曼(Nicholas Gilman)的费用。兰登出生于一个农民家庭，但由于家

中孩子太多，他去当了船员，在新英格兰的农家，这样的做法相当普遍。他后来经商，很快发家致富，成为邦内重要人物。他在独立战争期间率军征战，后来担任联邦议会议员；他曾在西印度群岛做生意，有着外部广阔世界闯荡的经历，其经验比大多数新罕布什尔同胞丰富得多。“兰登英俊潇洒，和蔼可亲，生活正派，善解人意，他是新罕布什尔人的骄傲。他也全力报答人民对他的厚爱，他清醒地看到，本邦的未来和联盟的事业紧密联系在一起。”特别是作为一名商人和债权阶级的一员，他迫切盼望有一个井然有序的全国商业体系，并且结束纸币发行。新罕布什尔已经感觉到谢斯叛乱的威胁近在咫尺，他想要一个有能力处理此类骚乱的政府。

换句话说，兰登是一个经验丰富、见多识广的人，是他推动新罕布什尔代表团加入国家主义者阵营，这有点出乎谢尔曼等邦权派的意料，他们本以为新罕布什尔代表会和他们站在一起。把兰登和格里一对比，反差很强烈，因为这两人的出身背景很相似。兰登家共有 9 个孩子，格里家有 5 个孩子。格里在马布尔黑德长大，兰登在朴次茅斯长大，这两个地方都是新英格兰地区条件艰苦的港口小镇，都位于大西洋沿岸，同样岩石密布，朴次茅斯位于马布尔黑德以北 50 英里。两人都因经商而致富，战争期间都是热忱的爱国志士，都在邦联议会当过议员。而且，两人都持有大量公共有价证券。生活环境相同，具有相同的经济和群体利益，他们应该成为 327
政治盟友，并肩作战。但在许多核心问题上，他们的看法却截然相反。

这是为什么呢？原因很简单，从表面上看，他们都忠于群体利益，都关心自己的钱财，但在这些表象之下，人的本质是不同的，最终超越了较为肤浅的金钱利益或新英格兰的福祉。一个是开朗大方的人，另一个是胆小、有点神经质的人，说话结巴，面部抽搐。他们的世界观怎么会相同呢？我们又一次看到，我们无法真正理解，这些建国之父们，为什么只是简单地参考经济、政治、群体利益，就构建起了这套制度。

代表们将他们对权力有意无意的看法带到了大会上。麦迪逊对权力持不信任态度，千方百计想对权力形成制约。华盛顿不愿受管束，但他喜欢实力。汉密尔顿喜欢权力，乐意为有权力的人效劳。佩特森害怕混乱，倒不担心权力。兰登不惧怕权力。埃尔布里奇·格里虽然亲眼见过本邦街头的混乱局面，但宁愿冒出现骚乱的风险，也不愿在某个地方设置太多权力。

可是，格里注定在进行一场毫无成功希望的战斗。8月23日，星期二，11人委员会提议，政府可以：

> 制定法律，组织民兵，配备武器，严明纪律，管理其中为联邦服役的部分，把任命军官和按联邦制定的纪律训练民兵的权力，留给各邦。

这又是一个联邦妥协案，即各邦和全国政府共享民兵管理权。在随后的辩论
328 中，多数代表只关心在语言上作些微调，使意思更加明确，保证各邦不受全国政府太多管制。可是格里依旧不依不饶，全力反对授予全国政府在民兵管理上的话语权，“这会被视为一种专制制度”。兰登回应说，“无法理解某些先生表现出来的嫉妒心理。联邦政府和邦政府彼此并非敌人，而是为美利坚人民造福的不同机构。……把权力从一个移交给另一个时，就像把左手用起来不方便的东西，交给用起来方便的右手一样”。

并非如此，格里马上强调。“公民的自由，是交给从整个大陆产生的80个到100个人(联邦议会)安全呢，还是交给每个邦产生的两三百人(各邦议会)安全呢?”除马丁支持他之外，没人附议。

当天晚些时候，麦迪逊提议，由全国政府委任各邦民兵的将军。格里站起身，嘲讽地回答，“我们还不如马上摧毁各邦政府，立一个终身制或世袭制的行政官，再建立一个适当的参议院，这样就可以把全部权力都给予联邦政府”。……他提醒制宪会议，不要把实验推得太远。有些人是不惜一切危险，也要建立一个生机勃勃的政府。另一些人则追求一个比较民主的政府，以同等的决心反对前者。这种冲突，有可能酿成一场内战。这次，谢尔曼支持格里，会议表决，把任命民兵将军的权力留给各邦。但格里对剩下的条款很不满意，会议通过按全国政府的规定管理民兵。这样一来，民兵的地位降格为国民警卫队。

329 9月5日，11人委员会授予联邦议会有权“颁发海上缉拿外国船只许可证和报复敌国的拘捕证”；提出军费拨款数额不得超过2年；根据麦迪逊早些时候的建议，授权政府赎买土地，用于修建要塞、兵工厂以及诸如此类的建筑，并在这些地点行使权力——即如今政府对军营和海军基地行使的管辖权。

格里还在继续战斗。他希望军费拨款限于1年,而非2年。他不希望授予全国政府控制要塞土地的权力,因为“授予这一权力,联邦议会在任何一邦购买了领土,就可以把它用作飞地,有了这些堡垒要塞,总体政府就有了迫使任何一邦服从的不当手段”。格里现在是孤军奋战,大会并不支持他。他可谓草木皆兵。代表们已疲惫不堪,迫切想回家与家人团聚,他们对这位言辞激烈的新英格兰人的执着并不感兴趣。但格里依然不会投降,第二天直到会议最后一天,他还在奋争。9月15日,他宣布,他不会在宪法上签字,因为这部宪法授予全国政府太多权力。

但大会没有理会格里的反对,还是会建立一支常备军,各邦民兵还是由国家制定规则,很容易受到全国政府的控制。在军队方面,还有最后几个问题没有解决:谁来控制军队?谁有权决定开战?谁能告诉军队往哪里行军,向谁开枪?这是问题的关键所在,近代美国总统和国会之间发生的控制战争权的斗争可以作证。因此,对我们来说,了解这些建国之父们当时的想法,至关重要。

最开始,他们没有预想到美国军队会去征服别人。他们不能预见美国军队从墨西哥手里抢夺加利福尼亚,或维持加勒比海地区的治安。他们只是把美国军队 330
看作一支纯防御性力量,只有在国家受到攻击,或者至少受到挑衅时,才投入战斗。所以,这支军队主要用于处理紧急情况,而不像欧洲军队那样用于对外扩张。

“弗吉尼亚方案”只字未提谁可以宣战,“佩特森方案”也没提。这个问题是细则委员会首先提出的,它在制定权力清单时,明确授予联邦议会“作”战权。细则委员会的报告还说,行政官是“联邦陆军、海军和各邦民兵的总司令”。

关于作战权的辩论始于8月17日,平克尼提出,众议院开会的进程太慢,作战权应该由参议院独享,因为参议院“比较熟悉外交事务,具备适当的决策能力”。南卡罗来纳的皮尔斯·巴特勒回应说,参议院不见得比整个议会的工件效率高,他建议把决定是否开战的权力交给总统。

不过,这对在场的大多数代表来说,乔治国王的味道太浓了些。但事情明摆着,在紧要关头,总要有人作出迅速行动。所以,麦迪逊和格里提议,把“作战”改为“宣战”。麦迪逊说,这样措辞,“把击退突然进攻的权力,留给行政官”。谢尔曼附议,他说,“行政官可以击退进攻,但不能发动战争”。格里补充说,“从来没有料到,在一个共和国里,居然有人提出动议,授权总统一人宣战”。

331 事情的来龙去脉就是这样。大会同意，由联邦议会而不是由总统行使宣战权。几乎没有其他任何重要问题像这个问题那样，大会的意见如此出奇地一致。当然，总统必须有能力派遣军队抵抗突然进攻，不过，代表们希望授予他的权力比这要更大一点。7 月 27 日，总统对军队的权力被进一步收紧，谢尔曼提议，只有在真正需要征召民兵为国家服役时，总统才可以指挥民兵。而到 8 月 27 日，大会未经辩论就接受了这样的措辞：总统应该是"联邦陆军和海军的总司令"。

最后，如果这些建国之父们看到近代美国总统有一种趋势，即未经国会正式许可就派军队作战，他们会作何感想呢？几乎可以肯定的是，他们会感到震惊和愤怒。他们绝不会给潜在的暴君随意支配军队的权力。如果他们看到总统独自决定派军队去推行外交政策目标，他们会断然加以制止。

第二十二章　乔治·梅森和公民权利 332

毋庸置疑，对大多数美国人来说，宪法最广为人知、最重要的部分是《权利法案》。可能很少有人能详细背诵其内容，但几乎人人都知道，《权利法案》保障公民的宗教自由，言论自由，出版自由，接受公平审判的权利，还有一些他们不是很了解的其他自由。从某种意义上来说，《权利法案》是宪法最重要的组成部分，因为它对美国政府可以做什么作了明确限定，在 1787 年，世界上还没有哪个国家对政府作这样的限定。即使在今天，也没有几个国家像这样强烈限制其中央政府，不让其干涉个人自由。《权利法案》是美国人民的骄傲，正是宪法的这个部分，而不是其他部分，成了全世界人民的战斗口号。

有鉴于此，出席会议的绝大多数代表居然认为《权利法案》不仅没有必要，而且毫无根据，断然拒绝将其写入宪法，至今仍令人感到惊讶。许多观点认为这是一个
严重失误，这个失误太明显了，所以新政府上任后的第一件事情，就是启动宪法修 333
正程序，加入《权利法案》。建国之父们怎么会犯如此严重和明显的错误呢？

人类具有上帝赋予的或仅仅源于事物本质的“自然权利”，这一观点源远流长，可以追溯到古希腊和古罗马时代，但直到 17、18 世纪，因政治哲学家们——特别是约翰·洛克在 17 世纪末殖民地聚集大量定居者时的著作，以及让-雅克·卢梭在殖民地和英国发生冲突时的著作，才流行起来。对政治感兴趣的美国人大多熟悉自然权利的概念，引导美国走向革命的人将它视作公理。

事实上，权利得不到保障是和英国决裂的根本原因。据山姆·亚当斯（Sam Adams）这位最坚定地闹独立的人说，要是殖民地和母国“在总的权利法案上能达

成一致,它们之间的争端就可以得到公正的解决,英国和殖民地还会和睦共处”。1774年,第一次大陆会议召开,代表们想通过此次会议找到统一应对英国这些措施的办法,当时,自然权利的概念已在殖民者的头脑里落地生根,代表们提出起草《权利宣言》。如果英国接受这部《权利宣言》或其中的一些说法,美利坚各邦仍将是英国体制中的一部分——毕竟,大英帝国是世界上最强大的政治组织,依附于它有许多好处。但美利坚人对英国的倒行逆施十分反感,无证拘捕、没有搜查令就搜查他们的家、没有纳税义务却被征税、在海事法院受审却没有陪审团。

于是,在整个18世纪70年代和80年代,对美利坚人民而言,权利受到保障至
334 关重要。美利坚实质上是为了权利得到保障而发起革命的。而且,这是一个全世界人民都会响应的战斗口号,事实上,他们甘愿为此付出生命。这些权利并不抽象,不是写在纸上的响亮口号,而是美利坚人深信不疑、狂热信奉的东西。因此,当《独立宣言》发布后,各个殖民地开始组建自己的政府时,他们理所当然地认为,各邦宪法应该包含《权利法案》。

第一个把《权利法案》写入宪法的邦是弗吉尼亚。1776年战争爆发时,弗吉尼亚迅速召开会议,设立一个委员会,组建弗吉尼亚政府。委员会中有一些人们耳熟能详的名字:詹姆斯·麦迪逊、埃德蒙·伦道夫、乔治·梅森。委员会里也有很多人认为应该加入《权利法案》,《权利法案》是乔治·梅森起草的,几乎获得委员会一致通过。弗吉尼亚权利法案最终成为国家权利法案的蓝本,因此,乔治·梅森也被称为“权利法案之父”。今天,人们并不把梅森看作制宪会议上的主要人物,但罗伯特·拉特兰(Robert Rutland)在研究《权利法案》时说,梅森同时代的人“对他的能力十分尊敬”。

不过,乔治·梅森是一个性格古怪的人。梅森从小家境富裕,是弗吉尼亚的一个贵族世家。他的举止更像新英格兰的加尔文教徒,而不是传说中沉迷于酒色和赛马的南方浪荡子。据他的传记作家海伦·希尔·米勒(Helen Hill Miller)说,“他很节制——喝酒不多,吃饭适量”(当然,这是按当时的标准来衡量的:通常,梅森在晚餐前会来一杯甜酒,吃饭时喝两到三杯葡萄酒)。他每天早上剃头,把头浸到冷水里,在制宪会议上——他的清教主义压过了他的自由主义——他是唯一一
335 位赞成禁止奢侈法律的代表,这些法律旨在控制人们喝酒、穿衣和举止。

梅森生于1725年，比费城会议上大部分代表的年龄都大——比华盛顿大7岁，比麦迪逊大25岁。他的父亲在他10岁时就去世了，所以他“比较早熟”。虽然年龄上有差距，但并不妨碍他在青年时代就和自小也失去父亲的乔治·华盛顿结为密友。他长大后有些孤僻，宁愿在思想上进行深入思考，也不愿卷入他这个阶级的人应该从事的繁杂、有时又是相当累人的政治活动。他不大情愿担任公职，只是偶尔为之，他的出行范围不出弗吉尼亚：这个夏天参加制宪会议，是他第一次离开弗吉尼亚的长途旅行。梅森48岁时，第一任妻子去世。他直到7年后才再婚，而且，并没有像麦迪逊、格里、威尔逊及他那个阶级的其他人那样找一个年轻的新娘，而是找了一位50岁的老姑娘。他的庄园，贡斯顿庄园(Gunston Hall)，规模不大，他完全有钱造得起更大的庄园，而且，这个庄园是他亲自设计和建造的，没有像其他富人那样请管理人员和秘书。他也精于此道：他出身富裕，而且越来越富有，最终拥有75 000英亩土地和90名黑奴。

乔治·梅森骨子里非常不信任别人，他只依靠自己。拉特兰说：“他首先是一个管理者，喜欢事无巨细地操劳自己的各项事务。”他除了几分幽默以外，只是一味辛辣地讽刺。他不喜欢参加社交活动。在费城开会的这个夏季——对梅森来说是个漫无尽头的夏季，他写道：“说不清我们要在这里滞留到什么时候，但从目前的情况来看，恐怕最早也要到7月。对这座城市里相当流行的繁文缛节，我已经开始感到十分厌倦。我要花上几个月的时间才能掌握这些东西，要花几个月去学那些不 336
值得花几分钟时间记住的东西，我从来没想到自己会处于这等情境。”

总而言之，梅森不是一个温文尔雅的人，他固执、清高、不愿与人交往。但从另一方面来说，他诚实、可靠、表里如一，醉心于政治理论的探讨，是制宪会议上头脑最清楚、最有见地的思想家之一。在制宪会议上，他频频发言，通常十分简短，切中要害，其他代表出于对他真才实学的钦佩，原谅了他的固执。

考虑到梅森生性多疑，不愿与人来往，在制宪会议上，他全力以赴，决心将权力关进笼子里，就没什么好奇怪的。他对“东部人”，这些北方各邦的出口商，始终持怀疑态度，决心捍卫需要三分之二多数才能通过《航运法》的规定。像许多弗吉尼亚人一样，虽然他也拥有奴隶，但他痛恨奴隶制度。奴隶制度使奴隶主“成为小暴君”，他争取废除奴隶贸易，南北各邦就此事讨价还价，只有他对双方的观点都持反对态度。他争取广泛的弹劾权，反对在和平时期设立常备军。他一再坚持自己的主张，7 月 26 日，他坚称，“他的原始目标，他的政治行为的北极星，就是保护人民的权利”。虽然他经常听起来像一个邦权主义者，但他确实不是那种不要政府干涉百姓生活的坚定的自由主义者。所以，毫不奇怪，乔治·梅森认为，《权利法案》是宪法必不可少的组成部分，这是他最关心的事情。

他为弗吉尼亚设计的《权利法案》，包括现在的美国人耳熟能详的一些观点。弗吉尼亚《权利法案》是这样开头的：所有人生来同样自由平等，有权“享受生活和自由，包括获取与拥有财产、追求和享有幸福与安全的手段”。《权利法案》还列出
337 了其他一些个人权利：不得处以酷刑，公民不得被迫自证其罪。人们有权要求由公正的陪审团进行迅速审理，不得无理搜查和扣押，民事诉讼案件由陪审团进行裁定，规定宗教自由，总体上保证人们享有对抗政府的自由。

梅森希望按照这些原则组建合众国。然而，在制宪会议上，他发现自己实际上是孤军奋战。没有一项前期方案提到类似《权利法案》的东西，过了很长时间，也没有任何一个代表提出此类建议。最后，到 8 月 20 日，查尔斯·平克尼向会议提出一长串主张，供细则委员会考虑。在他提出的主张中，有一些有可能变成《权利法案》：出版自由，只有遇到非常情况才可中断人身保护令，士兵在和平时期不得进驻民宅。细则委员会没有讨论这些主张，于是，8 月 28 日，平克尼提议，宪法应包括一个条款，规定“不得暂停颁发人身保护令，除非情况危急；即使情况危急，暂停时间也要限制，不得超过 12 个月”。在接下来的简短辩论中，约翰·拉特利奇说，他“主张宣布人身保护令不可侵犯”。莫里斯支持平克尼的建议，莫里斯提议，申请人身保护令的特权不得暂停，除非“在发生叛乱或遭遇入侵，因公共安全需要，方可暂停”。这项动议迅速得到同意。最终，代表们在宪法中加入这样一条：“不得通过公民权利剥夺法案（惩罚公民法律未禁止行为的立法）或者追溯既往的法律。”平克尼提出的这三点主张，是代表们关于保障人民权利方面所讨论的全部内容。

但梅森不会就此罢休。9 月 8 日，大会对他们起草的宪法即将完成感到满意，
338 设立一个文字排列和风格委员会，誊写零零碎碎通过的各项决议，将其按一定的顺序排列，使意思更加清晰，语言更加典雅。该委员会成员包括亚历山大·汉密尔顿、詹姆斯·麦迪逊、鲁弗斯·金、古弗尼尔·莫里斯，这几个人都是国家主义者，

以及威廉·塞缪尔·约翰逊,他有时支持国家主义者的立场。人们普遍认为,甚至麦迪逊也同意,美国宪法最终稿是古弗尼尔·莫里斯写成的。9月12日,委员会将宪法终稿提交大会批准。代表们已经高强度地工作了很长时间,早已疲惫不堪,急于回家。总的来说,他们对这个结果感到满意,总算完成了这项任务,可以松口气了。他们要做的最后一件事情,是将三番五次提出、很久以前就已决定的问题再次提出。这些问题确实被提了出来。会议表决,将需要四分之三多数方能压倒总统否决减少到三分之二多数,而且接受和放弃了其他一两件小事。

最后,乔治·梅森起身说道,“他希望,宪法之前有一份公民权利法案,如果有人提议,他就附议。这会给人民带来极大的安宁;有各邦的权利宣言作为借鉴,几小时就可以把法案拟好”。言下之意,梅森可以毫不费力地策划一份《权利法案》,因为早在11年前,他就为弗吉尼亚起草过《权利法案》。

不用奇怪,是埃尔布里奇·格里按梅森的意思提出了这项动议,梅森附议。只有谢尔曼发言,他说:“各邦的权利宣言,并不因为这部宪法而废止,只要继续生效就行了。”全国议会不可能侵犯人民的权利,因为它的权力仅限于所列的清单。梅森提出抗议,梅森说,联邦立法是最高法律,高于各邦宪法和各邦《权利法案》。没有人同意他的观点。在投票表决时,各邦代表团一致投票反对起草《权利法案》的 339
动议,就连格里和梅森本邦的代表都没有支持他们。

那么,代表们为何如此断然地拒绝《权利法案》呢?原因是多方面的。首先,南方人有一个特殊问题。在南卡罗来纳争取宪法得到批准期间,缺少《权利法案》这个问题被提出来时,查尔斯·科茨沃思·平克尼指出:“此类法案通常都以宣称人人生而自由开头。如今,我们很大一部分财产是生来就是奴隶的人,我们应该极不情愿作出这种宣言。”

其次,各邦宪法都附有各自的《权利法案》,尤其是邦权主义者认为,这些《权利法案》依然有约束力。正如谢尔曼所言,各邦的《权利法案》“并不因新宪法而废止”(事实上,谢尔曼可能是错的,而梅森是对的:新宪法“高于”各邦宪法,新政府当然有能力压倒各邦的《权利法案》)。

第三,一些代表担心,新政府可能会随心所欲,法律没有明令禁止的事情它都可能做;也就是说,没有明示的权利会被当作不存在。后来,汉密尔顿说:《权利法案》"包括各种没有授予的例外权力，因此会找一个似是而非的借口，主张更多的权力"。

最后，会议开到这个时候，代表们都清楚，如果他们再变来变去，他们精心设计的制度就会土崩瓦解。他们不愿冒险去启动可能是旷日持久的关于《权利法案》的讨论。

因此，出于各种原因，虽然其中一些理由不是非常充分，但费城会议代表们拒绝了梅森的请求，不考虑在宪法中加入保障公民权利的基本条款。

340 9月12日，文字排列和风格委员会向会议提交报告。接下来的几天里，代表们认真审议，对报告作了微调，没有采纳其他建议。9月15日，终于大功告成。但有几个人认为事情还没做完。埃德蒙·伦道夫仍非常担心弗吉尼亚家乡的人民会如何对待这部宪法，他起身宣布，他对这部新宪法持强烈怀疑态度，希望各邦对这份方案提出的修正意见，提交下一次制宪会议最后决定。如果这项主张被置之不理，"这将……使他无法在文件上签名。至于会后是否反对，还不能确定，只是不愿剥夺自己这样做的自由"。

乔治·梅森接过伦道夫的话，他的反对意见更加有说服力：宪法弄成现在这样，政府很可能以"君主制或贵族制的虐政告终"，他既不会在宪法上签字，回到弗吉尼亚后，也不会支持。最后，埃尔布里奇·格里站起来宣布，除非再开一次制宪会议对一些条款进行修订，否则，他也不会在文件上签字。然后，经过漫长的一天的讨论，下午6时，会议表决"同意经过修改后的宪法。所有邦都投了赞成票"。

那天是星期六。会议命令把宪法终稿誊清，在周末完成这项工作，成为我们现在所知的这个版本。9月17日，星期一，代表们再次集合，把誊清的宪法朗读了一遍。本杰明·富兰克林拿着一份讲稿站起来，交给詹姆斯·威尔逊代读，讲稿很长，主要内容如下：

> 主席先生，我承认，这部宪法中的若干部分，我现在还不能同意，但我不敢说，我将来永不同意这些部分。活到这把年纪，我已经历过许多场合，由于获得的信息更准确，或经过更周密的考虑，责任心驱使我改变原来的观点，哪怕是在重大问题上，原来以为自己正确，后来恰恰相

> 反。……我也怀疑，不论再开多少制宪会议，未必就能制定一部更好的宪法。……先生，令我感到惊诧的是，现在制定的这套制度，如此接近完美， 341
> 我认为，这部宪法也会使我们的敌人感到惊诧。……先生，为此，我同意这部宪法，因为我不指望还能更好，因为我也没有把握说，现在这部宪法就不是最好的。

古弗尼尔·莫里斯提议，所有代表签名作证，出席各邦一致同意这部宪法，他想把伦道夫、梅森和格里争取过来。但这个策略没有成功。正当他们要签名的时候，纳撒尼尔·戈勒姆提议，把众议院代表比例从每4万人产生一名议员减少到每3万人产生一名。这时，代表们吃惊地看到，华盛顿起立支持这项修改意见，并作了他在制宪会议上的第一次发言。由于他的影响力，会议立即同意这项主张。于是，代表们开始签名。当最后一批代表签字之际，本杰明·富兰克林在这个著名的历史时刻说道，在开会期间，他望过会议主席的椅子，椅背上恰好刻有太阳的图案，"在会议进行途中，我常常凝视主席身后的这个图案，我对这个问题的希望和担心，反复翻腾，无法断定，画中的太阳，究竟是在升起，还是在落下：现在我终于有幸知道，这毕竟是一轮旭日，不是落日"。

制宪会议结束，代表们前往城市饭店共进晚餐。毫无疑问，他们肯定是兴高采烈，自得其乐，推杯换盏，喝得面红耳赤。随后，他们各自回家，看看他们亲手拟定的作品是否能获得本邦人民的批准。

他们充分认识到，他们费尽千辛万难制定的宪法要得到批准，摆在他们面前的是一场艰苦卓绝、可能是毫无希望的斗争。许多代表严重怀疑是否能取得成功。在宪法似乎终将得到批准之时，乔治·华盛顿写信给挚友拉斐特，信中说道："撇开
任何事情不谈，18个月前，我们有权想象或期望，宪法得到通过终将证明，人类事 342
务发展进程中任何可能的事件，很明显都是上帝的安排。"事实证明，宪法差点功亏一篑，主要是因为没有写入《权利法案》，那些反对宪法的人（历史学家把他们称作反联邦主义者）抓住这一点猛烈抨击。

国家主义者被迫进行反击。他们的主要论点，放在制宪会议上形成的新的政府理念——政府不是人民与统治者之间的契约，而是人民授予权力，人民可以随时

收回这些权力。国家主义者认为，因为人民可以收回授予的权力，就不存在政府用权过度的危险，从而也就没必要制定《权利法案》。举例来说，如果政府关闭报纸，人民就会介入，通过宪法或其他方式，命令政府停止。

《权利法案》没有必要，因为人民可以收回政府的权力，这个理由有点牵强：事实上，如上例所说，人民有能力阻止政府关闭反对派的报纸吗？然而，从另一个层面来看，这条理由也说得过去，因为这正是国家主义者和反联邦主义者所持观点的本质区别所在。历史学家塞西莉亚·凯尼恩（Cecelia Kenyon）1955 年发表文章《靠不住的人》（Men of Little Faith），这篇文章后来被广泛引用，凯尼恩在这篇文章里对这个区别进行了认真研究。文章写道：

> 宪法批准过程中的支持者和反对者，属于不同的经济阶层，经济利益
> 343 各不相同。但他们的许多政治理念和政治态度是共通的，而且具有共同的政治制度传承。他们都对人明智地用好权力的能力极度不信任。他们都认为，不管是共和制政府还是君主制政府，私利是人们从事政治的主要动机，他们认为有必要建立政治体制，约束自私自利行为，防止被授予政治权力的人滥用权力。这是制宪者们最基本的主张，反对宪法通过的人也持这一主张。

凯尼恩继续写道，“联邦主义者和反联邦主义者矛盾的根源（他们分歧最大的问题）是，共和制政体是否可以扩大到整个国家，还是必须限定在相对较小的政治地理单元内，那么，美国就要分成一个个独立的国家”。

反联邦主义者认为，除非选民认识他们的代表，并且一直密切关注他们，否则代表们必然会走向独裁，奴役自己的人民。

反联邦主义者的立场隐含的意思是，他们信奉旧的社会契约观念。这些反对派从来没有真正领会新思想，即统治者和被统治者之间不存在契约关系，只有权力委托关系，人民把权力委托给他们的代表，而且这些权力可以随时收回。反对派完全不相信，政府一旦拥有某些权力，人民将会或者可以控制它。简而言之，双方的
344 思想家都不相信人性，但反对派尤甚。另外，他们不相信通过扩大共和、内部制衡

机制就足以控制政府，也不相信主权人民完全能够掌控服务型政府的观点。

这些人认为，新政府过于强大。总统可以连任，他就会设法，或许用卑鄙的手段，获得连选连任。参议院的权力也过大，这样下去会成为贵族院。参议院和总统之间分权不够，它们联合起来可以控制一切。宪法授予新政府建立首都的权力，首都就会变成设防的城市，联邦政府可从首都派遣常备军去奴役人民。这些反对意见中，许多完全是“捕风捉影”，用来吓唬人的，但也有很多恐慌是有道理的：似乎对许多人来说，新政府将是一个非常强大的机构。

因此，对宪法的抵触情绪真实存在，而且广为流传。很可能，许多邦大多数人一开始是反对宪法的。然而，尽管有这些反对意见，尽管反联邦主义者坚决抨击宪法，但宪法的批准进程进展神速。特拉华和新泽西率先批准，这充分说明，小邦多么想要一个强有力的中央政府，只要中央政府能确保它们的利益不受大邦侵害。在经过艰苦的斗争之后，宾夕法尼亚也在1787年结束前批准了宪法。乔治亚于第二年1月2日批准，康涅狄格比乔治亚晚一个星期批准。马萨诸塞紧随其后，也经过艰难的斗争之后，于2月初批准。这样，批准宪法的邦达到了6个，《宪法》第7条规定，9个邦的代表大会批准，即构成足够数目，在批准的邦实施这部宪法。

然后，经过一段时间的停顿。到1788年4月，马里兰批准大会代表以63票对11票批准宪法，5月，南卡罗来纳以149票对73票批准。只要再有一个邦批准就达到足够数目；到6月下旬，新罕布什尔和弗吉尼亚都批准了宪法，同样经历了艰
苦的斗争，而且票数十分接近。这样，重要的邦就剩下纽约还留在联盟之外，经过 345
激烈的斗争之后，7月26日，纽约最终也批准了宪法，票数是30票对27票。剩下的两个邦，北卡罗来纳和罗得岛，一直坚持到联邦政府成立和乔治·华盛顿担任总统之后，最后迫不得已批准了宪法。

转折点来自马萨诸塞和弗吉尼亚的投票。如果这两个经济上重要的大邦不能批准宪法，联盟是不可能形成的。在马萨诸塞，西部农民的反对意见尤其强烈，这些农民中许多人数月前还在和丹尼尔·谢斯并肩作战。他们不相信任何形式的政府，不看好新兴的、强有力的政府。解决马萨诸塞问题的关键在邦长约翰·汉考克(John Hancock)手里，汉考克是一个精明又自负的政客，他以痛风发作为由，没有出席批准大会，是想在看清人民的动向之后再表态。他最终被说服支持宪法，那时

有人暗示,如果弗吉尼亚不加入联盟(在当时看来似乎完全有可能),汉考克就有可能取代华盛顿担任总统。汉考克的支持对扭转不愿支持宪法的选民的意见相当重要。还有一个重要方面是,有建议说,批准大会可提出宪法修正案供新政府考虑。这种策略有助于消除反对派的顾虑,反对派们担心,他们无权无势,最终会落入贵族统治的手中,把他们变成农奴。其他地方的国家主义者很快认识到这种策略的好处,将其运用到本邦,促成宪法在本邦得到接受。

在弗吉尼亚,斗争呈白热化,激烈程度甚至超过马萨诸塞。反联邦派领袖是帕特里克·亨利。亨利被公认为是他这个时代,或许是任何时代,美国最优秀的演说
346 家,他可以一连几个小时对着群众滔滔不绝地演讲,并且在批准大会上建立了坚实的反联邦阵营。虽然新罕布什尔已经是关键的第 9 个批准宪法的邦,但弗吉尼亚人还不知道,他们觉得自己是决定性的一票。纽约倾向于不批准宪法,要是弗吉尼亚坚持不批准,几乎可以肯定,纽约也会这样。但在 6 月 25 日,弗吉尼亚以 89 比 79 批准了宪法。一个月以后,纽约的反联邦主义者看到胜利无望,而且得到将向新政府提交修正案的保证,纽约也批准了宪法。

那么,鉴于对宪法有那么多强烈的、出于情感上的反对意见,国家主义者为何在全部 13 个邦中的 11 个邦取得了胜利呢? 原因是多方面的。首先,在大部分邦,国家主义者的领军人物正是那些制宪先贤们——弗吉尼亚的麦迪逊、宾夕法尼亚的威尔逊、纽约的汉密尔顿、康涅狄格的谢尔曼。几个星期来,这些人一遍又一遍地据理力争,他们对支持和反对宪法的每一个理由都了如指掌。其次,他们深知,他们将面对坚定的反对意见,他们准备发起一场精心策划的政治运动。毫无例外,他们在激烈的辩论中应对自如,表现出色。路德·马丁和帕特里克·亨利发起声势浩大的辩论,麦迪逊、威尔逊、汉密尔顿和谢尔曼等人予以无情的回击,他们论据充分,经常把对方辩得哑口无言。如果他们没有答辩,他们就会在纽约的报纸上连续刊登署名为普布利乌斯(Publius)的文章——即著名的《联邦论》,这些文章由麦
347 迪逊、汉密尔顿和约翰·杰伊三人亲自撰写。《联邦论》文采飞扬,推理缜密,虽然读者人数并不很多,但国家主义者可用这些睿智、简练的答辩来驳斥反对派的论点。国家主义者用缜密的推理,在各邦批准大会上批得反对派体无完肤。支持帕特里克·亨利的人可能语焉不详地提出君主制的幽灵,但人有时就像易受偏见左

右一样易受理智影响，反对派从未真正提出过一个有力的证据。

这是反对派最终落败的第二个原因。国家主义者准备充分，言之有物，而反对派什么也没有。事实很清楚，旧政府已经结束了。若宪法得不到批准，联盟就会瓦解，其结果没人能够预测。所以，反联邦派不可能仅仅要求对宪法投反对票，因为这样可能会带来灾难性的后果，相反，他们被迫提议，要求召开一连串邦代表大会，对宪法提出修改意见，然后像刚结束的费城会议那样再开一次制宪会议。作为回应，国家主义者可以而且确实驳斥道，这个方案很荒唐：一次通过宪法都这么难，永远不会有第二次。

这场争论说明，这个国家有许多人虽然对新政府没有信心，但对联盟瓦解的前
景更加焦虑。例如，正是出于这个原因，乔治亚很快就批准了宪法。正如华盛顿当
时所说的，“……一个疲弱的邦，前有西班牙人，后有印第安人，如果认为总体政府
没有存在的必要，我想，它一定是用心不良或精神错乱”。同样，小邦把宪法看作是
它们的机会，或许是确保它们不受强邻欺凌的最后机会。新英格兰的支柱产业是
渔业、航运和贸易，他们普遍认可需要建立一个健全的政府，这样可以偿还债务，磋
商贸易条约。南北双方都希望看到英属西印度群岛再度向美洲贸易开放。而且， 348
许多人一直惶恐不安，担心再来一场谢斯叛乱。也就是说，美利坚人起初派代表参
加费城会议正是出于这种忧虑，而这种忧虑依然存在。

在马萨诸塞批准大会上，乔纳森·史密斯(Jonathan Simth)的发言对人们的这种感觉作了很好的诠释。乔纳森·史密斯来自马萨诸塞西部的莱恩斯伯勒(Lanesboro)，是一位有政治头脑的农夫，他当时说的话，在后来的两百年里被多次转载，如果他知道此事，一定会大吃一惊。当时，和他一样的一位农夫，名叫阿莫斯·辛格尔特里(Amos Singletary)，发表了一通言辞激烈的反国家主义演讲，史密斯对他的话进行回答，他说：

主席先生，我是个普通人，靠耕田养家活口。我不习惯在大众面前讲话，可是我想请您容我向这屋子里与我一般务农的父老兄弟讲几句话。我住在一个乡下地方，就因为那儿没有个好政府，我知道了有个好政府的重要性。去年冬天，东边曾兴起一片黑云，覆盖了西边(指谢斯叛乱)……

> 因此,主席先生,当我看到这部宪法,就发现它真是对付这些动乱的良方。
> 我弄到一份副本,一遍又一遍地研读。我曾是本邦制宪会议成员,对于权
> 力制衡也稍有点心得,我发现,这些要点在这部宪法里面一样都不缺。我
> 并没有去请教任何律师的高见,我们镇上没有半个律师,我们也好端端
> 的,不需要任何律师。这完全是我自己的意见,我对这部宪法很满意。我
> 敬爱的这位老人家(阿莫斯·辛格尔特里),绝不会以为我是想当国会议
> 员,把老百姓的自由都吞到自己的肚子里去吧。我从没有过任何职位,也
> 不想要。可是,我也不会因为那些律师、有学问的人或者有钱人喜欢这部
> 349 宪法,就去贬低它的价值。我不以为他们想要进国会,滥用他们的权
> 力……有些先生认为,我们的自由和财产在那些有钱有学问的人手里不
> 安全。我不这样想……有些先生说,千万不要仓促从事,花时间好好考
> 虑,不要随便摸黑往下跳。我却说,做事要及时,要把握时机,果子熟了赶
> 快采摘。播种有时,收割有时。当初我们送代表去开联邦大会,就是播
> 种,如今是收获的季节了。现在就是收获我们辛苦果实的时机,现在不
> 做,我怕将来就永远没有第二次机会了。

马萨诸塞农夫乔纳森·史密斯的态度说明,宪法一旦为民众所熟悉,就会获得多数人的支持。的确,权力托付总会有风险,但宪法自有制衡机制,只要有识之士能想到的防护措施,它都提供了。甚至连开国元勋们也承认,现在的宪法根本不是他们中任何一个人心目中的样子,不过,这是到目前为止他们能制定的最好的宪法,总的来说似乎好极了。

可是,还有一样东西需要提供:《权利法案》。在各邦批准大会上,需要《权利法案》的呼声一浪高过一浪,甚至在第9个邦批准宪法之前,还在明确要求附加《权利法案》。可以这样说,是美利坚合众国人民将《权利法案》写进了宪法。

如今依然令人感到诧异的是,新政府甫一成立,反联邦派的情绪就迅速平息了。许多在论战中叫嚷最凶的人已准备加入新政府。詹姆斯·门罗(James Monroe)后来当了总统,乔治·克林顿(George Clinton)和埃尔布里奇·格里当选为副总统,后者是詹姆斯·麦迪逊当总统时的搭档,埃德蒙·伦道夫曾任司法部部

长，后来做过国务卿。全体一致同意是非同寻常的。没有反联邦派企图进行论战，没有脱离联邦的提议，没有令人愤怒的地下阴谋小集团。9 邦的多数一经保证，各邦纷纷欢欣举办盛大的庆祝活动，游行，焰火，篝火，长达二三十英尺的轮船模型在街上拖行，演讲，到处欢声笑语。在全美各地，大家普遍有一种感觉，这是一件伟大 350
而又光荣的事情，将长盛不衰，为世界各国的前进方向点一盏明灯。

他们做到了。

351 # 第二十三章　“最美妙的杰作”

民主是极其脆弱的东西。自1787年以来，民主经常失灵，远多于成功的次数。仅在20世纪，民主就曾几度沦陷，德国、西班牙、意大利、俄罗斯；非洲和亚洲许多新兴国家；南美许多老牌国家。人类依然发现，很难找出管理自己的方法，即使在今天，大多数人依然生活在独裁政府的管制之下，对他们的日常生活说三道四。民主，及其伴随而来的自由，往往难以实现，而且维持起来更难。

脱胎于制宪会议的美国社会绝非尽善尽美。这个国家饱受种族摩擦之苦，看来几乎没有根除的可能。它还有令人头痛的贫民问题，虽然几任总统真心实意想解决，并投入大量金钱，但依然没有得到解决。市中心的犯罪率节节上升，无论是
352 严刑峻法还是宽大处理，对于减少犯罪都收效甚微。近几十年里，这个国家更愿意用枪炮来解决外交问题，而不是像开国元勋们希望的那样，理性地寻求更富有成效的解决方案。至少在一些观察家看来，这个国家的老百姓显得过于热衷做肤浅的表面文章——“加利福尼亚综合征”——而不是去做一些对生活有意义的事情。

因此，如果用理想来衡量，美国还差得很远。尤其在种族关系方面，宪法及其后成立的政府，都未能达到建国之父们宣扬的理想。我们现在进行归纳，必须实事求是。但是，当我们用现实——世界上其他国家——来衡量美国时，我们吃惊地发现，美国治理得非常好，当之无愧是全球最繁荣富强的国家，堪称世界上最自由国家的典范。世界上不要求公民随身携带身份证件的国家不多，美国就是其中之一。可能只有在美国，普通老百姓才能够切实有机会发表意见，推举他们中间的某个人竞选公职。在美国，人民不想要的政策几乎不可能维持太久，其他国家很少能做

到，和其他国家相比，美国人民的声音，不论好坏，总是更加响亮。

因此，如果不看那些正在化脓的伤口，特别是贫困和种族歧视，仍在破坏美国的社会结构，可以公平地说，在经历漫长的道路之后，美利坚合众国有望实现费城立宪者们的构想：一个繁荣有序的国家，在这个国度，人民不必担心政府会反复无常，恣意妄为。

那么，关于美国宪法，是什么使美国的民主不仅得以幸存，而且蓬勃发展的呢？是立宪者们如人们所说的那般贤良，抑或只是机缘巧合？

美国宪法之所以取得成功，原因并非一个，而是多方面的。第一，出席费城会 353
议的这些代表，用美国精神写就了这部宪法。查尔斯·平克尼明确表示，这是一部专为美国人民量身定做的文件，其他代表马上表示认同（这有助于解释，为什么将其应用到其他文化却不一定成功）。与会代表了解他们的人民，大部分代表从政多年，他们熟悉美国人民的思维和情感方式：他们明白事理、务实，最重要的是，他们思想上独立，他们希望以自己喜欢的方式生活，政府干预越少越好。美国人信仰上帝，但对物质生活的追求高于对精神生活的追求。他们想要一个务实、开放的政府，建国之父们建立的正是这样一个政府。美国宪法不是由理论家写成的，而是由一批具有丰富政治经验的人写成的，宪法的制定反映的政治现实，不仅是 1787 年时他们所看到的，而且是他们为子孙后代所想到的。

尽管建国之父们想忽视美国精神——例如后来汉密尔顿带头那样做了——但他们知道做不到，因为这点应该十分清楚，未经本人同意，美国人民不会也不可能被管治。詹姆斯·麦迪逊及其支持者，特别是詹姆斯·威尔逊，坚持建立一个以人民为基础的新政府，是完全正确的。他们用新的理论，即人民可以用任何方式授予权力，来取代旧的社会契约观念，也是完全正确的。费城的大部分代表都很明智，他们赞同麦迪逊和威尔逊的意见。有时，他们一开始并没有得出这个结论，但最终，他们投票决定，让人民按切合当时实际的紧密程度参与政府管理。他们提议代
表由人民直接选举产生，在 1787 年，这是世界上最广泛的选举权，他们还提议各邦 354
批准大会要有广泛的参与度，而且，也许是最重要的，通过频繁的选举和修正案机制，人民有机会迫使政府接受政策。他们想要一个最终属于人民的政府，将美国民主制度发扬光大。

第二，美国宪法之所以成功，是因为制宪先贤们懂得人的自然权利。他们认为，人类身上有许多善的方面，但同时也清楚地知道，必须小心提防人类身上恶的一面。那时候，只要有点政治头脑的美国人，几乎都极度不信任人能够贤明正当地行使权力。大家普遍认为，“利己主义”是人类行为的主要决定因素。我们还认为，即使从最广义上来看“利己主义”，得出的结论也是如此。也许这样的时代终会到来，到那时候，人们为了共同利益，愿意牺牲自己的最大利益，但我们不指望这样的时刻很快就会到来。

美国宪法反映了人性的现实。选民们并非总是作出明智的选择，这是理所当然的。政界人士往往把自己的利益置于其管治的人民之上，这也是理所当然的。美国政府的设计，不仅在好人掌权时运作正常，而且经常在蠢蛋、无赖、不学无术之人掌权时也能运作正常。

第三，宪法允许政府拥有足够的权力，推行它应该做的事情。一些代表来参会，是希望建立一个强有力的中央政府，但另外为数不少的代表可没这么想，需要说服他们。他们对赋予新政府太多权力持谨慎态度，同样，他们也很清楚，新政府
355 必须拥有实权，他们肯定会赋予新政府实际权力，因为他们开始理解三权分立的概念及其制约和平衡机制，相信会获得成功。

第四，建国之父们非常关心少数派的权利问题。他们认为自己及其同类是拥有债权的少数派，而债务人占多数，多数派势必想方设法“压迫”他们，这是他们关心少数人权利的部分原因。不过，抛开他们自己的私利，他们也承认，即使在那时，这个国家还是少数派组成的群体。没有一个派系、教会或职业团体真正占据支配地位。

宪法并没有具体提到少数派的权利问题，但由于制宪先贤们一直很在意这个问题，他们把对自己权利的保护贯穿在整部宪法之中。事实上，在从全国选拔出来的人组成的国会里，多数派必然由各个少数派组成，每个人理应对攻击少数派持谨慎态度，因为谁知道下一次被攻击的会轮到谁呢？这是最根本的问题。在较小范围内，甚至在邦那样大的辖区内，情况并非如此，那里的人往往具有同质性，可能由具有相同种族血统、相同教派、相同职业的人组成多数派。例如，由公理会教友组成的多数派可能作出决定，用纳税人的钱支付公理会牧师的薪水，但不付其他人的

薪水。但在国会,国会议员从詹姆斯·麦迪逊提出的整个大共和国选举产生,任何一个派系都不可能占据主导地位,这样一来,少数派的利益就能得到保障。

大共和国及其多元化社会内含的制度安排,有一个非常重要的影响,就是妥协的必要性。在美利坚合众国内,没有人能完全按自己的意愿行事。正如这些制宪先贤们,在漫长的制宪过程中,每前进一步都要被迫进行交易,所以说,美国政府也必须本着平等交换的精神开展工作。其结果是,美国政府的思想必然是多元的,从 356
未出现过单独一种思想能够控制一届美国政府的情况。总之,按这部宪法产生的美国政府对少数派是有利的。

在为少数派建立保护措施的同时,制宪先贤们也为个人提供了大量自由。因此,美国宪法给予完全的行动自由,个人可以采取独立行动、施展抱负、积极追求物质主义,这一点现已成为美国人的性格特征。他们创建了分立、相互制约的政府,这样的政府很难干涉上述这些特质。乐观、对未来充满信心,成为美国人与生俱来的品质,部分原因在于美国政府对人民基本没有约束。

最后,宪法能够成文,至关重要的因素是,这些代表既非理论家,又非愚钝的实用主义者。在各种理论学说之下,掩盖着代表们奋力争取的派系和经济利益,深刻地反映着人类的情感。有人担心赋予政府太多权力,而有人又怕陷入无政府状态。有人力争建立一个安定有序的社会,而有人又希望人的利益得到自由发挥。制宪先贤们超越一切,用人类炽热的情感锻造了这部宪法。不论是好是坏,归根结底,它反映了人文精神。这部宪法之所以成功,因为它是人类顺应人的要求制定的,不是我们要他们这样,而是他们本身就是这样。

这部宪法产生的结果是,与大多数国家的政府相比,它建立的政府对人民更加负责。美国人民,一旦被充分唤醒并得到足够重视,他们有能力修复社会制度的缺陷。宪法中有几处地方专为这种体制作了安排——官员必须接受改选,在授权十分清楚的情况下按人民的授权开展工作;人民有权通过公民权利,如言论自由、集会权、请愿权等,表达自己的情绪;以及修订宪法的权力。

诚然,人民往往觉醒很慢,作出行动更慢。但我们应该记住,最后是人民,而不
是政府,推动废除了奴隶制,促使政府对公司进行管制,为工会提供法律武器,态度 357
鲜明地反对污染,结束越南战争,保障妇女投票权,等等。这些事情并非一蹴而就,

都是据理力争的结果,也许花了很多时间才促成。不过,只要意志足够坚定,耐心足够持久,到最后,美国政府总会对公众压力作出反应。这也是建国之父们的心愿:他们想要一个顺应民意的政府,但他们不想要一个左右摇摆、唯民意是从的政府。

曾有人提出,当人民感到冤屈不满时,他们的确可以昭雪冤屈,但他们经常察觉不到自己所受的伤害,因为他们的头脑被代表各种利益的新闻媒体搞糊涂了。的确,各大报纸、杂志和电台主要受产业界资助,当然不可能对产业资本主义发起攻击。

但是,如果人民上当受骗,那是他们自己造成的。人们只要愿意去图书馆,各种各样的政治观点以及各个学科的海量信息,唾手可得。大部分民众宁可去看一场情景喜剧或一场足球赛也不愿看书,那可不是建国之父们的错。

关键是,美国人民可以在他们决心要做的时候,迫使政府采取行动。其结果是,美国社会不会遍布充满爆炸气体的洞穴和坑道——种族问题还是除外。自1787 年以来,美国历史上只有少数几次,人民诉诸武力争取自己的东西,当美国人
358 民真想进行变革并愿意为之奋斗之时,他们往往采用政治手段就能达到目的。

很明显,在一些最基本的问题上,制宪会议代表作出了非常明智且相当老练的决定。这是人类历史上一群人经历的最了不起的智力冒险之一。不可否认,他们做了私下交易;不可否认,他们受私心、性情、选民的需要影响。但他们也与各种概念、观念、抽象概念进行着交锋。在这里,在制宪会议厅里,他们将三权分立思想与美国国情相结合;在这里,他们全力对付联邦制概念,以及一切权力来自人民这一理论引发的概念。尽管他们有利益冲突,而且性情各异,但他们决心用理智来处理人类事务。他们取得了巨大成就,这是最了不起的事情。

但他们毕竟是人,在我们看来,他们似乎在以下 4 个方面没有充分考虑,未能找到最佳解决方案。首先是种族问题,我们从一些细节看出,他们不愿正视这个问题。他们的表现和同时代的人差不多,他们也认为黑人天生不如白人,所以他们对这个问题置之不理,听任美国社会这道伤疤继续溃烂。他们没有为印第安人制定更为人道的政策,这倒不难理解:他们把印第安部落视作“外国”,政府将和印第安部落签订条约。由于当时的合众国疆界止于密西西比河,人们认为,西部这片广阔

的土地，在今后几个世纪内，肯定够印第安人居住，我们当然不能指望代表们当时就考虑到，如果白人接管了整个大陆，事情将会如何发展。

他们没有完全搞清楚的第二个问题，我们姑且称之为“语焉不详的联邦”。我
们知道，一些代表，如麦迪逊、威尔逊和汉密尔顿，他们想大大削弱邦权，但制宪会 359
议一致认为，在各邦内部事务上，只要不牵涉国家利益，应留给各邦自行处理。这样，就形成了一套双轨制，国会议员经常在国家利益和地方利益之间抉择，左右为难。例如，来自爱荷华的国会议员，不管他对农业补贴的态度如何，如果他打算留任，他就不可能投反对票。此外，为取得大城市国会议员对其农业补助投赞成票，这次他对上述农业补贴投下赞成票，下次他就不得不对公共交通系统投下赞成票。这样一来，受其选区居民需求的驱动，他可能会对全部法案投赞成票，尽管在他内心深处认为这些并不是适宜的国家政策。结果，国会发现，在许多基本问题上，它很难制定一贯的国家政策，其留出的政策空白地带，大多数总统很乐意去填补。我们相信，建国之父们应该已经预料到了这个问题，因为他们在制宪会议上面对过这个问题，当时大部分代表的立场是，本邦有可能拒绝接受这部宪法，如果没有本邦反对的危险，他们是不会放弃的。他们是否能够对语焉不详的联邦做点事情，这是另外一个问题。或许他们什么也没做。不管怎样，他们从来没有真正解决这个问题，在国会议员左右为难的到底忠于谁的问题上，他们也没有提供指导意见。

第三，我们认为，制宪会议没能妥善处理好司法审查问题。代表们承认，总要有人来解决邦际之间的争端，当法律与宪法发生冲突时，总要有人来拍板决定。他们主张决定权在法院。但在具体给予某个机构最终决定权上，很多代表仍感到困惑，最后，他们存心让这件事含糊不清。

结果，最高法院独揽了这些功能。总的来说，这是好事情。要是制宪会议解决 360
了司法审查问题，几乎可以肯定的是，它必然会限制最高法院解释宪法的权力，例如在结束种族隔离、重新分配各邦席位或明确国会和总统权力等问题上，绝不会像现在那样宽松。

最高法院的宪法解释权，使宪法得以灵活适应情况的变化。不过，可以肯定的是，代表们如果看到法院把解释权用得如此宽泛，他们一定会感到震惊。他们心底里认为，如果一定要落实最后决定权，那应该落在议会，他们认为议会代表了人民

的声音。他们肯定预料不到,如今是司法部门在处理诸如学校系统、监狱、消防部门等日常事务。

我们赞同这种做法。在我们看来,最高法院在本应由国会作决定的众多问题——如堕胎、妇女权利、色情以及其他问题上制定国家政策。总之,这么多年来,最高法院在反映民意上做得相当不错,但不能保证它会继续做得这么好。如果一个总统碰巧可以任命一些法官,他很可能给法院带来一种10年后与人民的愿望完全格格不入的社会哲学(当然,国会拥有宪法赋予的权力,可以在大部分领域夺回控制权,但在缺少广大人民赋予权力的情况下,它不可能这样做)。

最后,我们认为,我们前面已经说过,应该废除总统选举人团制度。很少有人意识到,时至今日,根据美国宪法,各邦议会可以自主决定如何产生总统选举人。
361 纵观美国早期的历史,也是各邦议会自主挑选选举人。在某些情况下,选举人甚至是邦长任命的。宪法没有禁止恢复使用这类方法,但出于政治原因,不可能那样做。这种选举制度的真正危险在其他地方,那就是,即使在两人竞选中,普选票得票较少的候选人也有可能获得选举人团选票的多数。尼尔·皮尔斯(Neal R. Peirce)对普选领先但选举人团得票第二的统计概率作过深入研究。皮尔斯说:"过去50年的经验表明,像肯尼迪和尼克松这样票数接近的选举中,选举人团选票与普选票一致的概率几乎与选举人团选票投向获胜者的概率相等。"研究认为,即使领先超过一个百分点,不受欢迎的候选人仍有四分之一的机会获胜。一些不相干的事件,如某个党派控制的区域下了场大暴雨,就能扭转几个关键州百分之一的投票,由此就产生了少数票总统。这样的情况曾经发生过,而且肯定还会发生。我们应该努力开辟一条新道路,以免陷入困境不能自拔。

我们心中仍有疑惑,这部宪法是否只是一个幸运的巧合呢?几位有影响力的历史学家也持这种观点——他们认为,制宪代表们主要是想设计出一个可以让他们中饱私囊的政府,或者他们只不过是一群精明的政客,他们想建立一个使人民安分守己的政府,但为了让选民们接受新政府,他们不得不作出妥协。

我们不同意他们的看法。首先,出席制宪会议的代表是一群功勋卓著之人。
362 他们之中,至少有4个人位列当代最伟大的人物。他们是:乔治·华盛顿,他带领东拼西凑、装备不良的队伍,战胜了世界上最强大的军队,后来担任第一届总统,成为总统的楷模；詹姆斯·麦迪逊，他是美国历史上最敏锐的政治思想家之一；亚历山大·汉密尔顿，他后来对美国经济制度的确立功不可没；本杰明·富兰克林，虽年迈体弱，却不失为当时公认的杰出人物之一。

比上述几位人物略逊一筹的是一群才华横溢、思维清晰、富有远见的人：罗杰·谢尔曼、查尔斯·平克尼、乔治·梅森、詹姆斯·威尔逊、古弗尼尔·莫里斯，或许还有其他一两位人物。在他们周围，还有十来位智力出众的人，除在制宪会议上表现出色，他们在任何场合也都出类拔萃、光芒四射：威廉·佩特森、约翰·迪金森、罗伯特·莫里斯、查尔斯·科茨沃斯·平克尼、约翰·拉特利奇、奥利弗·埃尔斯沃思、威廉·塞缪尔·约翰逊、埃德蒙·伦道夫、埃尔布里奇·格里、鲁弗斯·金，等等。制宪代表中，至少有一个十足的恶棍——威廉·布朗特，还有几位智力平平——如冈宁·贝德福德和约翰·弗朗西斯·默瑟。不过，这55位代表中，至少有20位，无论用何种标准来衡量，都是不同凡响之人。

所以，我们在今天的公众人物身上很难找出品德如此高尚之人，这一点也不奇怪。首先，他们对自由的观念深信不疑。但他们不愿把这种自由扩大到黑人身上。不过，自由这种思想对他们来说是很现实的东西，要是他们不打算进行一场翻天覆地的社会变革，他们至少要创建一个底层人民的自由得到保护的社会，在这样的社会里，底层人民，只要勤奋努力，就有上升的空间。

其次，他们抵制了政府设计者们很少能抵制的诱惑：抓住机会，创建一套任由他们掌控的制度。我们只需看一下世界上近期组建的几个政府就可以明白，这种诱惑很难抵制，经常屈从于这种诱惑。制宪会议上的许多代表，当然也期望在新政府里担任要职，他们中有不少人在旧邦联政府工作。但他们没有作出可使他们自 363
动掌权的安排，并不是所有人都能做得到这一点。

美国宪法的制定者们并非天使，他们也犯了错误：他们没有把《权利法案》写进宪法，他们没有正视司法审查这个问题，最可悲的是，他们和同时代的人一样，不把黑人当人看。

即便如此，他们也远比普通人做得出色。他们为之付出巨大心血的宪法，让美国人民世世代代永受恩泽。

附录一　邦联条例

（邦联议会1777年11月15日通过，1781年3月1日生效）

美利坚合众国各邦代表，于公元1777年11月15日美国独立之翌年，一致通过本邦联条例，永结联盟，参与结盟者，计有：新罕布什尔、马萨诸塞湾、罗得岛和普罗维登斯种植地、康涅狄格、纽约、新泽西、宾夕法尼亚、特拉华、马里兰、弗吉尼亚、北卡罗来纳、南卡罗来纳和乔治亚。

第一条　本联盟的名称为“美利坚合众国”。

第二条　各邦保留自己的主权、自由和独立、每项权力、管辖范围和权利，邦联议会召开期间通过这项结盟明确授予联邦者除外。

第三条　上述各邦就此分别加入一个牢固的、彼此友好的同盟，以增强它们的国防，保障它们的公民权利，促进它们相互和共同的福利，彼此约束，互相支援，共同对付以宗教、主权、贸易或其他任何借口对合众国或其中一邦的威胁或攻击。

第四条　为保障和维系各邦之间的友谊和交往，除乞丐、流浪者和逃亡者外，各邦自由居民有权享受其他各邦自由居民的一切特权和豁免权；各邦人民有自由进出其他任何邦之权利，享受一切贸易和通商特权，所课税金、所受限制，与所在邦居民一视同仁，不得限制财产所有者将迁入该邦之财产转移到自己所居住的邦去；任何邦不得对合众国的财产和其他邦的财产征税或加以限制。

在一邦犯有叛国罪、重罪或严重轻罪，或被指控犯有上述罪行者，若逃往其他邦，应原邦行政长官或行政部门的要求，应将其引渡到原邦。

各邦彼此之间，对其他邦法院和行政长官的档案、法案、司法程序应予充分信任和尊重。

第五条 为便于安排合众国的共同利益，各邦按本邦议会认为适当的方式，逐年派出代表，于每年11月第一个星期一举行邦联议会，各邦保留在年内召回部分代表或全部代表、委派其他代表顶替的权力。

各邦派往邦联议会的代表，不得少于2人，不得多于7人；任何人在6年中担任代表不得超过3年，任何担任代表的人，不得在合众国担任由本人领取或他人代领薪水、津贴和报酬的职务。

各邦需在邦际会议中保留代表，代表在会议工作期间，在决定联邦事务时，每邦各有一票表决权。

代表在邦联议会中的言论自由和辩论自由不受干涉，在邦联议会以外的任何地方，任何法庭不得对其进行盘问，叛国罪、重罪或妨害治安罪例外，代表在前往开会地点和返回住处途中，不受逮捕和拘禁。

第六条 未经合众国在邦联议会召开期间同意，任何邦不得派出或接受大使，不得与任何国王、君主或国家举行会议、达成协议、结成同盟、缔结条约；在合众国或任何一邦内担任受薪受托职务的人，不得接受任何国王、君主和任何外国的礼物、报酬、职务或头衔；合众国和任何一邦不得授予贵族头衔。

未经合众国在邦联议会召开期间同意，任何两邦或多邦之间不得缔约、结盟、同盟，不得具体规定这类缔约结盟的目的和持续时间。

任何邦不得征收进口税和关税，以免影响邦联议会与任何国王、君主或国家缔约之条款，不得设法与法国和西班牙朝廷缔约，影响邦联议会已向它们提出的缔约条款。

任何邦不得在和平时期保留战舰，除非邦联议会召开期间合众国认为该邦之战舰数量是保护该邦或其贸易所必需的；任何邦在和平时期不得保持任何武装部队，除非邦联议会开会期间合众国判断所保留的要塞警卫人员数量是保护该邦所必需的；但每邦应随时保留一支管理良好、遵守纪律、武器装备足够的民兵，在公共武库保存一定数量的军需、帐篷，数量适当的武器弹药，营房器材，随时听候调用。

未经合众国在邦联议会召开期间同意，任何邦不得开战，除非该邦受到敌人实际入侵，或得到情报，表明某个印第安人国家已决定侵入该邦，危险迫在眉睫，刻不容缓，来不及等待听取邦联议会召开期间合众国的决定；在邦联议会召开期间合众国决定宣战之前，任何邦不得向任何船只和战舰发布命令，不得颁发海上缉拿外国船只许可证和报复敌国的拘捕证，只能与邦联议会召开期间合众国已经与之宣战的王国、国家及其臣民作战，并遵守邦联议会召开期间制定的规则，除非该邦受到海盗大肆入侵，在此情况下，可派战舰出击，作战时间以危险依然存在为限，或作战到邦联议会召开期间合众国决定的时间。

第七条 任何邦为共同国防而招募的陆军，所有上校和上校以下军官，由招募这些军队的各邦议会任命，或按各邦所定办法任命，军官出现空缺时，由原来任命该军官的邦任命继任者。

第八条 一切战争费用，一切为建立共同国防和提供普遍福利而出现的其他费用，以及邦联议会召开期间合众国同意支出的费用，均从共同财库中支取，财库来源，由各邦按其全部土地价值分摊，包括授予和测量后分给任何个人的土地，邦联议会召开期间合众国将定期制定办法，任命人员，对土地、房屋和改良增值作出估价。各邦为缴纳自己应承担的份额，可由各邦议会制定税则、征收税金，时间应在邦联议会召开期间合众国同意的时间范围之内。

第九条 邦联议会召开期间的合众国，独享决定战争与和平的全权，第六条所述情况例外；独享派出和接受大使、缔结条约和加入盟约的全权，但所缔结的商业条约，不得限制各邦的立法权力，按向本邦居民征税的办法向外国人征收进口税和关税，不得禁止各邦出口和进口任何货物和商品，不得禁止各邦制定各种情形下的规则，不得决定陆上或水上的俘获物是否合法，不得制定规则规定陆军和海军在合众国服役时所获战利品如何瓜分或分配，不得在和平时期颁发海上缉拿外国船只许可证和对敌国的拘捕证，不得设立法庭审讯公海上的海盗罪和重罪，不得设立法庭接受和审理一切有关俘获物的最后上诉，除非上述法庭的法官中没有邦联议会任命的人。

两邦或多邦之间，因领土、管理范围和其他任何事务，目前存在或将来出现的争议和分歧，应在邦联议会开会期间由合众国对上诉作出最后决定，具体办法如下：一邦议会、行政当局或其法律代理人与另一邦发生争议时，应向邦联议会提出诉求，陈述问题所在，申请举行听证会；邦联议会应将诉求交给与之发生争议的另一邦的议会或行政当局，指定一个日期，让双方法律代理人出庭，双方代理人一致同意后，指定仲裁人或法官组成法庭，听取问题所在，并作裁决。若双方代理人无法取得一致，由邦联议会从联邦内每邦提名 3 人，双方可依次从 3 人中剔除 1 人，由提出诉求的一方先剔除，直到剩下 13 人；从这 13 人中，由邦联议会通过抽签提取不少于 7 人，不多于 9 人；由这样提取出来的人或其中任意 5 人，担任仲裁人或法官，听取争议，并作出最后裁决；裁决由听取案件者的多数意见决定。若一方玩忽，不在指定日期出席，又不提出邦联议会认为充分的缺席理由，或出庭而拒不答理，则由邦联议会从每邦提名 3 人，由邦联议会秘书代表缺席或不答理的一方剔除；按上述方法组成的法庭所作的判断和裁决，具有终审和决定性质。任何一方若拒不承认此种法庭的权威，或拒不出庭提出申诉，或不对理由作出辩护，此种法庭仍将开庭并将作出裁决，裁决具有终审和结案性质。判断、裁决和程序记录均提交邦联议会，为有关各方安全计，存入公共档案。每名仲裁人在入席开始裁决之前，须宣读誓言，由裁决举行地点的邦最高法院法官之一主持，誓词为："仔细认真听取问题所在，尽自己最佳决断能力，不偏不倚，不图报答，作出裁决。"此外，不得为合众国的利益而剥夺任何一邦的领土。

一切因两邦或多邦均认为这些土地在自己的管辖范围内、颁发了不同的地契而引起，或因这些邦颁发地契之后又对管辖范围作了调整而引起的土地私有权争端，这些地契或其中的一种声称按原有管辖范围拥有原始地契，这类争端由一方向邦联议会提出诉求，尽量按上述处理各邦之间管辖范围领土争议的方法作出最后裁决。

邦联议会召开期间的合众国拥有单独或排他的权利和权力，根据合众国得到的授权，或根据各邦的授权，规范货币的铸造和币值，在邦联内统一度量衡，规范与不属于任何邦成员的印第安人的贸易和各项事务，但不得侵犯和违反各邦在其限度以内的立法权利，建立和管理联邦全境内邦与邦之间的邮局，从合众国全境内邮件提取邮费，支付邮局的开销，任命为合众国服役的全体陆军军官，团级军官例外，任命全体海军军官，授予全体为合众国服役的军官的军衔，制定管理海军条例，指挥作战。

邦联议会召开期间的合众国，有权指定一个委员会，在邦联议会休会期间履行职责，取名“邦际委员会”，由每邦的一名代表组成；有权任命其他委员会和文职官员，按合众国的指示处理合众国的日常事务；任命其中一人主持，但在任意3年内，任何人不得主持工作超过1年；保证为合众国的服役筹集必需的款项，为公共支出拨款和提供给养；以合众国的信用筹借贷款，发行货币，每半年将贷款和发行所得向各邦呈交账目；建立和装备一支海军；协商陆军人数；按各邦白人居民人数，向各邦分配兵员名额；此项兵员分配具有约束性，由各邦议会任命团级军官，招募兵员，按士兵规格提供服装、武器、装备，让按此规格配备服装、武器、装备的军官和士兵，在邦联议会召开期间合众国协商的时间内，开拔到指定地点；但若邦联议会召开期间，合众国审时度势，认为有的邦不需要招募兵员，或招募的兵员可低于其配额，而其他邦招募的兵员需高于配额，仍应按配额招募这些超额兵员，配备军官、服装、武器、装备，除非该邦议会认为无法提供如此数量的兵员，在此情况下，由该邦议会视情况尽量招募配额规定的超额兵员，配备军官、服装、武器、装备。让按规格配备服装、武器、装备的军官和士兵，在邦联议会召开期间合众国协商的时间以内，开拔到指定地点。

除非9个邦一致同意，否则邦联议会召开期间，合众国不得从事战争，不得在和平时期颁发海上缉拿外国船只许可证和报复敌国拘捕证，不得缔约结盟，不得铸造钱币，不得管理币值，不得为合众国或其中任何一邦的防务和福利筹款拨款，不得以合众国的信用发行货币、筹借贷款，不得拨款，不得在建造和购买的战舰数目、招募的陆、海军人数方面达成协议，不得委任陆军或海军总司令；除非在邦联议会召开期间由合众国中的多数邦通过表决作出决定，除决定逐日休会外，不得对其他任何问题作出决定。

邦联议会有权在年内的任何时间开会，选择合众国内的任何地点，但休会期间不得长于6个月，并按月公布邦联议会的议事记录，但邦联议会认为需要保密的有关缔约、结盟、军事行动的部分，不在此例；各邦代表在每个问题上所投的赞成票或反对票，只要有一名代表要求，即应给予一份上述记录之复写件，以便提交各邦议会，上述保密内容除外。

第十条 邦联议会休会期间，授权邦际委员会，或任何9个邦，执行邦联议会召开期间合众国的权力，取得9个邦的同意，每隔一段时间可以考虑必需的授权；

但是，未经邦联议会召开期间合众国内9个邦的同意，不得授权上述委员会执行邦联条例规定的任何权力。

第十一条 若加拿大申请加入邦联，加入合众国之度量衡标准，应予批准，并授予合众国的一切好处；但是，除非9个邦一致批准，不得授予其他殖民地同等待遇。

第十二条 合众国成立之前，为建立目前的合众国，由邦联议会授权或由邦联议会签订合同而发行的信用券、借的贷款、欠的债务，均视为合众国债务，由合众国负责偿还，谨在此以公共信用庄严担保。

第十三条 每一个邦，对这项结盟提交给它们的所有问题，受到邦联议会召开期间合众国所作各项决定的约束。各邦应严格遵守邦联条例，不得违反，联盟将永世长存；从今以后，除非取得邦联议会同意，并在事后得到每个邦议会的确认，任何时候不得作任何更改。

我等仰承天意，得到我们各自代表的邦议会的诚心，批准和授权我们在代表大会上承认上述邦联条例和永久同盟。上帝见证：我等在下面签名之代表，根据授予我们的权力，在此聚会，谨代表各自的选民并以他们的名义，在此全权批准和确证邦联条例中的每条每款和永久同盟，以及其中所包含的所有和每项事务；我们进而以各邦选民之名义庄严盟誓，他们将受邦联议会召开期间合众国所作各项决定的约束，包括这项结盟所提交给他们的所有问题。我等所代表之各邦将绝对遵守本邦联条例之规定。本联盟将永久存在。本条例于我主1778年——美利坚独立第3年7月9日在宾夕法尼亚之费城完成。我等谨在此会议上举手为证。

附录二　美利坚合众国宪法

我们合众国人民，为建立更完善的联盟，树立正义，保障内部安宁，提供共同防务，促进公共福利，保证我们自己和子孙后代的自由和幸福，特为美利坚合众国制定本宪法。

第一条

第一款　本宪法所授予的所有立法权，均属于由参议院和众议院组成的国会。

第二款　联邦众议院由各邦人民每两年选举产生的议员组成，各邦选举人应具备选举本邦议会中人数最多之一院议员的选举人所需具备的资格。

年龄未满25岁、成为合众国公民未满7年、当选时非本邦居民者，不得担任众议员。

众议院人数和直接税税额，在加入联盟的各邦之间按人口比例分配；各邦人口总数，为自由人数之和，包括按契约服劳役一定年限的人，不算未被征税的印第安人，再加上所有其他人的五分之三。国会第一次开会后3年内实行人口清点，此后每10年普查1次，办法由国会立法制定。每3万人选出的众议员不得超过1名，但每邦至少应产生1名众议员；统计人口以前，新罕布什尔有权选出众议员3名，马萨诸塞8名，罗得岛和普罗维登斯种植地1名，康涅狄格5名，纽约6名，新泽西4名，宾夕法尼亚8名，特拉华1名，马里兰6名，弗吉尼亚10名，北卡罗来纳5名，南卡罗来纳5名，乔治亚3名。

任何邦的联邦众议员出现缺额时，由该邦行政当局下令选举，补齐缺额。

由联邦众议员选出本院议长和其他官员；众议院独享发起弹劾权。

第三款　联邦参议院由每邦两名参议员组成，由各邦议会选出，任期6年，每名参议员各有一票表决权。

参议员于第一次选举后举行会议之时，应即分成人数尽量相等的3组。第一组参议员的席位在第2年届满时空出，第二组参议员的席位在第4年届满时空出，第三组参议员席位在第6年届满时空出，以便此后每两年改选参议员总数的三分之一；若参议员因辞职或其他原因出缺发生在邦议会休会期间，由该邦行政官任命临时参议员代理，到邦议会下次开会选出新议员为止。

年龄未满30岁、成为合众国公民未满9年、当选时非本邦州居民者，不得担任参议员。

合众国副总统应为参议院议长，但没有表决权，除非赞成票和反对票票数相等。

由参议员选出本院其他官员和1名临时议长，以备副总统缺席或副总统行使总统职权。

参议院享有审理所有弹劾案的全权。因审理弹劾案而开庭时，参议员应进行宣誓或作郑重声明。合众国总统受审时，由最高法院首席大法官主持，未经出席参议员总数三分之二的同意，不得定罪。

弹劾案的判决，不得超过免职、取消担任或享受合众国荣誉职务、受托职务、受薪职务的资格；但是，对确证有罪者仍可依法起诉、审讯、判决、处罚。

第四款　选举参议员和众议员的时间、地点和办法，由各邦议会自行规定；除选举参议员地点一项外，国会可随时通过立法制定或更改此类规定。

国会每年至少开会1次，除法律另行指定日期外，应在12月的第一个星期一举行。

第五款　各院分别审查本院议员的选举过程、结果和当选资格；各院议员出席过半数构成议事的法定人数；不足法定人数时可逐日休会，各院可规定敦促议员到位的办法和处罚规则。

各院制定本院议事规则，处罚不守规则的议员，经三分之二议员同意可开除议员。

各院应有会议记录，定期公布，但各院认为需要保密的内容除外；经出席议员五分之一的人要求，应将全体议员对任何问题所投的赞成票和反对票记录在案。

国会开会期间，未经另一院同意，一院中途休会不得超过3天；不得在各院会堂以外开会。

第六款　议员领取服务报酬，由立法保障，由国库支付。议员享有以下特权：议会开会期间和往返途中，除因叛国、重罪和妨害治安外，不受逮捕；议员在议会的发言和辩论，在议会外不受盘诘。

议员不得担任任期内设立或加薪的联邦文官职务；联邦官员在任期内不得担任议员。

第七款　所有筹集岁入的提案由众议院发起，与对其他议案一样，参议院可以提出修正案或对修正案表示赞同。

众议院或参议院通过的每一议案，在成为立法之前，须呈交合众国总统；若总统同意，应签署使其成为立法；如不同意，应写出书面反对理由，连同提案一起退还给提出该案的一院，该院应将总统反对理由全文记录在案，开会再议，若三分之二议员再次通过，则将该案连同总统反对理由提交另一院以同样方式再议，若另一院三分之二议员再次通过，该案即成为法律。再议时，各院均采取点票方式决定，逐一问明每名议员赞成还是反对，各院应分别将投赞成票或反对票的议员姓名记录在案。总统收到提案后10天内（星期日除外）若不将提案退还，则视同总统已经签署，该案即成为法律，国会休会、总统无法退还提案时例外，在后一情况下，提案不能成为法律。

凡须经参议院和众议院一致通过的命令、决议或表决（有关休会问题者除外），均应呈交合众国总统，与处理提案的方法一样，受同样规则限制，经总统批准方可生效，总统不批准，须参议院和众议院复议，三分之二议员再次通过，才能生效。

第八款　国会拥有下列权力：

制定和征收税金、关税、进口税与营业税，用以偿还国债、为联邦提供共同防御与普遍福利；但在联邦范围内，关税、进口税、营业税应整齐划一；

用合众国的信用借钱；

制定对外贸易、邦际贸易、与印第安人贸易的规则；

制定联邦内的统一入籍归化条例和统一破产法；

铸造货币，管理本国货币和外国货币的币值，统一度量衡；

制定规则，处罚伪造联邦证券和货币的行为；

设立邮局，修筑邮路；

为促进科学与实用技艺的发展，保障著作家和发明家对著作和发明在限定期间内的专利权；

设立最高法院以下的各级法院；

定义和处罚公海上的海盗罪和重罪、违反国际法的犯罪行为；

宣战，颁发海上缉拿敌船许可证和报复敌国的拘捕证，制定陆战海战俘获处理条例；

招募军队，提供给养，但此项用途的拨款期限不得超过 2 年；

装备并维持一支海军；

制定陆军和海军的统辖和管理条例；

制定规则，征召民兵，执行联邦法律，镇压叛乱，击退入侵；

制定规则，组织、武装并以纪律约束民兵，统辖民兵中应召为联邦服役的部分，把任命军官和按国会制定的纪律训练民兵的权力保留给各邦；

设立一个特区，由某些邦割让、国会接受，作为联邦政府所在地(面积不超过 10 平方英里)，联邦政府在特区内行使专有的立法权；经所在邦议会同意，国会向各邦购买若干地点，修筑要塞、军火库、兵工厂、造船厂及其他必要设施，并享有对这些地点的专有立法权；

为行使上述所有权力，行使宪法授予联邦政府、授予各部门及其他官员的权力，制定必要和适当的法律。

第九款 国会不得在 1808 年以前立法禁止任何一邦现存并认为适宜承认的人口迁徙和人口输入，但对输入的人口，可征收每人不超过 10 美元的税金或关税。

根据人身保护令享有的特权，除非在发生叛乱或遭遇入侵，公共治安需要停止此项特权时，此项特权不得中止。

不得通过公民权利剥夺法案或追溯既往的法律。

不得征收人头税或其他直接税，如前所述，只能按人口普查结果向各邦摊派。

不得对任何一邦出口物品征收税金和关税。

制定贸易和征税规则，不得在各邦口岸之间厚此薄彼，不得要求从一个邦的港口始发或驶到该港停靠的船只，到另一个邦的港口始发或停靠，办理出关入关、清仓、纳税手续。

未经立法拨款，不得从国库支款；一切公款往来，应有常规说明和往来账目，并定期公布。

合众国不得授予贵族爵位；任何联邦受薪受托官员，未经国会同意，不得接受任何国王、君主、外国的任何礼物、酬金、官职、爵位。

第十款　任何一邦不得缔结条约、加入同盟或彼此结盟；不得颁发海上缉拿外国船只许可证和报复敌国拘捕证；不得铸造钱币；不得发行信用券；不得使用金银币以外的方式偿债；不得通过公民权利剥夺法案、追溯既往的法律、废止合同义务的法律；不得授予任何贵族爵位。

未经国会同意，任何一邦不得对进出口货物征收进口税或关税，为执行该邦检查法令所绝对必需的税金除外；但任何一邦对进出口货物所征的关税和进口税，其净收入应上交合众国国库，所有这类法律应由国会检查和控制。

未经国会同意，任何一邦不得征收船舶吨位税，不得在和平时期保持军队或战舰，不得与其他邦或外国缔结协定或条约，不得从事战争，除非遇到实际入侵，或危险迫在眉睫，刻不容缓。

第二条

第一款　行政权属于美利坚合众国总统。总统任期为 4 年，副总统任期与总统任期相同。总统和副总统的选举办法如下：

每邦按本邦议会所定办法产生若干选举人，人数等于该邦按宪法有资格分得的联邦参议员和众议员人数之和；但参议员、众议员或联邦政府中的受薪受托官员不得担任选举人。

选举人在本邦集会，投票选举两人，其中至少一人不是本邦居民。选举人应开列名单，列出全体得票人和每人所得票数；签名以使名单合格，密封送往联邦政府所在地，交给参议院议长。参议院议长当参议员和众议员面开启有效名单，然后点票。得选举人票最多且超过指定选举人半数者即为总统；若得票过半数者不止 1 人且票数相等，众议院立即书面投票从中选出 1 人为总统；若无人得票过半数，众议院立即投票，从得票最多的5人中选出1人为总统。但众议院选举总统时，按邦计票，每邦议员合投一票；选举总统时，需有三分之二的邦的一名或几名众议员出席，人数超过全体众议员半数，才能构成法定选举人数。在上述各种情况下，选出总统后，剩下的人中得选举票最多者为副总统。若剩下的人中仍有两人或多人得票相等，参议院按上述办法从中选出副总统。

国会决定各邦产生选举人的时间和选举人集合投票的日期，投票日期在联邦内应为同一天。

非本土出生的人，本宪法批准时不是合众国公民的人，没有资格担任总统；年龄不满35岁、在合众国境内居住不足14年者，没有资格担任总统。

若总统被罢免、死亡、辞职、丧失行使总统职权的能力，该项职务应移交给副总统；国会应立法宣布，若总统和副总统都被罢免、死亡、辞职或丧失行使职权的能力，由联邦的哪位官员代理，直到他们恢复任职能力或选出新总统为止。

总统在规定时间领取服务报酬，任期内报酬不增不减，任期内总统不得从联邦或任何一邦领取其他报酬。

总统在就职前宣读以下誓词或保证："我谨在此庄严宣誓（或保证），我将忠实履行联邦总统职责，竭尽全力，恪守、维护和捍卫合众国宪法。"

第二款 总统为合众国陆军、海军、应召正为联邦服役的各邦民兵的总司令；总统可要求各部门首长就所负责任内的事务写出书面意见；总统有权颁布缓刑和赦免反对联邦的行为，弹劾案除外。

总统咨询参议院并取得出席议员三分之二同意，有权缔结条约；总统有权提名大使、其他公使、领事、最高法院法官和宪法未作规定、将由国会立法设立的所有其他联邦官员，经参议院同意，方可任命；国会可通过立法授权总统本人、授权法院、授权部门首长分别任命他们认为适宜的下级官员。

在参议院休会期间，如遇职位出缺，总统有权任命官员填补缺额，任期到参议院下次会议结束为止。

第三款 总统定期向国会提交国情咨文，向议会推荐他认为必要和可行的措施，供其考虑；在非常时期，总统可召集两院或其中一院开会，若两院对休会时间意见不一，总统可使两院休会到他认为适当的时间；由总统接见大使和其他公使；总

统负责联邦的各项立法应得到忠实贯彻；由总统任命联邦全体军官。

第四款　合众国总统、副总统、全体文官，如因叛国、贪污、其他重罪或严重轻罪被弹劾并被确认有罪，应予罢免。

第三条

第一款　联邦的司法权属于最高法院和国会随时设立的下级法院。最高法院和下级法院法官，行为端正者得继续任职，在规定时间领取服务报酬，任职期间的报酬不减。

第二款　司法权的适用范围，延伸到宪法、联邦立法、已经缔结和将要缔结的条约引起的一切案件，包括普通法案件和衡平法案件；涉及大使、其他公使、领事的所有案件；所有海事案件；以联邦为当事人的诉讼；两邦或多邦之间的诉讼；一邦与另一邦公民之间的诉讼；不同邦公民之间的诉讼；同一邦公民因持有不同邦颁发的地契而引起的土地纠纷；一邦或其公民与外国、外国公民、外国臣民之间的诉讼。

涉及大使、其他公使和领事的案件，以一邦为当事人的案件，最高法院具有初审权。对上述所有其他案件，最高法院具有对上诉案的审理权，无论是法律还是事实方面，但国会可通过立法制定例外条例，制定审理规则。

所有犯罪，除弹劾案外，均由陪审团审判；审判应在犯罪发生的邦进行；若不止在一个邦发生，由国会决定审判地点。

第三款　对合众国的叛国罪，只限于对合众国发动战争、叛投合众国的敌人、给敌人提供援助和方便。除非在公开法庭上，有两人对同一明显事实作证，或本人认罪，不得判处任何人叛国罪。

国会有权宣布对叛国罪的处罚，但是，若剥夺公权，不得辱没血族，不得没收财产，除非被剥夺者依然在世。

第四条

第一款　各邦应充分尊重和信任其他邦的立法、档案、司法裁决。国会应立法制定通用规则，说明各邦证明上述文件和使其生效的办法。

第二款　每邦公民享有其他各邦公民所享有的一切特权和豁免权。

被任何一邦指控叛国、重罪或其他罪行者，若逃离法网，而在另一邦被缉获，应他所逃离的邦的行政当局要求，另一邦应将其交出，送交对该罪行享有司法权的邦。

在一邦按该邦法律服役者，若逃往另一邦，不得按另一邦的法律和规则解除劳役，而应按原主要求，将其送还依法享有其劳役的一方。

第三款　国会可接纳新邦加入联邦；但未经原邦议会和国会同意，任何一邦的管辖范围以内不得形成或创立新邦，两邦、多邦或其组成部分不得并为新邦。

国会有权处置属于联邦的领土和其他产权，制定必要的规则；宪法中任何条文，不得作有损于联邦或任何一邦之权利的解释。

第四款　联邦向联邦内的每一个邦保证建立一个共和形式的政府，保护任何一邦不受侵犯，应邦议会或邦行政官（邦议会无法开会时）申请，平定内乱。

第五条

国会应在两院各三分之二议员认为必要时，提出本宪法的修正案，或根据三分之二的邦议会提出申请，召开会议提出修正案；在这种情况下，修正案若得到四分之三的邦议会批准，或四分之三的邦民意大会批准，即成为本宪法的一部分而发生实际效力，采用何种批准方式可由国会提出；但是，1808 年以前，任何修正案不得以任何方式影响本宪法第一条第九款第一项和第四项；任何一邦，未经其同意，不得剥夺该邦在参议院的平等表决权。

第六条

本宪法生效前欠下的债务和承担的责任，在本宪法生效后对合众国仍然有效，其效力一如邦联时代。

宪法、为实现宪法而制定的联邦立法、根据联邦授权已经缔结和将要缔结的条约，为联邦最高法律；各邦宪法和立法若与联邦最高法律抵触，各邦法官应受最高法律约束。

上述参议员和众议员、各邦议会议员、联邦和各邦的全体行政官员和司法官员，均应受拥护本宪法的誓言或保证的约束；但不得以宗教信仰作为担任合众国任何官职或公职的资格要求。

第七条

9 个邦的民意代表大会批准，即构成足够数目，在批准的各邦之间生效。

本宪法于美利坚合众国独立后第 12 年，我主第 1787 年 9 月 17 日，经出席制宪会议各邦一致同意后完成。我们谨在此签名作证。

会议主席、弗吉尼亚代表:乔治·华盛顿

新罕布什尔代表:约翰·兰登　尼古拉斯·吉尔曼

马萨诸塞代表:纳撒尼尔·戈勒姆　鲁弗斯·金

康涅狄格代表:威廉·塞缪尔·约翰逊　罗杰·谢尔曼

纽约代表:亚历山大·汉密尔顿

新泽西代表:威廉·利文斯顿　戴维·布里尔利　威廉·佩特森　乔纳森·戴顿

宾夕法尼亚代表:本杰明·富兰克林　托马斯·米夫林　罗伯特·莫里斯　乔治·克莱默　托马斯·菲茨西蒙斯　贾雷德·英格索尔　詹姆斯·威尔逊　古弗尼尔·莫里斯

特拉华代表:乔治·里德　小冈宁·贝德福德　约翰·迪金森　理查德·巴塞特　雅各布·布鲁姆

马里兰代表:詹姆斯·麦克亨利　圣托马斯·詹尼弗的丹尼尔　丹尼尔·卡罗尔

弗吉尼亚代表:约翰·布莱尔　小詹姆斯·麦迪逊

北卡罗来纳代表:威廉·布朗特　理查德·多布斯·斯佩特　休·威廉森

南卡罗来纳代表:约翰·拉特利奇　查尔斯·科茨沃思·平克尼　查尔斯·平克尼　皮尔斯·巴特勒

乔治亚代表:威廉·费尤　亚伯拉罕·鲍德温

引文出处

（此处的页码为原著页码，即本书边码——译者注）

本书主要依据麦迪逊的《1787年联邦制宪会议辩论记录》。该记录有多个版本，其中最全的版本是马克斯·法兰德（Max Farrand）的记录汇编，该汇编于1911年问世，名为《1787年联邦制宪会议记录汇编》（以下简称《汇编》——译者注），1937年增补并再版。在大多数情况下，我们的引文来自艾德丽安·科赫（Adrienne Koch）的合订本。我们经常参考的另一部作品是查尔斯·沃伦（Charles Warren）的《宪法的制定》。

我们还参考了大量书籍和文章，有学术性的，也有通俗性的，这些都列在参考文献里。下面的引文只提供引用来源。本书虽然没有引用法兰德《汇编》中麦迪逊的"会议记录"和乔治亚代表威廉·皮尔斯的"会议记录"，但我们会标明发言的日期，这样他们的发言就容易找到。

我们按章列出了主要来源。后面的参考文献里有文献引文缩略语的全文。参考文献只是部分主要文献，许多一般性的或我们从中引用一些事实性、描述性资料的作品没有列入其中：比如，《美国传记辞典》、《美国统计历史》、康马杰的《美国历史文献选萃》。

一、危殆之国

这一章的内容大部分来自戈登·伍德的著作《美利坚共和国的诞生》，美林·

詹森(Merrill Jensen)的《一个新国家》,詹姆斯·弗格森(James Ferguson)的《1781年至1783年的国家主义者》,爱德蒙·科迪·伯内特(Edmund Cody Burnett)的《大陆议会》,以及杰克逊·特纳·梅因(Jackson Turner Main)的《主权国家》。部分内容参考塞缪尔·弗拉格·比米斯(Samuel Flagg Bemis)的《阿尔及利亚海盗》,大卫·萨特马里(David Szatmary)的《谢斯起义》,彼得·欧努夫(Peter Onuf)的《西部土地》,弗雷德里克·马克斯(Frederick Marks)的《外交关系》,以及《詹姆斯·麦迪逊作品集》中的《弊端》一文。

第3页　“以避免成为人类编年史上遭人唾弃的人物”:沃伦,《宪法的制定》,第34页。

第3页　“我们将成为地球上最让人看不起的国家之一”:伯内特,《信件》第8卷,第333页。

第3页　“如何加强和完善邦联职能”:沃伦,《宪法的制定》,第14页。

第3页　“当前的这些突发性事件”:同上,第15—16页。

第4页　“将向全世界展示”:伍德,《美利坚共和国的诞生》,第118页。

第7页　“这些美利坚人受到了印第安人热情友好的接待”:阿布雷斯,《西部土地》,第267页。

第8页　“如果我们与西班牙之间的争端无法解决”:伯内特,《信件》第8卷,第458页。

第9页　“签订对美利坚各邦均具有约束力的条约”:洛德·谢菲尔德,引自马克斯的《独立的审判》,第55页。

第10页　“流血事件只在顷刻”:伯内特,《信件》第8卷,第318页。

第11页　“《邦联条例》”:欧努夫,《联邦共和的起源》,第179页。

第11页　“南北方间的利益分歧”:鲍恩,《奇迹》,第92页。

第11页　“举止有别”:法兰德,《汇编》第3卷,第270页。

第12页　“战争期间最令人沮丧的一年”:弗格森,《1781年至1783年的国家主义者》,第241页。

第13页　“150 000英镑”:萨特马里,《谢斯起义》,第241页。

二、1787 年的美利坚

本章内容来源广泛，最主要的文献来源有拉夫·布朗的《美国人印象》；杰克逊·特纳·梅因的《美国革命的社会结构》和《主权国家》；莱斯特·卡彭的《美国早期历史》；爱丽斯·汉森·琼斯的《国家财富》；爱德温·J.帕金斯的《美国殖民地时期的经济》；美林·詹森的《一个新国家》；柯蒂斯·内托斯的《国家经济的出现》；美国人口统计局编写的《美国统计史》。我们还摘录了亨利·亚当斯关于杰斐逊和麦迪逊政府的巨著，其中已出版的一卷是《1800 年的美国》。马克·兰德和詹姆斯·K.马丁所著的《美国的饮酒历史》，罗素·奈的《新国家的文化生活》也在本章有所引用。

第 24—25 页　“几近人类的生理极限”：帕金斯，《美国殖民地时期的经济》，第 146—147 页。其他数据来自罗伯特·威尔斯的《人口》，第 268—269 页。

第 27 页　帕金斯，《美国殖民地时期的经济》，第 146、148 页；猪肉消费，萨特马里，《谢斯起义》，第 2 页。

第 27 页　“英国旅行者”：引自亨利·亚当斯的《1800 年的美国》，第 30—32 页。

第 28 页　马克·兰德和詹姆斯·K.马丁，《美国的饮酒历史》，第 14 页。

第 29 页　“物质生活水准”：帕金斯，《美国殖民地时期的经济》，第 145 页。

第 30 页　罗素·布莱恩·奈，《新国家的文化生活》，第 43 页。

三、詹姆斯·麦迪逊的想法

欧文·布兰特所写的关于麦迪逊的作品长达 6 卷，虽然有过份推崇之嫌，但是不失为一部优秀的传记作品。我们在文中引用的是《麦迪逊作品集》的第 9 卷和第 10 卷，以及罗伯特·拉特兰的《詹姆斯·麦迪逊和建国调查》。道格拉斯·埃德尔的两篇文章《政治可以归纳为一种科学》和《第十次联邦党人回顾》；兰斯·班宁的《詹姆斯·麦迪逊和国家主义者，1780—1783 年》；爱德华·麦克纳尔·伯恩斯的《詹姆斯·麦迪逊：宪法哲人》，该书展示了麦迪逊的态度和才华。

第 33 页　“对制宪会议的结果极其失望”:《麦迪逊作品集》的第 10 卷,第 205 页。

第 34 页　“还没有半块肥皂大”:鲍恩,《奇迹》,第 13 页。

第 35 页　见布兰特,《麦迪逊》第 1 卷,第 106—107 页。

第 36 页　帽子逸事:理查德·莫里斯,《七位建国之父》,第 208 页。

第 36 页　“气质阴郁、呆板僵硬”:布兰特,《麦迪逊》第 2 卷,第 33 页。

第 36 页　皮尔斯的简述印有不同版本,我们引用的是查尔斯·C.坦西尔编辑的《美国建国的重要文件》。

第 36 页　有关麦迪逊的罗曼史,见布兰特,《麦迪逊》第 2 卷,第 283—287 页,第 3 卷,第 401—429 页。

第 37 页　“伤害他的感情”:布兰特,《麦迪逊》第 2 卷,第 17 页。

第 37 页　“几个小时”:门罗,《多莉·麦迪逊》,第 192—195 页。

第 38 页　兰斯·班宁,《詹姆斯·麦迪逊和国家主义者,1780—1783 年》。

第 39 页　麦迪逊的《弊端》一文,全文见《麦迪逊作品集》第 10 卷,第 345—358 页。

四、不一样的乔治·华盛顿

这一章中继续引用了欧文·布兰特的麦迪逊传记。必不可少的,还有道格拉斯·索撒尔·弗里曼的《华盛顿传》。詹姆斯·托马斯·弗莱克斯纳所写的华盛顿传记虽然短小,但是写得更为有趣。而马库斯·坎利夫的《乔治·华盛顿:不朽的丰碑》,是华盛顿传记作品中最好的一部。文中,还引用了理查德·H.科恩的《雄鹰与利剑》中关于纽堡阴谋的内容。道格拉斯·埃德尔的《声名与建国之父》,书中描写了许多制宪会议的代表,其中最多的还是关于华盛顿的内容。

第 41—42 页　“促成宪法起草的关键步骤”:布兰特,《麦迪逊》第 2 卷,第 376 页。

第 42 页　“虽然召开这样一次会议是我的心愿”:米歇尔,《宪法档案》,第 17 页。

第 43 页 “亚伯拉罕·克拉克”:米歇尔,《汉密尔顿》,第 143 页。

第 44 页 “英雄都免不了成为令人厌烦的人物”:爱默生,《代表人物:伟人的作用》。

第 45 页 “华盛顿事务繁多”:弗莱克斯纳,《华盛顿传》第 1 卷,第 236—237 页。

第 46 页 “熟悉的面孔”:弗莱克斯纳,《华盛顿传》第 2 卷,第 507 页。

第 46 页 “突然”:同上。

第 46 页 “他的请求自然真挚”:约西亚·昆西,《塞缪尔·肖少校的日记》,第 104 页。

第 47 页 “学会如何区别”:理查德·莫里斯,《七位建国之父》,第 50 页。

第 47 页 “没有单独一起吃过晚饭”:坎利夫,《华盛顿》,第 106 页。

第 52 页 “没有在上级面前摆正自己的位置”:弗里曼,《华盛顿传》第 2 卷,第 378 页。

第 52 页 “由我们了解并热爱的人来领导”:弗莱克斯纳,《华盛顿传》第 1 卷,第 222—223 页。

第 53 页 “只有总司令不在的时候”:同上,第 2 卷,第 412—413 页。

第 54 页 富兰克林在其自传中列出需要培养的第 13 项优点,谦逊:如耶稣和苏格拉底一般。

第 54 页 道格拉斯·埃德尔,《声名与建国之父》。

第 54 页 “自我主义向公众服务的光荣变身”:埃德尔,《声名与建国之父》,第 36 页。

第 55 页 “同胞们的信任和热爱”:弗莱克斯纳,《华盛顿传》第 1 卷,第 176 页。

第 55 页 “举止高贵,让人感觉难以亲近”:弗莱克斯纳,《华盛顿传》第 2 卷,第 541 页。

第 56 页 “看到一幅奇异的情景”:弗莱克斯纳,《华盛顿传》第 2 卷,第 443 页。

五、麦迪逊设计政府蓝图

有关 1787 年费城的描述，参考了约翰·F.沃森的《费城和宾夕法尼亚编年史》；埃利斯·帕特森·欧伯霍特的《费城历史和费城人民》；由威廉和朱莉亚·卡尔特编辑的《玛拿西·卡尔特日志》。埃德尔和伯恩斯的作品；麦迪逊的《弊端》一文；麦迪逊写给杰斐逊和华盛顿的信件；还有《联邦论》第 51 篇、第 55 篇。

第 59 页 “如果华盛顿推迟出席会议”：沃伦，《宪法的制定》，第 66—67 页。

第 60 页 “美利坚未来的政治格局”：沃伦，《宪法的制定》，第 92—93 页。

第 61 页 “一大片房子”：卡尔特，《卡尔特》第 1 卷，第 253 页。

第 62 页 “你就会听到各种污言秽语”：同上，第 263 页。

第 63 页 麦迪逊的《弊端》一文，见《麦迪逊作品集》第 9 卷，第 345—358 页。本章内容引自第 346 页。

第 64 页 《联邦论》第 51 篇、第 55 篇。

第 64 页 “人们总是为某些卑鄙自私的想法主宰”：《联邦论》第 55 篇。

第 65 页 麦迪逊的引文来自伯恩斯的《麦迪逊传》，第 37 页。

第 69 页 “将各邦合并成立统一的共和国”：《麦迪逊作品集》第 9 卷，第 383 页。

第 72 页 贝律恩，《小册子》，第 38—39 页。

六、亚历山大·汉密尔顿和英国模式

在关于亚历山大·汉密尔顿的讨论中，我们引用了罗德斯·米歇尔和詹姆斯·托马斯·弗莱克斯纳撰写的汉密尔顿的传记，以及杰拉尔德·斯托莎关于汉密尔顿的政治思想分析。引用内容还包括哈罗德·赛雷特编辑的《汉密尔顿作品集》。有关混合型政府和美国替代模式的内容，来自戈登·伍德的《美利坚共和国的诞生》。建国伟人的思想部分，引自道格拉斯·埃德尔的《我们必须以经验为指导》。

麦迪逊《制宪会议记录》中引用的内容，来自艾德丽安·科赫编辑的版本，可以按照日期来查找大会每日讨论的内容。雅茨的《制宪会议讨论笔记》则来自法兰德的《汇编》和坦西尔的《档案》。

第 77 页 “极端观点”：米歇尔，《汉密尔顿传》，第 149 页。

第 79 页 华盛顿和汉密尔顿的趣闻，见弗莱克斯纳的《汉密尔顿传》，第 331—332 页。

第 80 页 “再好不过的表现机会”：同上，第 335 页。

第 81 页 “尽管汉密尔顿能力出众”：科赫，《权利与道德》，第 66 页。

第 81 页 “你知道我对人类的看法”：弗莱克斯纳，《汉密尔顿传》，第 27 页。

第 81 页 “超出了大多数与会代表的认知”：麦迪逊，《制宪会议记录》，6 月 18 日。

第 81 页 “如何运用古代制度的得失”：埃德尔，《我们必须以经验为指导》，第 398 页。

第 86 页 “这也许是汉密尔顿最重要的演讲”：赛雷特，《汉密尔顿作品集》第 4 卷，第 178 页。

第 86 页 “可能是他政治生涯中最伟大的演说”：斯托莎，《汉密尔顿》，第 49 页。

第 86 页 “众人皆赞”：雅茨，《制宪会议讨论笔记》，6 月 21 日。

七、查尔斯·平克尼之谜

关于“平克尼方案”的复原工作，大部分是在 20 世纪之初，由 J.富兰克林·詹姆森和安德鲁·麦克劳林完成的。后来，西德尼·乌尔姆也对此进行了研究，他的结论虽然略显夸张，但是大体上还是正确的。没有人撰写过查尔斯·平克尼的传记。恢复原样的“平克尼方案”见法兰德的《汇编》。

第 88 页 “寄生虫和剽窃者”：布兰特，《麦迪逊》第 3 卷，第 28 页。

第 89 页 厄尔默关于平克尼的评论，见厄尔默的《麦迪逊和平克尼方案》，第 419 页；斯巴克斯的评论，同上，第 422 页。

第 89 页 “内容基本上相同”：厄尔默，《麦迪逊和平克尼方案》，第 423 页。

第 90 页　麦克劳林，《平克尼方案概要》，第 741 页；“麦迪逊完全丧失了客观公正的立场”：厄尔默，《麦迪逊和平克尼方案》，第 245 页。

第 91 页　麦迪逊与雅茨关于制宪会议记录的内容比较，见阿诺德 · A.罗高的《联邦会议：麦迪逊和雅茨》。

第 92 页　“团队精神”：雅茨，《笔记》，6 月 21 日。

第 92 页　《美国传记辞典》中关于平克尼的文章，作者是 J.哈罗德 · 伊斯特比。

第 93 页　辛格，《南卡罗来纳》，第 83 页。

第 94 页　“国会内部”：《麦迪逊作品集》第 9 卷，第 56 页。

第 94 页　关于华盛顿和麦迪逊：《麦迪逊作品集》第 10 卷，第 204—205 页。

第 95 页　平克尼于 5 月 29 日向大会提交方案：厄尔默，《麦迪逊和平克尼方案》，第 416—417 页。

第 95 页　冯 · 多伦，《伟大的预演》，第 97 页；沃伦，《宪法的制定》，第 239 页。

第 96 页　“从未听闻”：杰瑞德 · 斯巴克斯引用的内容，见法兰德的《汇编》第 3 卷，第 479 页。

第 96 页　“雅茨的记录错误连篇”：罗高，《联邦会议：麦迪逊和雅茨》，第 324 页。

第 98 页　“这些讨论”：沃伦，《宪法的制定》，第 239 页。

第 100 页　“自平克尼发表演讲的那一刻起”：同上，第 240 页。

八、代表、规矩和规则：大会开幕

同上所述，麦迪逊《制宪会议记录》中引用的内容，来自艾德丽安 · 科赫编辑的版本。雅茨和皮尔斯的记录，见法兰德的《汇编》和坦西尔的《档案》。

第 104 页　“最多还能组成两队”：罗西特，《1787》，第 150 页。

第 105 页　“长相英俊，雄心勃勃”：欧内斯特，《金》，第 37 页。

第 105 页　“无与伦比”：《美国传记辞典》。

第 105 页　“脾气随和”：皮尔斯，《记录》。

第 105 页　“举止迷人”:《美国传记辞典》。

第 108 页　“显然”:霍尔库姆,《华盛顿卷》,第 322 页。

第 109 页　“总之”:同上,第 326—327、332—333 页。

第 109 页　麦迪逊的回忆内容,来自其《制宪会议记录》前言。

第 110 页　麦迪逊和雅茨记录的对比,见罗高的《联邦会议:麦迪逊和雅茨》。

第 112 页　“我对大邦持有戒心”:沃伦,《宪法的制定》,第 210—211 页。

第 112 页　“他们已经懒于应付”:罗西特,《1787》,第 166 页。

第 114 页　“富兰克林指着双头蛇”:卡尔特,《卡尔特》第 1 卷:第 268—269 页。

第 115 页　皮尔斯的秘事:沃伦,《宪法的制定》,第 139 页。

九、罗杰·谢尔曼和妥协的艺术

本章内容主要来自法兰德的《妥协的艺术》和克里斯托弗·科利尔的《罗杰·谢尔曼传》。曾经有人试图弄清各邦代表团投票的次数,以此来进行数据分析。本书作者并不觉得这些数据可信。

第 128 页　关于引用的亚当斯、亨利和杰克逊的言论,来自科利尔,《罗杰·谢尔曼传》,第 94、193、316、229 页。

第 131 页　“谢尔曼的样子”:同上,第 129 页。

第 131 页　“他说服起别人来很少失败”:同上,第 64 页。

第 132 页　“表决应以两种方式进行”:同上,第 262 页。

十、威廉·佩特森发起一场斗争

本章主要内容来自约翰·奥康纳所著的《威廉·佩特森传》。

第 136 页　“共和政府的第一条准则和职责就是遵守法律”:奥康纳,第 234 页。

第 137 页　“我对不检点的人甚为反感”:同上,第 24 页。

第 137 页　“富人为奢华所困扰”:同上,第 59 页。

第 137 页　“佩特森对威士忌叛乱的审判”:同上,第 249 页。

第137页　“佩特森在新泽西非常受人爱戴”：同上，第181页。

第138页　“他的进步裨益于他的天性”：皮尔斯，《记录》。

第139页　“充满男子气概”：奥康纳，第16页。

第140页　“佩特森和他的（新泽西）同伴们作出独立的决定”：同上，第68—69页。

第140页　佩特森因利益的原因没有参加大陆会议一事，见理查德·哈斯科特的《威廉·佩特森》。

第141页　“在现在这样混乱的战时状态之下”：奥康纳，第93页。

第141页　伍德，《美利坚共和国的诞生》，第171—175页。

第145页　“几近于大多数代表来之前所设想”：法兰德，《汇编》，第89页。

十一、争斗加剧

古弗尼尔·莫里斯的主要传记有两本，麦克斯·明茨以制宪会议为重点展开，描述了古弗尼尔的政治生涯和他的余生；霍华德·史威格特所写的流传更广，而且也更为真实可靠，书中描述的古弗尼尔的趣事时常让人忍俊不禁。

第148页　“古弗尼尔辜负过别人的信任”：科利尔，《罗杰·谢尔曼传》，第120页。

第150页　“为什么，华盛顿回答”：法兰德，《汇编》第3卷，第359页。

十二、路德·马丁和错失的机会

目前没有写得很好的路德·马丁传记，克拉克森和杰特的著作中，有部分关于其法律生涯的描写。马丁的《感激》可以称为他的自传，这本书很好地诠释了马丁的性格特点。菲利普·克劳尔的《革命时期的马里兰》讲述了当时选举代表的政治背景。

第157页　“他的衣服总是”：克拉克森和杰特，《马丁》，第204页。

第157页　“中等个头”：同上，第279页。

第 158 页　“意图阻挠和坚决反对的决心”:法兰德,《如果詹姆斯·麦迪逊是个有幽默感的人》,第 138 页。同样在这篇文章中,法兰德推断马丁在制宪会议期间经常酗酒。

第 158 页　“是蔡斯任命的官员之一”:克劳尔,《革命时期的马里兰》,第 120 页。

第 160 页　“补充流汗损失的体力”:克拉克森和杰特,《马丁》,第 196 页。

第 161 页　“可以持续两个月”:《地主十世》,福特编辑的《散文选》,第 183 页。

十三、最紧张最危险最激动人心的时刻

肯尼斯·科尔曼曾写过一本书,描述独立战争时期乔治亚的情况。除了亨利·怀特 1927 年出版的《亚伯拉罕·鲍德温》之外,没有更加完整全面的关于鲍德温的传记。

第 167 页　贝特福德的过激言论:雅茨,《笔记》,6 月 30 日。

第 168 页　“华盛顿……感到非常沮丧”:杰拉德·斯巴克斯引自沃伦,《宪法的制定》,第 284 页。

第 174 页　“组建政府难道如此困难”:同上,第 269 页。

第 177 页　“北卡罗来纳要获得一票该有多难”:法兰德,《汇编》第 3 卷,第 269 页。

第 178 页　“我们建立一个标准”:沃伦,《宪法的制定》,第 106 页。

第 179 页　“最紧张最危险”:斯巴克斯,《生活和写作》第 2 卷,第 228 页。

十四、一个新的联盟

论述奴隶制与宪法的关系的学术文献有很多。大卫·B. 戴维斯(David B. Davis)的著作为其他学者写文章提供了背景资料。我们依靠后面列出的乔丹和罗宾逊的书以及并非专门研究 18 世纪后期的许多其他学者的文章。斯坦利·埃尔金斯(Stenley Elkins)和埃里克·麦克吉特利克(Eric McKitrik)的《革命青年》一文,

为我们讨论奥利弗·埃尔斯沃思提供资料，因为它还提到了年纪相仿的其他代表。马文·扎尼泽(Marvin Zahniser)为查尔斯·科茨沃思·平克尼写了一部很好的传记，理查德·巴里(Richard Barry)为拉特利奇写了一部极差的传记。对威廉·塞缪尔·约翰逊的一生作细致描述的，近有伊丽莎白·麦考伊(Elizabeth McCaghey)，前有乔治·克罗齐。埃尔斯沃思的权威传记依然是W.G. 布朗(W.G. Brown)撰写的。杰伊·西格勒(Jay Sigler)那篇关于五分之三条款的文章特别有助益。

第185页 数据来自琼斯的《财富》，第51—54页，卡彭的《美国早期历史集》，第67页。

第186页 “通往西部之路”：乔丹，《白人在黑人之上》，第318页。

第187页 “不是一位出色的律师”：DAB。

第188页 富兰克林对黑人的评论出自林德(Lynd)，《建国之父们和奴隶制》，第129—130页。

第193页 埃尔斯沃思“个子高大、仪表堂堂”：DAB；家里到处是鼻烟：史密斯，《威尔逊》，第177页；埃尔斯沃思“缺乏想象力”，投票支持谢尔曼：里特瑞(Littieri)，《埃尔斯沃思》，第37、43页；把谢尔曼当作榜样：布朗，《埃尔斯沃思》，第37—38页。

第194页 “英国的至高无上地位”：麦考伊，《约翰逊》，第170页；“陷入派系争斗”：本顿(Benton)，《辉格党的忠诚》，第160页。

第194页 “我必须安宁地生活”，克罗齐，《约翰逊》，第94页。

第194页 “近乎完美”，同上，第8页。

第197页 “管理者的身份在他身上显露无遗”：巴里，《拉特利奇》，第324页；“不在乎”：同上，第14页。

第197页 亚当斯评拉特利奇：同上，第159页。

第198页 “他打心底里赞成的宪法”：沃伦，《宪法的制定》，第584页。

十五、西部地区

关于西部地区的问题，我们主要靠梅瑞尔·詹森(Merrill Jensen)和T. P. 阿伯内西(T. P. Abernethy)的著作,以及J. P. 博伊德(J. P. Boyd)在其编辑的《托马斯·杰斐逊文集》有关章节中的论述。我们采纳了斯托顿·林德(Staughton Lynd)的许多观点,虽然他关于西部土地对奴隶制的关系的论文至今仍有争议,还采纳了联邦议会和制宪会议上的辩论。卡特勒的日记对探讨这个问题很有帮助。弗雷德里克·马克斯(Frederick Marks)和S. F. 比米斯(S. F. Bemis)在杰伊-加多克(Jay-Gardoque)密西西比谈判中表现出色。威廉·马斯特森(William Masterson)给布朗特撰写的传记很全面。

第207页　西南领地的人口数据来自《美国统计历史》(1976年),第1168、35页。

第210页　“促使人口东移”:伯内特(Burnett),《代表们的书信》第8卷,第425页。

第213页　“雇一位你想用的人”:马斯特森,《布朗特》,第62页;“10万多英亩土地”:同上,第141页;“在政界做生意的商人”:同上,第349页。

第213页　“利用任何名字”:同上,第90—91页。

第215页　林德对五分之三条款的评论:《阶级冲突》,第185页。

第218页　“因为这个法令”:卡特勒,《卡特勒》第1卷,第305页。

第219页　“最终取决于各种不同的条件”:伯内特,《代表们的书信》第8卷,第619页。

第220页　“对奴隶的处罚”:林德,《阶段冲突》,第185页。

第220页　“第一个也是最后一个”:同上,第185页。

第240页　“使人分心的问题”:同上,第189页。

十六、另一种权衡

本章的引文出处与第十五章基本相同。

第227页　“大会没能”:罗宾逊,《美国政治结构中的奴隶制度》,第217页。

第227页　“报告是南方人处心积虑和厚颜无耻的集中体现”:同上,第218页。

第233—234页　“带有肯定意味的否定”:戴维斯,《奴隶制问题》,第126页。

汉密尔顿在《联邦论》第32篇中用了这一术语。

第240页 “使人分心的问题”:林德,《阶段冲突》,第189页。

十七、平衡的艺术

约翰·里尔顿为埃德蒙·伦道夫写了一部出色的传记。爱德华·考文在《宪法,今天意味着什么》里探讨“必要和适当的”条款。

第244页 “男人总是喜欢权力”:雅茨,《笔记》,6月18日。

第244页 “一分为二的”:贝林,《小册子》,第39页。

第248页 麦迪逊对小邦的看法。1836年3月的信,见法兰德,《汇编》第3卷,第538页。

第250页 “我是一名革命小将”:里尔顿,《伦道夫》,第141页。加粗字体。

第251页 伦道夫对宪法含糊其辞:同上,第119页。

第255页 汉密尔顿对“必要”条款看法:《联邦论》第33篇及其《论银行合宪性的意见》。

第256页 “第二维度”:考文,《宪法,今天意味着什么》,第38页。另见第122—124页。

十八、治疗共和病

麦迪逊未能在否定各邦立法上取得成功,查尔斯·霍布森对此作了论述。研究司法审查的文献数量相当多。艾伦·F. 威斯汀(Alan F. Westin)在引介比尔德的《最高法院和宪法》一书时就司法审查权的争论作了简要概述,但要想作深入调查,还需查阅A. T. 梅森(A. T. Mason)和D. G. 斯蒂芬森(D. G. Stephenson)编写的参考书《美国宪法的发展》中“司法审查”一章列出的88条,尤其要看爱德华·考文的《司法审查原则》。要了解联邦议会根据宪法条文采取的司法活动,请参阅亨利·布吉尼翁(Henry Bourguignon)撰写的《第一联邦法院》。

第259页 “罪恶源于”:麦迪逊,《文集》第10卷,第212页。

第 261 页　“在提交大会讨论的改革事项中”：霍布森，《否定各邦立法》，第 218 页。

第 261 页　“我们必须理解……有多严重”：沃伦，《宪法的制定》，第 165 页。

第 269 页　“如果这段话录入”：凯利和哈比森，《美国宪法》，第 133 页。该书最新版由赫尔曼·贝尔茨（Herman Belz）重新编写，只剩最后一句，第 104 页。

第 271 页　法官休斯在其《自传体随笔》里作的评论，第 143 页。

十九、詹姆斯·威尔逊，民主国家主义者

戈登·伍德的《美利坚共和国的诞生》对于理解三权分立以及新的社会契约论特别有用。另请参阅后面参考文献中所列的乔治·凯里（George Carey）的文章。我们对律师的评论引自劳伦斯·弗里德曼的《美国法律史》。还有查尔斯·史密斯和杰弗里·锡德撰写的詹姆斯·威尔逊的传记，以及威尔逊的编辑罗伯特·麦克洛斯基（Robert G. McCloskey）提出的精彩绝伦的评论。安德鲁·麦克劳克林（Andrew C. McLaughlin）也写过一篇关于威尔逊的文章。

第 275 页　“只不过是执行委员会主席而已”：伍德，《美利坚共和国的诞生》，第 138 页。

第 276 页　“美国宪政原则中”：同上，第 151 页。

第 276 页　《论法的精神》中的这段引文出自大卫·华莱士·卡里瑟斯（David Wallace Carrithers）编辑的该书第一部英文版的重印本，第 10 卷，第 6 章，第 202 页。

第 278 页　“被公认为”：麦克洛斯基，《威尔逊作品》，第 37 页。

第 279 页　华盛顿评威尔逊：史密斯，《威尔逊》，第 265 页。

第 280 页　“使爱丁堡”：同上，第 5 页。

第 281 页　里德的引文出处同上，第 321 页。

第 282 页　“拘谨含蓄”：同上，第 100 页。

第 282 页　史密斯论律师：同上，第 317 页。

第 282—283 页　弗里德曼论律师：《美国法律史》，第 81—83 页。

第 283 页　31 位代表是律师：同上，第 88 页。

第285页 “联邦议会的权力”：威尔逊引用自伍德，《美利坚共和国的诞生》，第539页。

第286页 “对联邦派来说”：同上，第546页。

第288页 “他像完全变了个人”：史密斯，《威尔逊》，第386页。

二十、华盛顿的影响

我们用到了查尔斯·撒奇（Charles C. Thach）和爱德华·考文关于总统设置的论述。尼尔·皮尔斯关于总统选举团的书，对现代总统选举过程中的缺陷进行了分析。

第290页 “我仍不敢贸然”：麦迪逊，《文集》第9卷，第385页。

第290—291页 “最令人头疼的事情”：皮尔斯，《人民的总统》，第31页。

第302页 “几乎都是各邦最能干之人”：沃伦，《宪法的制定》，第621页。

二十一、埃尔布里奇·格里反对组建军队

乔治·比利亚斯撰写的那部出色的传记，为我们分析格里的性格提供了材料。理查德·科恩和雷金纳德·斯图尔特为我们探讨军事事务提供了资料。

第313页 “美国从建国之初”：科恩，《鹰与剑》，第288页。

第314页 “联邦政府无能”：伯内特，《代表们的书信》第8卷，第517页。

第315页 “革命年代的人”：斯图尔特，《美国战争思想》，第62页。

第316页 “他们想来就来”：同上，第9页。

第317页 三分之一的代表曾做过大陆军军官：同上，第77页。

第318页 “精神分裂症患者”：莫里森，《埃尔布里奇·格里，绅士—民主主义者》。

第319页 “他是一个胆小、有点神经质的人”：比利亚斯，《格里》，第7页。

第320页 “一个无与伦比的人”：同上，第70页。

第320页 “他极度怀疑”；“共同的利益”：同上，第21页。

第 323 页　华盛顿的轶事出自保罗·威斯塔克(Paul Wilstach)的《爱国者走下神坛》,收录在沃伦的《宪法的制定》中,第 483 页。

第 324 页　格里对常备军的评论见莫里斯,《牛津历史》,第 308—309 页。

第 326 页　“英俊潇洒,和蔼可亲”:罗斯特(Rossiter),《盛大会议》,第 82 页。

二十二、乔治·梅森和公民权利

研究乔治·梅森和权利法案的罗伯特·拉特兰对本章非常有帮助。海伦·米勒和凯特·罗兰(Kate M. Rowland)为梅森撰写的传记也很有帮助。塞西莉亚·凯尼恩关于反联邦主义者的文章《靠不住的人》为本章提供了资料,但我们认为,和他们的对手相比,联邦主义者对人的本性或人为制度要更有信心一点。戈登·伍德在《美利坚共和国的诞生》一书中对“人民的根本权力”所作的分析,对我们的研究贡献良多。

第 333 页　山姆·亚当斯的话:拉特兰,《权利法案的诞生》,第 35 页。

第 334 页　“对他的能力十分尊敬”:同上,第 42 页。

第 334 页　“他很节制”:米勒,《梅森》,第 43 页。

第 335 页　“他首先是”:拉特兰,《梅森》,第 14 页。

第 335 页　“说不清”:米勒,《梅森》,第 235 页。

第 339 页　“此类法案通常”:扎尼泽,《平克尼》,第 99 页。

第 339 页　汉密尔顿论权利法案,出自《联邦论》,第 84 页。

第 342 页　“撇开任何事情不谈”:范·多伦(Van Doren),《大预演》,第 216 页。

第 342 页　引文出自凯尼恩的文章,第 37—38 页。

第 347 页　“一个疲弱的邦”:范·多伦,《大预演》,第 193 页。

第 348 页　“主席先生,我是个普通人”:鲍恩,《民主的奇迹》,第 287 页。

二十三、“最美妙的杰作”

第 361 页　“过去 50 年的经验表明”:皮尔斯,《人民的总统》,第 31 页。

主要参考文献

1. Abernerthy，Thomas Pekins. *Western Lands and the American Revolution*. New York：Russell and Russell，1959(1937).

2. Adair，Douglass G. "Experience Must Be Our Only Guide：History，Democratic Theory，and the United States Constitution." In *The Reinterpretation of Early American History*：*Essays in Honor of John Edwin Pomfret*. Edited by Ray Allen Billington. New York：W. W. Norton，1968(1966).

3. *Fame and the Founding Fathers*. Edited by Edmund P. Willis. Bethlehem，Pa.：Moravian College，1967. This is the transcript of a talk. The essay has been widely anthologized.

4. "The Tenth Federalist Revisited，" *William and Mary Quarterly*. 3rd series，8(January 1951).

5. "That Politics May Be Reduced to a Science：David Hume，James Madison，and the Tenth Federalist." *Huntinton Library Quarterly* 20 (August 1957). Reprinted in *The Reinterpretation of the American Revolution*，*1763—1789*. Compiled by Jack P. Greene. New York：Harper and Row，1968.

6. Adams，Henry. *The United States in 1800*. Ithaca，N.Y.：Cornell University Press，1964.

7. Anderson，Thornton，and Jillson Calvin. "Realignment in the Convention of 1787：The slave Trade Compromise." Journal of Politics 39(August 1977).

8. "Voting Bloc Analysis in the Constitutional Convertion: Implications for an Interpretation of the Connecticut Compromise." *Western Political Quarterly* 31 (December 1978).

9. Appleby, Joyce. "The Social Origins of American Revolutionary Ideology." *Journal of American History* 64(March 1978).

10. "What Is Still American in the Political Philosophy of Thomas Jefferson?" William and Mary Quarterly, 3rd series, 39(April 1982).

11. Austin, James T. *The Life of Elbridge Gerry. With Contemporary Letters. To the Close of the American Revolution*. 2 vols. Boston: Wells and Lilly, 1829.

12. Bailyn, Bernard. *Pamphlets of the American Revolution, 1750—1776*. Cambridge: Harvard University Press, 1965.

13. Baker, William Spohn. *Washington After the Revolution*. Philadelphia: J.B. Lippincott Co., 1898.

14. Banning, Lance. "James Madison and the Nationalists, 1780—1783." *William and Mary Quarterly*. 3rd series, 40(April 1983).

15. "Republican Ideology and the Triumph of the Constitution, 1789 to 1793." *William and Mary Quarterly*. 3rd series, 31(April 1974).

16. Barrett, Jay Amos. *The Evolution of the Ordinance of 1787*. New York: Arno Press, 1971(1891).

17. Barry, Richard. *Mr. Rutledge of South Carolina*. New York: Buell, Sloan and Pearce, 1942.

18. Beard, Charles A. *The Supreme Court and the Constitution*. Edited by Alan Westin. New York: Pretice Hall, 1962.

19. Benton, William A. Whig Loyalism: *An Aspect of Political Ideology in the American Revolutionary Era*. East Brunswick, N. J.: Fairleigh Dickinson University Press, 1968.

20. Bemis, Samuel Flagg. *A Diplomatic History of the United States*. 3rd. ed. New York: Henry Holt and Company, 1950.

21. Bethea, Andrew J. *The Contribution of Charles Pinckney to the Formation of the American Union*. Richmond, Va.: Garrett and Massie, Inc., 1937.

22. Billias, George Athan, *Elbridge Gerry: Founding Father and Republican Statesman*. New York: McGraw-Hill, 1976.

23. Birkby, Robert H. "Politics of Accommodation: The Origin of the Supremacy Clause." *Western Political Quarterly* 19(March 1966).

24. Blount, John Gray. *The John Gray Blount Papers. Edited by Alice Barnwell Keith*. 2 vols. Raleigh, N.C.: State Department of Archives and History, 1952.

25. Bourguignon, Henry J. *The First Federal Court*. Philadelphia: American Philosophical Society, 1977.

26. Bowen, Catherine Drinker. *Miracle at Philadelphia: The Story of the Constitution, May to September, 1787*. Boston: Little, Brown, 1966.

27. Boyd, William K. *History of North Carolina*. 6 vols. Chicago and New York: The Lewis Publishing Co., 1919.

28. Brant, Irving. *The Bill of Rights: Its Origin and Meaning*. Indianapolis: Bobbs-Merrill, 1965.

29. *James Madison*. 6 vols. Indianapolis: Bobbs-Merrill, 1941—1961.

30. Brown, Ralph H. *Mirror for Americans: Likeness of the Eastern Seaboard, 1810*. New York: American Geographic Society, 1943.

31. Brown, Richard D. "The Founding Fathers of 1776 and 1787: A Collective View." William and Mary Quarterly, 3rd series, 33(July 1976).

32. Brown, William Garrott. *The Life of Oliver Ellsworth*. New York: The Macmillan Company, 1905.

33. Burnett, Edmund Cody. *The Continental Congress*. New York: The Macmillan Company, 1941.

34. *Letters of Members of the Continental Congress*. 8 vols. Washington: Carnegie Institute, 1936.

35. Burns, Edward McNall. *James Madison: Philosopher of the Constitution*. New Brunswick, N.J.: Rutgers University Press, 1938.

36. Burrows, Edwin G. "Military Experience and the Origins of Federalism." In *Aspect of Early New York Society and Politics*. Edited by Jacob Judd and Irwin H. Polishook. Tarrytown, N.Y.: Sleepy Hollow Restoration, 1974.

37. Butzner, Jane, comp. *Constitutional Chaff: Rejected Suggestions of the Convention of 1787, with Explanatory Argument*. New York: Columbia University Press, 1941.

38. Cappon, Lester J., ed. *Atlas of Early American History: The Revolutionary Era 1760—1790*. Princeton, N.J.: Princeton University Press, for the Newberry Library and the Institute of Early American History and Culture, 1976.

39. Carey, George W. "Separation of Powers and the Madisonian Model: A Reply to the Critics." *American Political Science Review* 72(March 1978).

40. Clarkson, Paul S. and Jett, R. Samuel. *Luther Martin of Maryland*. Baltimore: Johns Hopkins Press, 1970.

41. Coleman, Kenneth. *The American Revolution in Georgia 1763—1789*. Athens, Ga.: University of Georgia Press, 1958.

42. Collier, Christopher. *Roger Sherman's Connecticut: Yankee Politics and the American Revolution*. Middletown, Conn.: Wesleyan University Press, 1971.

43. Conrad, Henry C. "Gunning Bedford, Junior." *Papers of the Historical Society of Delaware* 26(1900).

44. Corwin, Edward S. *American Constitutional History: Essays by Edward S. Corwin*. Edited by Alpheus T. Mason and Gerald Garvey. New York: Harper and Row, 1964.

45. *The Constitution and What It Means Today*. Revised by Harold W. Chase and Craig R. Ducat. 14th ed. Princeton, N.J.: Princeton University Press, 1978.

46. *The Doctrine of Judicial Review, Its Legal and Historical Basis, and*

Other Essays. Princeton, N.J.: Princeton University Press, 1914.

47. The President, Office and Powers, 1787—1948: History and Analysis of Practice and Opinion. 3rd ed., rev. New York: New York University Press, 1948.

48. Crosskey, William W. *Politics and the Constitution in the History of the United States*. Chicago: University of Chicago Press, 1953.

49. Crowl, Philip A. *Maryland During and After the Revolution: A Political and Economical Study*. Baltimore: The Johns Hopkins Press, 1943.

50. Cunliffe, Marcus. *George Washington: Man and Monument*. Boston: Little, Brown and Company, 1958.

51. Culter, William Parker, and Culter, Julia Perkins. *Life, Journals and Correspondence of Rev. Manasseh Culter, LL.D.* 2 vols. Cincinnati: R. Clarke and Co., 1888.

52. Daniell, Jere R. *Experiment in Republicanism: New Hampshire Politics and the American Revolution, 1741—1794*. Cambridge, Mass.: Harvard University Press, 1970.

53. Davis, David Brion. *The Problem of Slavery in the Age of Revolution, 1770—1823*. Ithaca, N.Y.: Cornell University Press, 1975.

54. Davis, S. Rufus. *The Federal Principle: A Journey Through Time in Quest of a Meaning*. Berkeley: University of California Press, 1978.

55. Dennison, George M. "The 'Revolutionary Principle': Ideology and the Constitution in the Thought of James Wilson." *Review of Politics* 39(April 1977).

56. Diamond, Martin. "The Declaration and the Constitution: Liberty, Democracy, and the Founders." *The Public Interest* 41(Fall 1975).

57. "Democracy and The Federalist: A Reconsideration of the Framers' Intent." *American Political Science Review* 53(March 1959).

58. Diggins, John Patrick. "Power and Authority in American History: The Case of Charles A. Beard and His Critics." *American Historical Review* 36(October 1981).

59. Donahue, Bernard, and Smelser, Marshall. "The Congressional Power to Raise Armies: The Constitutional and Ratifying Conventions." *Review of Politics* 33(April 1971).

60. Dumbauld, Edward. *The Constitution of the United States*. Norman: University of Oklahoma Press, 1964.

61. Eckenrode, H. J. *The Randolphs: The Story of a Virginia Family*. Indianapolis and New York: The Bobbs-Merrill Company, 1946.

62. Eidelberg, Paul. *The Philosophy of the American Constitution: A Reinterpretation of the Intentions of the Founding Fathers*. New York: Free Press, 1968.

63. Elkins, Stanley, and McKitrick, Eric. "The Founding Fathers: Young Men of the Revolution." *Political Science Quarterly* 76(June 1961).

64. Elsmer, Jane Shaffer. *Justice Samuel Chase*. Muncie, Ind.: Janevar Pub. Co., 1980.

65. Ernst, Robert. *Rufus King, American Federalist*. Chapel Hill: University of North Carolina Press, for the Institute of Early American History and Culture at Williamsburg, Va., 1968.

66. Farrand, Max. "Compromises of the Constitution." *American Historical Review* 9(April 1904).

67. *The Fathers of the Constitution: A Chronicle of the Establishment of the Union*. New Haven: Yale University Press, 1921.

68. *The Framing of the Constitution of the United States*. New Haven: Yale University Press, 1913.

69. "If James Madison Had a Sense of Humor." *Pennsylvania Magazine of History and Biography* 62(April 1938).

70. *The Records of the Federal Convention of 177*. 4 vols. New Haven: Yale University Press, 1937.

71. Ferguson, E. James. *The American Revolution: A General History*,

1763—1790. Homewood, III.: Dorsey Press, 1974.

72. "The Nationalists of 1781—1783 and the Economic Interpretation of the Constitution." *Journal of American History* 56(September 1969).

73. *The Power of the Purse: A History of American Public Finance, 1776—1790*. Chapel Hill: University of North Carolina Press, for the Institute of Early American History and Culture, 1961.

74. "Political Economy, Public Liberty, and the Formation of the Constitution." *William and Mary Quarterly*, 3rd series, 40(July 1983).

75. Fitzpatrick, John Clement, ed. *The Diaries of George Washington, 1748—1799*. 4 vols. Boston and New York: Houghton Mifflin Company, 1925.

76. ed. *The Writings of George Washington from the Original Manuscript Sources, 1745—1799*. 39 vols. Washington D. C.: U. S. Government Printing Office, 1931—1944.

77. Flexner, James Thomas. *George Washington*. 4 vols. Boston: Little, Brown and Company, 1965—1969.

78. *George Washington: The Indispensable Man*. Boston: Little, Brown and Company, 1969.

79. *The Young Hamilton: A Biography*. Boston: Little, Brown and Company, 1978.

80. Flower, Milton E. *John Dickinson: Conservative Revolutionary*. Charlottesville: University Press of Virginia, for the Friends of the John Dickinson Mansion, 1983.

81. Ford, Paul Leicester, ed. *Essays on the Constitution of the United States, Published During Its Discussion by the People 1787—1788*. Brooklyn, N. Y.: Historical Printing Club, 1892.

82. *Pamphlets on the Constitution of the United States, Published During Its Discussion by the People 1787—1788*. Brooklyn, N. Y.: Historical Printing Club, 1888.

83. Freehling, William W. "The Founding Fathers and Slavery." *American Historical Review* 77(February 1972).

84. Freeman, Douglas S. *George Washington: A Biography*. 7 vols. New York: Scribner, 1948—1957.

85. Friedman, Lawrence M. *A History of American Law*. New York: Simon and Schuster, 1973.

86. Gerlach, Larry R. "Toward a More Perfect Union: Connecticut, the Continental Congress, and the Constitutional Convention." *Bulletin of the Connecticut Historical Society* 34(July 1969).

87. Goddard, Henry P. "Luther Martin: The 'Federal Bulldog.'" In *A Sketch of the Life and Character of Nathaniel Ramsey*, by W. F. Brand. Maryland Historical Society Fund Publication No. 24. Baltimore: J. Murphy & Co., 1887.

88. Goldwin, Robert A., ed. *A Nation of States: Essays on the American Federal System*. Chicago: Rand McNally, 1963.

89. Greene, Jack P., comp. *The Reinterpretation of the American Revolution, 1763—1789*. New York: Harper & Row, 1968.

90. Groce, George C., Jr. *William Samuel Johnson: a Maker of the Constitution*. New York: Columbia University Press, 1937.

91. Hamilton, Alexander. *The Papers of Alexander Hamilton*. Edited by Harold C. Syrett. Vol. IV. New York: Columbia University Press, 1961—1979.

92. Haskett, Richard C. "William Paterson, Attorney General of New Jersey." *William and Mary Quarterly*, 3rd series, 7(January 1950).

93. Hendrick, Burton J. *Bulwark of the Republic: A biography of the Constitution*. Boston: Little, Brown and Co., 1937.

94. Hobson, Charles F. "The Negative on States Laws: James Madison and the Crisis of Republican Government." *William and Mary Quarterly*, 3rd series, 36 (April 1979).

95. Hockett, Homer Carey. *The Constitutional History of the United States*,

1776—1826: The Blessings of Liberty. 2 vols. New York: The Macmillan Co., 1939.

96. Hoffer, Peter Charles. *Revolution and Regeneraton: Life Cycles and the Historical Vision of the Generation of 1776*. Athens: University of George Press, 1983.

97. Holcombe, Arthur N. "The Role of Washington in the Framing of the Constitution." *Huntington Library Quarterly* 19(August 1956).

98. Hubbard, F. M. "William R. Davie." In *The Library of American Biography*, 2nd series, vol. 5. Edited by Jared Sparks. Boston: Hilliard, Gray and Co., 1834—1848.

99. Hunt, Gaillard, and Scott, James Brown. *Debates in the Federal Convention of 1787*. Washington, D.C.: Carnegie Institution, 1920.

100. Hughes, Charles Evans. *The Autobiographical Notes of Charles Evans Hughes*. Edited by D.J. Danelski and J. S. Tulchin. Cambridge: Harvard University Press, 1973.

101. Hutchinson, William T. "Unite to Divide; Divide to Unite: The Shaping of American Federalism." *Mississippi Valley Historical Review* 46(June 1959).

102. Hutson, James H. "County, Court, and Constitution: Antifederalism and the Historians." *William and Mary Quarterly*, 3rd series, 38(July 1981).

103. "The Creation of the Constitution: Scholarship at a Standstill." *Review in American History* 12(December 1984).

104. "John Dickinson at the Federal Constitutional Convention." *William and Mary Quarterly*, 3rd series, 40(April 1983).

105. Jameson, J. Franklin. "Portions of Charles Pinckney's Plan for a Constitution, 1787." *American Historical Review* 8(April 1903).

106. Jefferson, Thomas. *The Papers of Thomas Jefferson*. Edited by Julian Boyd, et al. Princeton, N.J.: Princeton University Press, 1950— .

107. Jensen, Merrill. "The Cession of the Old Northwest." *Mississippi Valley*

Historical Review 23(June 1936).

108. "The Creation of the National Domain, *1781—1784*." *Mississippi Valley Historical Review* 26(December 1939).

109. "The Idea of a National Government During the American Revolution." *Political Science Quarterly* 58(September 1943).

110. *The New Nation: A History of the United States During the Confederation, 1781—1789*. New York: Knopf, 1950.

111. *The Making of the American Constitution*. New York: Van Nostrand & Reinhold, 1964.

112. Jillson, Calvin C. "Constitution-Making: Alignment and Realignment in the Federal Convention of 1787." *American Political Science Review* 75(September 1981).

113. "The Representation Question in the Federal Convention of 1787: Madison's Virginia Plan and Its Opponents." *Congressional Studies* 8(1981).

114. "Voting Bloc Analysis in the Constitutional Convention: Implications for an Interpretation of the Connecticut Compromise." *Western Political Quarterly* (December 1978).

115. Jillson, Calvin C., and Anderson, Thornton. "Realignments in the Convention of 1787: The Slave Trade Compromise." *Journal of Politics* 39(August 1977).

116. Jones, Alice Hanson. *Wealth of a Nation-to-Be: The American Colonies on the Eve of the Revolution*. New York: Columbia University Press, 1980.

117. Jordan, Winthrop P. *White over Black: American Attitudes Toward the Negro 1550—1812*. Chapel Hill: University of North Carolina Press, for the Institute of Early American History and Culture, 1968.

118. Kelly, Alfred H., and Harbison, Winfred A. *The American Constitution: Its Origins and Development*. 5th ed. New York: W.W. Norton & Company, 1976.

119. Kenyon, Cecelia M. "Alexander Hamilton: Rousseau of the Right."

Political Science Quarterly 73(June 1958).

120. "Men of Little Faith: The Anti-Federalists and the Nature of Representative Government." *William and Mary Quarterly*, 3rd series, 12(January 1955).

121. King, Charles R., ed. *The Life and Correspondence of Rufus King; Comprising his Letters, Private and Official, His Public Documents, and his Speeches*. 6 vols. New York: G.P. Putnam's Sons, 1894—1900.

122. Koch, Adrienne. *Power, Morals and the Founding Fathers: Essays in the Interpretation of the American Enlightenment*. Ithaca, N. Y.: Great Seal Books, 1961.

123. ed. *Notes of Debates in the Federal Convention of 1787 by James Madison*. Athens: Ohio University Press, 1966.

124. Kohn, Richard H. Eagle and Sword: The Beginnings of the Military Establishment in America. New York: Free Press, 1975.

125. "Rebuttal to C. Edward Skeen, 'The Newburgh Conspiracy Reconsidered.'" *William and Mary Quarterly*, 3rd series, 31(April 1974).

126. Konkle, Burton Alva. *James Wilson and the Constitution*. Philadelphia: The Law Academy of Philadelphia, 1907.

127. Lander, Ernest M., Jr. "The South Carolinians at the Philadelphia Convention, 1787." *South Carolina Historical Magazine* 57(July 1956).

128. Lefler, Hugh Talmage, and Newsome, Albert Ray. *North Carolina: The History of a Southern State*. Chapel Hill: University of North Carolina Press, 1954.

129. Lender, Mark Edward, and Martin, James Kirby. *Drinking in American: A History*. New York: Free Press, 1982.

130. Levy, Leonard W., ed. *Essays on the Making of the Constitution*. New York: Oxford University Press, 1969.

131. Lettieri, Ronald John. *Connecticut's Young Man of the Revolution: Oliver Ellsworth*. Hartford: American Revolution Bicentennial Commission of

Connecticut, 1978.

132. Lynd, Staughton. *Class Conflict, Slavery and the United States Constitution: Ten Essays*. Indianapolis: Bobbs-Merrill, 1967.

133. "Slavery and the Founding Fathers." In Melvin Drimmer, ed. *Black History: A Reappraisal*. Garden City: Doubleday and Co., 1968.

134. Lovejoy, Arthur O. "The Theory of Human Nature in the American Constitution and the Method of Counterpoise." In *Reflection on Human Nature*. Baltimore: John Hopkins Press, 1961. Reprinted in *The Reinterpretation of the American Revolution, 1763—1789*, complied by Jack P. Greene. New York: Harper and Row, 1968.

135. McCaughey, Elizabeth P. *From Loyalist to Founding Father: The Political Odyssey of William Samuel Johnson*. New York: Columbia University Press, 1980.

136. McDonald, Forrest. E Pluribus Unum: *The Formation of the American Republic, 1776—1790*. Boston: Houghton Mifflin, 1965. Reprinted as *The Formation of the American Republic, 1776—1790*. Baltimore: Penguin Books, 1965.

137. *We the People: Economic Origins of the Constitution*. Chicago: University of Chicago Press, 1958.

138. McGuire, Robert A., and Ohfeldt, Robert L. "Economic Interests and the American Constitution: A Quantitative Rehabilitation of Charles A. Beard." *Journal of Economic History* 44(June 1984).

139. McLaughlin Andrew Cunningham. *The Confederation and the Constitution, 1783—1789*. New York: Collier Books, 1962(1905).

140. *A Constitutional History of the United States*. New York and London: D. Appleton-Century Co., Inc., 1935.

141. "James Wilson in the Philadelphia Convention." *Political Science Quarterly* 12 (March 1897).

142. "Sketch of Charles Pinckney's Plan for a Constitution, *1787*." *American Historical Review* 9(July 1904).

143. Madison, James. *The Papers of James Madison*. Edited by William T. Hutchinson and William M. E. Rachal. Chicago: University of Chicago Press, 1962— , 14 vols. to date.

144. Main, Jackson Turner. *The Antifederalists, Critics of the Constitution*, 1781—1788. Chapel Hill: University of North Carolina Press, for the Institute of Early American History and Culture, 1961.

145. Political Parties Before the Constitution. Chapel Hill: University of North Carolina Press, for the Institute of Early American History and Culture, 1973.

The Social Structure of Revolutionary Amercia. Princeton: Princeton University Press, 1965.

The Sovereign States, 1775—1783. New York: New Viewpoints, 1973.

146. Marks, Frederick W., III. *Independence on Trial: Foreign Affairs and the Making of the Constitution*. Baton Rouge: Louisiana State University Press, 1973.

147. Martin, Luther. *Modern Gratitude in Five Numbers: Addressed to Richard Raymond Keene esp. concerning family marriage*. Baltimore, 1802.

148. Masterson, William H. *William Blount*. Baton Rouge: Louisiana State University Press, 1954.

149. Meigs, William M. "The Relation of the Judiciary to the Constitution." *American Law Review* 174(1885).

150. Miller, Helen Hill. George Mason: Gentleman Revolutionary. Chapel Hill: University of North Carolina Press, 1975.

151. Mintz, Max M. *Gouverneur Morris and the American Revolution*. Norman: University of Oklahoma Press, 1970.

152. Mitchell, Broadus. *Alexander Hamilton: A Concise Biography*. New York: Oxford University Press, 1976.

153. Mitchell, Broadus, and Mitchell, Louise Pearson. *A Biography of the Constitution of the United States: Its Origin, Formation, Adoption and Interpretation*. 2nd ed. New York: Oxford University Press, 1975.

154. Montesquieu, Charles de Secondat, Baron de. *The Spirit of Laws: A Compendium of the First English Edition*. Edited by David W. Carrithers. Berkeley: University of California Press, 1977.

155. Moore, Virginia. *The Madisons*. New York: McGraw-Hill Company, 1979.

156. Morgan, Robert J. "Madison's Analysis of the Sources of Political Authority." American Political Science Review 75(September 1981).

157. Morison, Samuel E. "Elbridge Gerry, Gentleman-Democrat." *New England Quarterly* 2(January 1929).

158. *The Oxford History of the American People*. New York: Oxford University Press, 1965.

159. Morris, Richard B. *Seven Who Shaped Our Destiny: The Founding Fathers as Revolutionaries*. New York: Harper and Row, 1973.

160. Morse, Jedidiah. *The American Geography; or, A View of the Present Situation of the United States of America: ...* 2nd ed. London: J. Stockdale, 1792.

161. Murphy, William P. *The Triumph of Nationalism: State Sovereignty, the Founding Fathers and the Making of the Constitution*. Chicago: Quadrangle Books, 1967.

162. Murrin, John M. "The Great Inversion, or Court Versus Country: A Comparison of the Revolutionary Settlements in England(1688—1721) and America (1776—1816)." In *Three British Revolutions: 1641, 1688, 1776*, edited by J.G. A. Pocock. Princeton, N.J.: Princeton University Press, 1980.

163. Nettels, Curtis P. *The Emergence of a National Economy, 1775—1815*. New York: Holt, Rinehart and Winston, 1962.

164. Nott, Charles C. *The Mystery of the Pinckney Draft*. New York: The

Century Co., 1908.

165. Nye, Russel Blaine. *The Cultural Life of the New Nation, 1776—1830*. New York: Harper, 1960.

166. Oberholtzer, Ellis Paxson. *Philadelphia: A History of the City and Its People*. 3 vols. Philadelphia: J.S. Clarke, n.d.

167. O'Connor, John E. *William Paterson, Lawyer and Statesman, 1745—1806*. New Brunswick, N.J.: Rutgers University Press, 1979.

168. Ohline, Howard A. "Republicanism and Slavery: The Origins of the Three-Fifths Clause." *William and Mary Quarterly*, 3rd series, 28(October 1971).

169. Onuf, Peter S. *The Origins of the Federal Republic: Jurisdictional Controversies in the United States: 1775—1787*. Philadelphia: University of Pennsylvania Press, 1983.

170. "Towards Federalism: Virginia, Congress, and the Western Lands." *William and Mary Quarterly*, 3rd series, 34(July 1977).

171. Pease, Theodore C. "The Ordinance of 1787." *Mississippi Valley Historical Review* 25(September 1938).

172. Peirce, Neal R. *The People's President: The Electoral College in American History and the Direct-Vote Alternative*. New York: Simon and Schuster, 1968.

173. Perkins, Edwin J. *The Economy of Colonial America*. New York: Columbia University Press, 1980.

174. Phillips, Ulrich B. "The South Carolina Federalists." American Historical Review 14(April 1909); continued in 15(July 1909).

175. Pocock, J. G. A., ed. *Three British Revolutions: 1641, 1688, 1776*. Princeton, N.J.: Princeton University Press, 1980.

176. "Virtue and Commerce in the Eighteenth Century." *Journal of Interdisciplinary History* 3(Summer 1972).

177. Pomper, Gerald M. "Conflict and Coalitions at the Constitutional Convention." In *The Study of Coalition Behavior, Theoretical Perspectives and*

Cases from Four Continents. Edited by S. O. Groennings, et al. New York: Holt, Rinehart and Winston, 1970.

178. Poole, William Frederick. *The Ordinance of 1787 and Dr. Manasseh Culter as an Agent in its Formation*. Cambridge, Mass.: Welch, Bigelow, and Co., 1876.

179. Prescott, Arthur Taylor, comp. *Drafting the Federal Constitution; a Rearrangement of Madison's Notes, Giving Consecutive Developments of Provisions in the Constitution of the United States, ...* Baton Rouge, La.: Louisiana State University Press, 1941.

180. Pritchett, C. Herman. *The American Constitution*. New York: McGraw-Hill, 1959.

181. Quincy, Josiah, ed. *The Journals of Major Samuel Shaw, the First American Consul at Canton*. Boston: W. Crosby and H. P. Nichols, 1847.

182. Rakove, Jack N. *The Beginnings of National Politics: An Interpretative History of the Continental Congress*. New York: Knopf, 1979.

183. Reardon, John J. *Edmund Randolph: A Biography*. New York: Macmillan, 1974.

184. Riemer, Neal. "The Republicanism of James Madison." *Political Science Quarterly* 69(March 1954).

185. Riken, William H. "The Heresthetics of Constitution-Making: The Presidency in 1787, with Comments on Determinism and Rational Choice." *American Political Science Review* 78(March 1984).

186. Robinson, Blackwell P. *William R. Davie*. Chapel Hill: University of North Carolina Press, 1957.

187. Robinson, Donald L. *Slavery in the Structure of American Politics, 1765—1820*. New York: Harcourt Brace Jovanovich, 1971.

188. Roche, John P. "The Founding Fathers: A Reform Caucus in Action." *American Political Science Review* 15(December 1961).

189. Rogers, George C., Jr. *Charleston in the Age of the Pinckneys*. Norman: University of Oklahoma Press, 1969.

190. Rogow, Arnold H. "The Federal Convention: Madison and Yates." *American Historical Review* 60(January 1955).

191. Roll, Charles W., Jr. "We, Some of the People: Apportionment in the Thirteen State Conventions Ratifying the Constitution." *Journal of American History* 56(June 1969).

192. Rossiter, Clinton. *Alexander Hamilton and the Constitution*. New York: Harcourt, Brace and World, 1964.

193. Rothman, Rozann. "The Impact of Covenant and Contract Theories on Conceptions of the U.S. Constitution." *Publius* 10(Fall 1980).

194. Rowland, Kate Mason. *The Life of George Mason, 1725—1792*. 2 vols. New York and London: G. P. Putnam's Sons, 1892.

195. Rutland, Robert Allen. *The Birth of the Bill of Rights, 1776—1791*. Chapel Hill: University of North Carolina Press, for the Institute of Early American History and Culture, 1955.

196. *George Mason: Reluctant Statesman*. Williamsburg, Va.: Colonial Williamsburg, 1961.

197. *James Madison and the Search for Nationhood*. Washington D. C.: Library of Congress, 1981.

198. Schachner, Nathan. *The Founding Fathers*. South Brunswick, N.J.: H.S. Barnes, 1970(1954).

199. Seed, Geoffrey. *James Wilson*. Millwood, N.Y.: KTO Press, 1978.

200. Shalhope, Robert E. "Republicanism and Early American Historiography." *William and Mary Quarterly*. 3rd series, 39(April 1982).

201. "Toward a Republican Synthesis: The Emergence of an Understanding of Republicanism in American Historiography." *William and Mary Quarterly*. 3rd series, 29(January 1972).

202. Sigler, Jay H. "Rise and Fall of the Three-Fifths Clause." *Mid-America* 48(October 1966).

203. Silverman, Kenneth. *A Cultural History of the American Revolution: Painting, Music, Literature and the Theatre in the Colonies and the United States from the Treaty of Paris to the Inauguration of George Washington, 1763—1789*. New York: T. Y. Crowell, 1976.

204. Singer, Charles Gregg. *South Carolina in the Confederation*. Philadelphia: University of Pennsylvania, 1941.

205. Smith, Charles Page. *James Wilson: Founding Father, 1742—1798*. Chapel Hill: University of North Carolina Press, for the Institute of Early American History and Culture, 1956.

206. Sparks, Jared. *The Life and Writing of Jared Sparks*. Herbert B. Adams, ed. 2 vols. Boston: Houghton, Mifflin and Co., 1893.

207. ed. The Library of American Biography. 25 vols. Boston: Hilliard, Gray and Co., 1934—1948.

208. Stourzh, Gerald. *Alexander Hamilton and the Idea of Republican Government*. Stanford: Stanford University Press, 1970.

209. Stuart, Reginald C. *War in American Thought*. Kent, Ohio: Kent State University Press, 1982.

210. Swigett, Howard. *The Extraordinary Mr. Morris*. Garden City, N.Y.: Doubleday, 1952.

211. Szatmary, David P. *Shays' Rebelion: The Making of an Agrarian Insurrection*. Amherst: University of Massachusetts Press, 1980.

212. Tansill, Charles C. ed. *Documents Illustrative of the Formation of the Union of the American States*. Washington D. C,: U. S. Government Printing Office, 1927.

213. Thach, Charles C., Jr. *The Creation of the Presidency, 1775—1789: A Study in Constitutional History*. Johns Hopkins University Studies in History and

Political Science Series XL, No. 4. Baltimore: The Johns Hopkins Press, 1922.

214. Thayer, James B. "The Origin and Scope of the American Doctrine of Constitutional Law." *Harvard Law Review* 7(1893).

215. Turner, Lynn Warren. *The Ninth State: New Hampshire's Formative Years*. Chapel Hill: University of North Carolina Press, 1983.

216. Ulmer, S. Sidney. "Charles Pinckney: Father of the Constitution?" *South Carolina Law Quarterly* 10(Winter 1958).

217. "James Madison and the Pinckney Plan." *South Carolina Law Quarterly* 9 (Spring 1957).

218. "Subgroup Formantion in the Constitutional Convention." *Midwest Journal of Political Science* 10(August 1966).

219. Van Doren, Carl. *Benjamin Franklin*. New York: The Viking Press, 1938.

220. The Great Rehearsal. New York: The Viking Press, 1948.

221. Walther, Daniel. *Gouverneur Morris, Witness of Two Revolutions*. New York and London: Funk and Wagnalls Co., 1934.

222. Warren, Charles. *The Making of the Constitution*. Boston: Little, Brown, and Co., 1928.

223. The Supreme Court and the Sovereign States. Princeton: Princeton University Press, 1924.

224. Washington, George. *George Washington's Rules of Civility and Decent Behavior*. Edited by John Allen Murray. New York: G. P. Putnam's Sons, 1942.

225. Watson, John F. *Annals of Philadelphia and Pennsylvania*. 3 vols. Philadelphia: Whiting and Thomas, 1856.

226. Wells, Robert V. The Population of the British Colonies in America Before 1776: A Survey of Census Data. Princeton: Princeton University Press, 1975.

227. White, Henry Clay. *Abraham Baldwin, One of the Founders of the*

Republic, and Father of the University of Georgia, the First of American State Universities. Athens, Ga.: The McGregor Co., 1926.

228. Wiecek, William M. *The Sources of Antislavery Constitutionalism in America, 1760—1848*. Ithaca: Cornell University Press, 1977.

229. "The Statuary Law of Slavery and Race in the Thirteen Mainland Colonies of British America." *William and Mary Quarterly*, 3rd series, 34(April 1977).

230. Wilsom, James. *The Works of James Wilson*. Edited by Robert Green McCloskey. 2 vols. Cambridge: Harvard University Press, Belknap Press, 1967.

231. Wisenhunt, Donald W., ed. *Delegate from New Jersey: The Journal of John Fell*. Port Washington, N.Y.: Kennikat Press, 1973.

232. Wood, Gardon S. "Conspiracy and the Paranoid Style: Causality and Deceit in the Eighteenth Century." *William and Mary Quarterly*, 3rd series, 39 (July 1982).

233. *The Creation of the American Republic, 1776—1787*. Chapel Hill: University of North Carolina Press, for the Institute of Early American History and Culture, 1969.

234. Wright, J. Leitch, Jr. *Britain and the American Frontier, 1783—1815*. Athens: University of Georgia Press, 1975.

235. Zahniser, Marvin R. *Charles Cotesworth Pinckney: Founding Father*. Chapel Hill: University of North Carolina Press, for the Institute of Early American History and Culture, 1967.

索引

（索引的数字为原著页码，即本书边码）

ued in Constitution，宪法维持的权力 90，91，254；and ratifying conventions，批准大会 71；state sovereignty，各邦主权 11—12；text of，365—373；unicameral house，一院制 146

Ayershire，Scotland，苏格兰埃尔郡 78

Bocon，Francis，弗朗西斯·培根 54

Bailyn，Bernard，伯纳德·贝律恩 72；quoted，引用 244

Baldwin，Abrham，亚伯拉罕·鲍德温 170—174，211，215，302；sketch，素描 170—171；for equality in Senate，参议院平等表决 172

Baltimore，巴尔的摩 21，156

Banning，Lance，兰斯·班宁 38 Banning

Beard，Charles，查尔斯·比尔德 318

Bedford，Gunning，冈宁·贝德福德 249—250，251，263，296，362；on proportional representation，关于比例代表制 167；threatens small-state union，威胁小邦联盟 167—168

Bethlehem，Penna.，宾夕法尼亚伯利恒 287

Bicameralism，两院制 146—148

Billias，George A.，乔治·比利亚斯 318—220

Bill of Rights，权利法案 349，363，Ch. 22 passim；of Virginia，弗吉尼亚 334

Blacks，黑人 30，358；free，kidnapped，自由，被诱拐 239. See also Slavery 另见奴隶

Blair，John，约翰·布莱尔 74

Blount，William，威廉·布朗特 211—215，217，362；biog，传记 212—214；goes to N.Y.C.，去往纽约市 168

Boston，Mass.，马萨诸塞波士顿 19，50，52，196，207；port of，港口 9；slave trade，奴隶贸易 189

Boorstin，Daniel，丹尼尔·布尔斯廷 283

Brant，Irving，on C. Pinckney，欧文·布兰特论查尔斯·平克尼 88；quoted，引用 35，41—42

Brant，Joseph，约瑟夫·勃兰特 6

Brearley，David，戴维·布里尔利 125，302

Broom，Jocob，雅各布·布鲁姆 299

Brown v. Board of Education，布朗诉教育委员会案 269

Burlington，N.J.，新泽西伯灵顿 287

Burnett，Edmund Cody，爱德蒙·科迪·伯内特 390

Burr，Aaron，艾伦·伯尔 80，138，193

Butler，Pierce，皮尔斯·巴特勒 235—237，249，263，330；on North-South differences，关于南北分歧 11

Caesar，凯撒 53—54

Campbell，James，詹姆斯·坎贝尔 174—175

Canada，加拿大 206

Canals，运河 40—41，50

Caribbean，加勒比海 210，313，330

Carrington，Edward，爱德华·卡灵顿 314

Catholics，天主教徒 21，103

Charleston，S.C.，南卡罗来纳查尔斯顿 187，197；port of，港口 9

Chase，Samuel，5 塞缪尔·蔡斯 8

235, 325, 327, 328; sketch，素描 325—326

Lansing, John，约翰·兰辛 77, 173; antinationalist，反国家主义者 142, 153, 264; leaves Convention，离会 233; moves equality in House，提议众议院席位平等 159; supports N.J. Plan，支持新泽西方案 151

Laurens, John，约翰·劳伦斯 53

Lawyers，律师 283

League of Nations，国际联盟 4

Lee, Henry，亨利·李 138

Lee, Richard Henry，理查德·亨利·李 106

Lee, Robert E.，罗伯特·李 57

Legislature，议会 119—120, 146—147; direct election of，直接选举 150; to elect executives，选举行政官 303; powers of, Ch. 17 passim; proportional representation compromised，比例代表制达成妥协 174—176; reapportionment，重新分配席位 202—203; in Va. Plan，弗吉尼亚方案中 74—75; war-making power，战争权 329—330; HOUSE：众议院 162—163, 164, 191, 202, 234; SENATE：参议院 99, 147, 150, 202, 220, 248, 266, 344; equal suffrage in，平等表决权 169, 248; named，指定 22; members to vote individually，成员单独投票 179

Lender, Mark, quoted，马克·林德，引用 27—28

Lexington and Concord, Battle of，莱克星敦和康科德战役 139

Life expectancy，预期寿命 29

Lincoln, Benjamin，本杰明·林肯 16

Livingston, William，威廉·利文斯顿 136, 233

Locke, John，约翰·洛克 34, 161, 277, 333

London, England，英国伦敦 4, 104

Long Island Sound，长岛湾 20

Louisiana Purchase，路易斯安那购置地 254

Louisiana Territory，路易斯安那领地 206, 313; slavery in，实行奴隶制 234

Loyalists，保皇派 141; property of，财产 9

Lynd, Staughton，斯托顿·林德 215, 217, 220, 221

McClug, James，詹姆斯·麦克勒格 74, 298—299

McCulloch v. Maryland，麦克洛克诉马里兰案 255

McGillivray, Alexander，亚历山大·麦克吉尔瑞 6

McLaughlin, Andrew C.，安德鲁·C.麦克劳林 90

Madison, Dolly，多莉·麦迪逊 37—38

Madison, James，詹姆斯·麦迪逊 3, 40, 48, 81, 87—88, 89—90, 93, 100, 101, 119—120, 130, 131, 134—135, 138, 140, 149, 152, 160, 190, 191, 199, 212, 221, 226, 230, 250, 251, 278, 281, 284, 320, 349, 353, 359, 362; Annapolis Confr.，安纳波利斯会议 41—42; as antinationalist，国家主义者 258; arrives in Phila.，抵达费城 62—63; biog.，传记 33—39; opposes coercing states，反对胁迫各邦 321—322; collapse of large-state alliance，大邦联盟瓦解 173—174, 176—177, 178, 199; on Cmte. of Style，关于文字排列和风格委员

176；sketch，素描 110；suggests mode of signing，支持签署方式 341；on slave trade，关于奴隶贸易 229—230，234；proposes taxation/representation plan，提出按征税额分配代表方案 215—216；on upper house，关于上院 149；writes Constitution，撰写宪法 338

Morris，Robert，罗伯特·莫里斯 74，79，126，168，208，284，287，362；nominates Washington，提名华盛顿 108

Morrison，Samuel Eliot，塞缪尔·埃利奥特·莫里森 318，324

Mount Vernon，弗家山庄 41，47，49

Mount Vernon Conference，弗家山庄会议 41

Natchez，纳齐兹 6

Nationalism，国家主义 67—72

Nationalists，国家主义者 12，42，180；defeated on Senate，在参议院上失利 180；and general grant，全面授权 248—249

Natural rights. See Bill of Rights. 自然权利。见权利法案

Navigation Acts，航运法 224

Navy，海军 330

Necessary and proper clause，必要和适当条款 253—258

Nevis，W.I.，西印度群岛的尼维斯岛 77

Newburgh，N.Y.，纽约纽堡 317

Newburgh Conspiracy，纽堡危机 45

New Hampshire，新罕布什尔 224，225；delegates，代表 165，326；excludes foreign imports，排斥外国进口 8；ratifies，批准 344—345，346

New Haven，Conn.，康涅狄格纽黑文市 130，170

New Jersey，新泽西 136，200，224；at Annapolis Conference，安纳波利斯会议 42—43；debtors in，债务人 14—15；delegates arrive，代表到会 102；landless，无土地 207；C. Pinckney on，查尔斯·平克尼 152；ratifies，批准 344；relative population，相对人口 126；in Revolution，独立战争时 138—141；trade，贸易 9—10，142

New Jersey Plan，新泽西方案 81，87，95，97，146，151—152，267；descr.，描述 144；introduced，介绍 144；loses to Va. Plan，败给弗吉尼亚方案 152；as stalking horse for equal rep.，作为平等代表制的借口 145

New Milford，Conn.，康涅狄格新米尔福德 130

New Orleans，新奥尔良 5—6，215

Newport，R.I.，slave trade，罗得岛纽波特，奴隶贸易 189

New York，纽约 134，144，217，218，224，238，239，248，295；absent，缺席 177；British forts in，建有英军要塞 312；constitution of，其宪法 91；delegates，代表 77；import duties，进口税 9；ratifies，批准 345，346；in small-state bloc，小邦集团 143；loses Vt.，失去佛蒙特 10

New York City，纽约市 139，142，196，211；Congress at，全国议会所在地 60；population，人口 22；port of，港口 9

Nixon，Richard，理查德·尼克松 361

North Carolina，北卡罗来纳 20，167，184，218，220，238；congressmen as delegates，全国议会议员担任代表 214；against Conn. Compromise，反对康涅狄格妥协案 170；ignores Indian treaties，无视印第安人

Putnam, Israel，以色列·普特南 52

Quakers，贵格会 103；and slavery，奴隶制 188，232

Randolph，Edmund，埃德蒙·伦道夫 173，304，362；antinationalism of，反国家主义 247，250；on Cmte. of Detail，细则委员会 323；descr.，描述 226，251—252；favors enumeration，支持权力清单 252；on executive，关于行政官 291，292，309；against national negative，反对国家否定权 263；refuses to sign，拒绝签字 226，251，340，362；sketch，素描 250—251；on slavery，关于奴隶制 227，232；temporizer，见风使舵的人 251—252，262—263；on Va. Bill of Rights，关于弗吉尼亚权利法案 334；Va. atty. genl. And sec. of state，弗吉尼亚检察总长。国务卿 349；proposes Va. Plan，提出弗吉尼亚方案 121，179

Ratification，批准 72，238—239，343—349，352—353. See also individual states 另见各邦

Read，George，乔治·里德 94，142，307；on equal vote，关于平等表决权 111—112，124；nationalism of，国家主义 232，248；and western lands，西部土地 112

Reid，Thomas，托马斯·里德 280—281

Religion，宗教 184，194. See also individual denominations 另见各教派

Republic，defined，共和制，下定义 66—67

Revolutionary War，独立战争 35，50—51，78—79，139，187，194，223—224，238，256，333；debt of，债务 10，208

Rhode Island，罗得岛 134，225，238，260，266；abolition in，废除 189；does not attend，不出席 59；excludes foreign imports，排斥外国进口 8；ratifies，批准 345

Robinson，Donald，唐纳德·罗宾逊 227；quoted，引用 227

Rome，Italy，意大利罗马 54，81，333

Rossiter，Clinton，克林顿·罗西特 104

Rousseau，Jean-Jacques，卢梭 333

Rules of Convention，大会规则 113

Rush，Benjamin，本杰明·拉什 104

Russia，俄罗斯 351

Rutland，Robert，罗伯特·拉特兰 334，335

Rutledge，Andrew，安德鲁·拉特利奇 196

Rutledge，John，约翰·拉特利奇 92，187，199，202，247，252；biog.，传记 196—197；on Cmte. of Detail，关于细则委员会 226；on cmte. to compromise representation，关于对代表席位妥协的委员会 201；favors single executive，支持单一行政长官 292；on election of executive，关于行政长官选举 301；favors enumeration，支持权力清单 249，252；on habeas corpus，关于人身保护令 337；nationalist，国家主义者 252；favors proportional representation，支持比例代表制 175；and slavery，和奴隶制 197，227，231，232；and S.C. Conn. alliance，南卡罗来纳—康涅狄格同盟 236

St. Croix，W.I. 西印度群岛圣克罗伊 77，79

Scandinavians，斯堪的纳维亚人 21

Schuyler，Elizabeth. See Hamilton，

Elizabeth伊丽莎白·斯凯勒。见伊丽莎白·汉密尔顿

Schuyler，Philip，菲利普·斯凯勒52

Schuyler family，斯凯勒家族77

Schuylkill，斯古吉尔河61

Scotland，苏格兰279；descr.，描述279—280

Secrecy rule，保密规定113—114

Sectionalism，本位主义19—20，70—71，122，178，179，183—204，209，214—222

Seed，Geoffrey，杰弗里·锡德288

Senate. See Legislature参议院。见议会

Separation of powers，三权分立67，72，245，293，297，304，310，358，Ch. 19 passim.

Sergeant，Jonathan Dickenson，乔纳森·迪金森·萨金特139

Sex，性28—29

Shays，Daniel，丹尼尔·谢斯16，314，317，345

Shays' Rebellion，谢斯叛乱13—17，31，38，44，59，85，314，315，321，326

Sherman，Roger，罗杰·谢尔曼x，101，104，137，154，156，161，192，197，212，230，257，281，346，362，Ch. 13 passim；against bill of rights，反对权利法案338—339；biog.，传记127—133；on commercial policy，关于商贸政策199；and Conn.-S.C. alliance，康涅狄格—南卡罗来纳同盟203，229，232；influences O. Ellsworth，对奥利弗·埃尔斯沃思的影响226；on executive，关于行政官277—278，291，292，296，298，299，302，309—310；against general grant，反对全面授权248；on judicial review，关于司法审查266，267；on legislatures，关于立法机关150，153，203；for limited reform，支持有限改革119；on military，关于军事325，331；on G. Morris，关于古弗尼尔·莫里斯148；on national negative，关于国家否定权264；forced toward nationalism，被迫走向国家义195；distrusts people，不信任人民99，279；on guarding rights，关于监护权12；on separation of powers，关于三权分立293；on slavery，关于奴隶制191—192，232，235；in small-state caucus，处于小邦集团核心位置142；on state rights，关于邦权144，246，248，261，264

Singletary，Amos，阿莫斯·辛格尔特里348

Slavery，奴隶制30，122，123—124，143，183—208，216—222，228—240，267，313—314；abolition，废除237—238（see also individual states另见各邦）；descr.，描述185—186；fugitive，逃亡者190，218—219，235—240；in Northwest Territory，西北领地209；revolts，反叛313—314

Slave trade，奴隶贸易185，186，189，235

Small-state-large-state conflict. See Federalism小邦大邦冲突。见联邦制

Smith，Adam，亚当·斯密280

Smith，Charles P.，查尔斯P. 史密斯280

Smith，Jonathan，乔纳森·史密斯348—349

Spain，西班牙5—6，21，309，351；on frontier，边境上7，8，11；in Florida，佛罗里达313；on Ga. Border，乔治亚边境171；

逊

Tories. See Loyalists 托利党。见保皇派

Trade. See Commerce 贸易。见商贸

Transylvania，特兰西瓦尼亚 212

Treaty-making power，缔约权 308

Treaty of Paris，巴黎条约 5，9，18，205，312

Trenton，Battle of，特伦顿战役 79

Trenton，N.J.，新泽西特伦顿 139

Tripoli，的黎波里 7

Tunis，突尼斯 7

Ulmer，S. Sidney，S.西德尼·厄尔默 89，95，97

United States，geog. descr.，美国地理描述 18—19；society，社会 21—22，98；transportation，交通 19，40，62

Van Doren，Carl，quoted，卡尔·冯·多伦，引用 95

Vermont，佛蒙特 10

"Vices of the Political System of the United States." See Madison，James，"Vices" Virginia，《合众国政治制度之弊端》。见詹姆斯·麦迪逊《弊端》，弗吉尼亚 20，134，196，199—200，218，220，228，230，231，239，251，266，292；Bill of Rights，权利法案 334，336；at Convention，在制宪会议上 72—74；against Conn. Compromise，反对康涅狄格妥协案 170；debtors in，债务人 14—15；elects delegates，选举代表 44；in large-state alliance，在大邦联盟 121—122；confiscates Loyalists' estates，没收保皇党人财产 9；supports national veto，支持国家否决权 266；ratifies，批准 346；slaves in，奴隶 186；western lands，西部土地 206

Virginia Plan，弗吉尼亚方案 81，87，144，173，179，195，245，250；attacked by Bedford，攻击贝德福德 167—168；council of revision，复决会议 293；debate concluded，争论结束 135；defeats N.J. Plan，挫败新泽西方案 152；descr.，描述 74—75；executive，行政官 119，290，295，304—305；Hamilton Plan distinguished，汉密尔顿方案出名 85；introduced and adopted，介绍并采纳 121，152；legislative election，议员选举 150；military，军事 321—322；negative on state legislation，否定各邦立法 247—248，260—263；Paterson postpones vote，佩特森推迟投票 142；rivaled by Pinckney Plan，平克尼方案与之媲美 91；similarity to Pinckney Plan，与平克尼方案相似 97；and secrecy，保密 114—115；vote to adopt，投票通过 152

War，Secretary of，战争部部长 5，6

Ward，Joseph，约瑟夫·沃德 47

War-making power，开战权 330—331

Warren，Charles，quoted，查尔斯·沃伦，引用 95，98，261—262，302

Washington，George，乔治·华盛顿 x，18，21，27，28，63，68，76，93，100，126，129，130，132，137，140，148，165，168，193，211，251，278—289，284，290，361—362；and Annapolis Conference，安纳波利斯会议 42；on limiting army，关于限制军队 323；biog.，传记 44—57；on Constitution，关于宪法 178；approves Constitution，赞成宪法 341；attends Convention，参加会议 58—59；President of Convention，大会主席 108；role at Convention，在制宪

会议上的作用 108—109；descr.，描述 327；wants strong executive，想要强有力的行政官 291；votes for single executive，投票赞成单一行政官 292—293；French hero，法国英雄 58；on frontier settlements，关于边境定居点 7；on Georgia，关于乔治亚 347；and Hamilton，汉密尔顿 79—80；land speculator，土地投机客 208；supports Madison，支持麦迪逊 173；friend of Mason's，梅森的朋友 335；on militia，关于民兵 316—317；nationalist，国家主义者 73；as U.S. president，作为美国总统 303，345；quoted，引用 3；saucer anecdote(Senate)，碟子轶事(参议院) 150；and secrecy rule，保密规定 114—115；and Shays' Rebellion，谢斯叛乱 17；and slavery，奴隶制 30，188，228；speech of，演讲 341；differences among states，各邦差别 11；vote of，投票 230

Washington，Lawrence，劳伦斯·华盛顿 49

Washington，Martha，玛莎·华盛顿 37，49

Washington，Mary，玛丽·华盛顿 48

Washington County，Penna.，宾夕法尼亚华盛顿县 6

Webster，Daniel，丹尼尔·韦伯斯特 105

Western lands，西部土地 10，248，Ch. 15 passim；speculators，投机客 207—208

West Indies，西印度群岛 8，77，196，224，225，347；British，英国 8；trade with，与其贸易 11

Whatley，Mass.，马萨诸塞沃特利 27

Whiskey Rebellion，威士忌叛乱 137

Wilkes-Barre，Penna.，宾夕法尼亚威尔克斯—巴里 10，205

Wilkinson，James，詹姆斯·威尔金森 7，313

William and Mary College，威廉和玛丽学院 74

Williamsburg，Va.，弗吉尼亚威廉斯堡 250

Williamson，Hugh，休·威廉森 173，177，202，233，263，324

Wilson，Hannah Gray，汉娜·格雷·威尔逊 287

Wilson，James，詹姆斯·威尔逊 90，101，149，160，166，173，199，263，335，362；biog.，传记 126，278—288；on Cmte. of Detail，关于细则委员会 230，300—301；democratic，民主的 147，353；on executive，关于行政官 289；election of executive，行政官选举 295—298，302，303；for single executive，支持单一行政官 291—292，295—298；for strong executive，支持强有力行政官 291—292，308—309；reads Franklin's speech，宣读富兰克林的发言稿 340—341；on fugitive slaves，关于逃亡奴隶 235；land speculations，土地投机 208；as lawyer，作为律师 252；threatens union of large states，威胁大邦联盟 152，165；nationalist，国家主义者 359；on proportional representation，关于比例代表制 126，133，162，165，166—167，176；friend of Rutledge's，拉特利奇的朋友 197，226；accepts slavery compromise，接受奴隶妥协案 227；proposes three-fifths compromise，提出五分之三妥协 191—192

Witherspoon，John，约翰·威瑟斯朋 34

Wisconsin，威斯康星 220

译后记

1787年夏，美国费城。在那个漫长炎热的夏季，一场原本只为修补旧条例而召开的大会，结果演变成要制定一部闻所未闻的宪法。55位代表，平均年龄不到43岁，他们各有缺点和偏见，而且性情各异。代表不同的利益群体，他们几乎对任何一个议题都很难达成一致意见，经常是一个代表提出方案，另一个代表马上强烈反对，或者提出新的方案，进行讨价还价。正是在这种几近绝望的气氛里，会议缔造出世界上第一部成文宪法——美国宪法。这部宪法历经200多年几乎没有什么改动，只是增加了27条修正案，不啻为一个奇迹。

本书考证翔实，讲述的是一场持续四个多月的会议，读来却毫不枯燥，显得紧凑有趣。作者使用讲故事的手法，幽默与严谨兼备，让一个个美国制宪人物活现眼前，又穿插了大量趣味十足的史料，引人入胜。读者会发现作者对美国宪法的评述非常有意思，为美国许多开国元勋塑造了全新的形象。

本书翻译历时一年，翻译过程中参考了大量资料，尤其是尹宣先生翻译的《辩论：美国制宪会议记录》，对本书翻译贡献良多，在此表示感谢。华东政法大学法律学院的张卓明先生，我和他谈到正在翻译的《费城抉择》，有些法律方面的术语拿捏不准向他求教，他欣然接受，并且通读了译稿，对译文提出了许多专业性的意见和建议。对上海人民出版社的编辑何元龙和秦堃给予我翻译工作的支持表示感谢，特别是秦堃先生，就译文的修改提出许多宝贵意见。

本书边码为原著页码，以方便读者对照原文检索。译者努力传情达意，但讹误在所难免，译文中的不当之处，敬请读者批评指正。

高玉明

2017 年 3 月于上海

图书在版编目(CIP)数据

费城抉择:美国制宪会议始末/(美)克里斯托弗·
科利尔(Christopher Collier),(美)詹姆斯·林肯·
科利尔(James Licoln Collier)著;高玉明译.—上
海:上海人民出版社,2017
书名原文:Decision in Philadelphia: The
Constitutional Convention of 1787
ISBN 978-7-208-14685-3

Ⅰ.①费… Ⅱ.①克… ②詹… ③高… Ⅲ.①美国-
近代史-史料-1787 Ⅳ.①K712.42

中国版本图书馆CIP数据核字(2017)第178039号

责任编辑 沈 琪 秦 堃
装帧设计 范昊如 夏 雪

费城抉择:美国制宪会议始末
[美]克里斯托弗·科利尔 詹姆斯·林肯·科利尔 著
高玉明 译
邱 宁 校

出 版	上海人民出版社 (200001 上海福建中路193号)
发 行	上海人民出版社发行中心
印 刷	江阴金马印刷有限公司
开 本	720×1000 1/16
印 张	21.25
插 页	4
字 数	325,000
版 次	2017年8月第1版
印 次	2020年5月第2次印刷

ISBN 978-7-208-14685-3/D·3068
定 价 88.00元